公元787年，唐封疆大吏马总集诸子精华，编著成《意林》一书6卷，流传至今
意林：始于公元787年，距今1200余年

一则故事　改变一生

上学那些事儿

高中三年那些事儿

应急翻阅的高中学习生活全解方案

《意林》图书部 编

吉林摄影出版社
·长春·

上学那些事儿

图书在版编目（CIP）数据

高中三年那些事儿 /《意林》图书部编. -- 长春：吉林摄影出版社，2018.1
（上学那些事儿书系）
ISBN 978-7-5498-3465-5

Ⅰ. ①高… Ⅱ. ①意… Ⅲ. ①高中生-学习方法②高中生-学生生活 Ⅳ. ①G632.46②G635.5

中国版本图书馆CIP数据核字(2018)第002652号

高中三年那些事儿　GAOZHONG SAN NIAN NAXIE SHIR

出 版 人	孙洪军	印　张	11
主　　编	顾 平　杜普洲	版　次	2018年1月第1版
责任编辑	施 岚　胡晓路	印　次	2018年1月第1次印刷
总 策 划	徐 晶	出　版	吉林摄影出版社
丛书统筹	吴珊珊	发　行	吉林摄影出版社
执行编辑	王征彬	地　址	长春市泰来街1825号
封面设计	李 倩	邮　编	130062
视觉设计	资 源	电　话	总编办：0431-86012616
封面供图	gaopinimages		发行科：0431-86012602
美术编辑	孔凡雷	网　址	www.jlsycbs.net
营销总监	王俊杰	经　销	全国各地新华书店
开　　本	889mm×1194mm 1/16	印　刷	河北鹏润印刷有限公司
字　　数	300千字		

书　号	ISBN 978-7-5498-3465-5	定　价	32.90元

启　事

本书编选时参阅了部分报刊和著作，我们未能与部分作品的文字作者、漫画作者以及插画作者取得联系，在此深表歉意。请各位作者见到本书后及时与我们联系，以便按国家相关规定支付稿酬及赠送样书。
地址：北京市朝阳区南磨房路37号华腾北塘商务大厦1501室《意林》编辑部（100022）
电话：010-51900482

版权所有　翻印必究
（如发现印装质量问题，请与承印厂联系退换）

高中三年那些事儿
Contents 目录

第一章　高中生活早规划：学习不掉队，潜能早开发

牢记初心：把升学当成高中最核心的主线

名师方法论
- 高考不是赶鸭子上架，实在是人生分水岭 …………… 002
- 高中到大学是人生上升的重要机遇期 …………… 005

约会高能团
- 好好读书永远不会让人吃亏 …………… 003
- 大学是天空，也是海洋 …………… 006
- 不上大学，你的人生究竟会经历什么 …………… 008

学霸进击术
- 高中一入学能为高考做什么 …………… 004
- 大学青睐什么样的中学生 …………… 007
- 预测高中发展的重要指标 …………… 009

学习预警：高中注定是一次剧烈的自我进化

名师方法论
- 高中节奏快，学习和生活模式需调整 …………… 010
- 新高考有"亮点"，高中学习要侧重 …………… 013

约会高能团
- 一鸣惊人的背后是厚积薄发 …………… 011
- 我不爱你，但我会感谢你 …………… 014

成长佳期：充实而自信地让世界为你让路

名师方法论
- 从高中开始，好习惯决定人生后半程 …………… 015
- 心理素质不给力，决战人生难如意 …………… 018
- 高中是构建和谐人际关系的基础期 …………… 021

约会高能团
- 那个决定不考大学的女孩 …………… 016
- 美国高中尖子生今何在 …………… 017
- 高中是一场充满理想主义的奔忙 …………… 019
- 那些年我们遇到的好老师 …………… 022
- 亲爱的，永远亲爱 …………… 023

学霸进击术
- 过来人给高一新生的学习建议 …………… 020

第二章　成绩提升有方法：学习找规律，你要靠自己强大

高一基础期：没有"笨学生"，只有不适应

名师方法论
- 初高中知识有差异，明了才能学好 …………… 026
- 高中语数外三大学科快速适应秘籍 …………… 030
- 做好学习计划：高中阶段稳步提升的撒手锏 …………… 033

约会高能团
- 衡中往事 …………… 027
- 平凡人的光荣与梦想 …………… 028
- 你耗费的心血尚不足以填满垃圾桶 …………… 031
- 让梦想有趣地通关 …………… 034
- 目标难以实现？那是你目标太低了 …………… 035

学霸进击术
- 学困生成功"逆袭"的学习小决窍 …………… 029
- 学不进去？考虑学法有问题 …………… 032

高二分化期：学法细深化，"学霸"不变"渣"

名师方法论
- 所谓"学霸"，不过掌握了知识的正确打开方式……036
- 走好关键几大步，"偏才"逆袭变"通才"……039
- 学会试卷分析，从"被考试"变为"会考试"……041

约会高能团
- 越努力，越幸运：踩在悬崖边上进清华……037
- 偏科不是撕不下的标签……040
- 成功，不靠鸡汤，靠意志……042

高三关键期：复习有"主见"，冲刺不慌乱

名师方法论
- 高三总复习，提高学习效率才是硬道理……044
- 从来高分"题"中出——高三如何有效刷题……047
- 冲刺关键期，不可不知的经验教训……050

约会高能团
- 你所坚持的一切，就是最好的答卷……045
- 高三的时间管理魔法……048
- 我是这样考上清华的……051
- 倒数100天的奇迹……053

学霸进击术
- 少吃才能多记……049

第三章 好习惯成就好前途：做好自我管理，成为更厉害的人

学习习惯养成：自发自动学习，一定了不起

名师方法论
- 缺乏自我管理，所有的路都是歧路……056
- 课前预习课后总结，提高学习加速度……060
- 你花在阅读上的每一秒，都不会白费……063
- 关注社会新闻，补足"时事教育"缺环……065

约会高能团
- 自律，人生向上的阶梯……057
- 这世界上所有的美好，都来源于专注……059
- 坚持，足以和天赋抗衡……061
- 我为什么劝你读书要偷懒……064
- 我就是很努力，有什么好笑的……066
- 为何世界名校课堂上禁用手机拍摄……068

学霸进击术
- 高智商的5个特点……067

生活习惯养成：养成好的性格，改变一生命运

名师方法论
- 立即行动，不要把今天的事留到明天……069
- 加强锻炼，在运动中发现另一种风景……072
- 增强安全意识：防患于未然是最好的避险……075
- 走向生活，需要上好"财商"这一课……077

约会高能团
- 我每天都做一件治疗拖延的事……070
- 美国高校：体育特长生的特殊光环……073
- 《红楼梦》里的"校园霸凌"……076
- 不是穷，是缺乏变富的能力……078

学霸进击术
- 和"对手"合作，高考更易取胜……071

第四章 学习生活有信念：你的内心，必须有点儿锋芒

从心开始：在蜕变中遇见更优秀的自我

名师方法论
- 所有成绩的提升，都仰赖一颗更积极的心……080
- 不要在该努力的时候，选择懒在舒适区……083
- 克服自卑心理，要先学会与自己握手言和……086

约会高能团
- 青春不能用来哭泣……081
- 找寻十八岁留下的痕迹……084

没有不自卑的青春…………………………087
学霸 进击术
沉淀后再反复有助进步……………………085

学会自控：让未来的你感谢现在的自己

名师 方法论
爱情固然美好，但别忘了你出发的目的………088
学会管理压力，让压力成为前进的动力………090
厌学？你可能只是不知道如何才"会学"………092

约会 高能团
17岁的喜欢，只是"喜欢"而已……………089
滚蛋吧，主角病………………………………091

东"珊"再起记……………………………093

放下重负：卓有成效地闯过高考最后关

名师 方法论
百日冲刺，学会劳逸结合更利超常发挥………094
决定你上限的不是失眠，而是硬实力…………097
制订预案，练就高分角斗士"考场心法"………100

约会 高能团
去成就最好的自己……………………………095
把目光聚焦在事物的根本上…………………096
给自己一个不一样的夏天……………………098
高考时我们虚惊一场的那一年………………101

第五章 高中交际关键期：提高情商，别让不好意思害了你

人际交往的理念：积极主动，无往不胜

名师 方法论
秉持双赢原则，高中不做"独行侠"…………104
想要优秀的友谊，先让自己变优秀……………107

约会 高能团
那段被孤立的少年时光………………………105
从孤立去向独立………………………………108

学霸 进击术
如何让自己的情商稳步提升…………………109

交际的性格修养：改变自己，改变命运

名师 方法论
你可以不合群，但不能不成长…………………110

人际交往，学会情绪管理才及格………………112

约会 高能团
跟有趣的人相处………………………………111
你的寝室有几个微信群………………………113

交际的语言艺术：不仅表达，而且出众

名师 方法论
所谓情商高，就是懂得好好说话………………114
"好话"千言，不如适时幽它一默………………116

约会 高能团
别再把不爱说话当成一种美德…………………115
这样说话更有趣………………………………117
爱自黑的人，人缘都不会太差…………………118

第六章 生涯规划与志愿填报：知己知彼，筑梦未来不迷茫

进入高中：及早做好生涯规划

名师 方法论
新高考让高中成生涯规划最佳时机……………120
关键六大步做好高中生涯规划…………………123

约会 高能团
高三是我人生中最骄傲的时光…………………121
你想成为怎样的人……………………………122
最火的人生设计课……………………………124

高考之前：志愿填报常识早知道

名师 方法论
了解高校专业，十个方面不可少…………… 126
基础学科与应用学科，深造就业大不同………… 129
志愿填报，专业和学校究竟谁优先…………… 132

约会 高能团
那些年盲目选专业的我们………………… 127
我读的就是那个以后挣不到钱的基础学科…… 130
在大学，学理与学文究竟啥体验…………… 133

高考之后：不可不知的志愿填报技巧

名师 方法论
分数不理想如何读到好大学…………… 135
打好"二本"仗，为志愿填报垫好底……… 138

志愿选专业符合职业期望最重要…………… 141

约会 高能团
你该读一所什么样的大学………………… 136
读一所好大学，到底多重要……………… 139
一个艺考生的冬天……………………… 142

出国读书：海外留学的思量与申请

名师 方法论
出国留学值不值，需要认真想清楚………… 144
申请美国大学，这么操作更高效…………… 147

约会 高能团
为出国留学找到充足的理由………………… 145
国外招生官不会告诉你的录取"潜规则"…… 148

第七章 迈入大学要知道：大学很美好，光阴勿虚度

学习节奏：所有的成功，不仅是义无反顾

名师 方法论
人与人的差距，是从大学拉大的…………… 150
所谓读大学，究竟应该读什么……………… 152

约会 高能团
如何把一所普通大学读成名校……………… 151
哈佛：睡觉是一种奢望…………………… 153

高位进击：沉静下来思考，世界尽在眼前

名师 方法论
不听讲座的大学生活是不完整的…………… 155
大学里别不拿自己当精英………………… 157
社团这个圈儿，大学里面很好玩儿………… 160

约会 高能团
在北大上课听讲是一种乐趣……………… 156

真正的学霸过得都不会太差……………… 158
我们为什么要读大学……………………… 161

学魔 进击术
高中阶段要培养的四种深度思考习惯………… 159

未来出路：多多历练，走出自己的天空

名师 方法论
是否读研，不能盲目跟随他人脚步………… 163
学会放低姿态，打好人生第一份工………… 166

约会 高能团
自己就是答案…………………………… 164
当你开始找第一份工作…………………… 167
公务员也只是一份工作而已……………… 168

第一章
高中生活早规划：
学习不掉队，潜能早开发

从进入高中开始，我们的学习和生活就进入了一个崭新的阶段。这一阶段的学习和生活对我们而言十分重要，它将直接决定我们能否进入一所好的大学，以及能否拥有相对美好的前景。而想要在这一阶段中脱颖而出，站在一定的高度提前规划十分重要。正如很多高中"学霸"所言：没有规划的人生，是不值得过的。

高考不是赶鸭子上架，实在是人生分水岭

高中学习生活提示

上高中到底为什么？直观的答案当然是学习知识，但这个答案并不完整。很多同学实际上并不明白自己为什么要上高中，当我们真正了解了高中之于我们的重要意义，我们或许会更有动力去完成这段旅程。

高考一直以来都是很多人的人生分水岭，并且确实改变了很多人的命运。但每逢高考，总有考生大规模弃考的消息令人震惊。调查显示，日益严峻的就业形势，让每年毕业的不少大学生，一出校门很难找到理想工作。面对这样的现状，很多家长和同学以为，与其花费巨额费用上大学，不如高中毕业直接工作或创业。"读书无用论"在所有关于弃考现象的争议中，无疑是极为刺眼的。

面对类似的新闻报道，很多高中生会觉得高中阶段要不要上大学、能不能上一所好大学其实也不太重要。实际上，如果我们被这样的想法悄然影响，放松高中阶段的学习，就犯了实在太过严重的错误。要知道，知识改变命运如今依然是最重要的命题之一。随着知识越来越细化，资源越来越集中，很多关于这个世界和我们人类自身的知识，如果我们不在大学学习，就很难在其他地方学到。也就是说，完成高中学业，经由高考读大学依然是我们人生当中最重要的选择之一。

进入大学，和一帮与你差不多同样优秀、比你更优秀或不如你优秀的人在一起，会使你加深对自己的真正了解。你会了解自己的优点和缺点，你将不再狂妄自大，也不再妄自菲薄。这就是成熟。虽然你可能经常在课堂上走神，但你仍然会获得很多

知识。你对你的专业，总会比那些没上过大学的人了解得要多。如果你很认真，那么你将收获颇丰。如今，高端产业越来越需要知识。没有知识的人，只能在低端产业徘徊。

我们当然相信，学历的高低不等于成就的高低。但在初次就业的时候，学历往往决定了你大致能从事哪个范围内和层次内的工作。学历不同，初次就业的工作层次、工资层次是不同的。大学起码可以给你一张文凭，有了这张文凭，你才有资格到大公司和机关应聘。至于创业当老板，不要因为没有上过学的人创业成功而眼红。因为你上了大学，更可以选择创业当老板。

不是每个人都有机会进入大学的，高考就是我们决定我们能否实现这一愿望的一次堪称"最公平"的筛选。所以，高中阶段，我们应该时刻以学习为重中之重，任何兴趣和心思最好都不要偏离这一中心。当然，高考的竞争是残酷的，高中阶段的学习也充满了压力，但不经当下之磨砺，岂有未来"革命"之成功。当你经过高考，你会无比怀念这段努力奋斗的时光。你会发现，曾经的高中生活回忆起来是那样的充实而美好！

好好读书永远不会让人吃亏

□李 良

15岁在纽约读高中的时候，因为心理压力非常大，再加上身边几个朋友非常"有默契"地一起选择了退学，提早步入社会，我一度也在考虑加入他们。他们中有的人是因为完全不是读书的材料，有的人是因为觉得社会比学校更精彩，而我与他们不同。我承认，当看到有些人在外面找了份搬家的工作，时不时拿点儿工资回来请客吃饭，日子似乎过得也不错时，我确实受了影响。但于我来说更多的是因为当时我刚移民美国没多久，不管是生理还是心理上都非常不适应。汉堡太难吃，外国同学圈太难融入，对完全陌生的学校和生活方式都产生了极其严重的排斥。

那时，我思想挣扎了一整个学期，长期旷课，各种科目不及格，整个人的状态都非常低迷，因此老师时不时就要跟我爹进行沟通。虽然我没有明确说出退学的想法，但我爹肯定知道我遇到了瓶颈。

勉强混完那个学期，暑假到来前，我爹突然跟我说，这个暑假你不能回国，不能在家待着玩，你得出去打工了。

我立刻就蒙了，我才15岁，你让我一个人出去打工？哪个地方敢收一个未成年童工？

你别说，还真有。中餐馆。

可一个15岁乳臭未干的小子能干什么呢？打杂。

我问我爹，咱们家缺钱吗？

他说不缺。

我又问，那我为什么要去打这种工？那都是非法移民的人干的活。

我爹说他知道，但我得去。

我爹带着我去唐人街的介绍所，谎称我已经18岁了，找了一份新手打杂的工作，月薪1500美元，在离纽约4个多小时的马里兰州的一个人口稀少的小镇。

那段日子简直是水深火热，暗无天日。我的主要任务就是洗碗，拖地，剁菜，搬饮料，以及频繁地炒饭，以至于我连做梦都梦见自己在炒饭。当然，我还要听命于其他店员的指使，哪里垃圾该倒了，哪里厕所堵了，他们上嘴唇一碰下嘴唇我就得屁颠屁颠地去解决。店里打工的人个个没有上过大学，没有绿卡，一群人合住在一个房间里，完全没有隐私。晚上，房间里的呼噜声此起彼伏，这让睡眠极浅的我常常整夜整夜地睡不着，第二天起来干活根本没精神又要被人骂。

有天晚上，我一边洗澡一边回想自己的"人生"，为什么我有身份，会英文，前途一片光明，却要沦落至此？转念一想，不就吃点儿苦吗，有什么忍不了的？但接着又想起自己孤身一人无依无靠，一时之间悲愤交加，竟然开始号啕大哭。

坚持了一个多月，一天晚上收工后，老板把我叫住，把工资递给我，让我明天就不用上班了。我不知所措，我被炒了？

老板接着说，你干不了这活，这不是你该待的地方。

手捧着带有浓浓油烟气息的工资，我坐上了回纽约的长途巴士。打开窗，呼吸着外面自由的空气，我感觉自己又活过来了。摊开双手一看，手上全是裂开烂掉后重新长出来的新皮，那一刻我突然明白了什么叫作血汗钱。

虽然打工半途而废，但回到家后我爹没有责怪我，反而颇为

高中一入学能为高考做什么

1.明确未来方向，形成专业优势。新的高考改革提上日程，今后高考文理不再分科，除了语数外是必选课之外，还要从剩下的几门课中任选三门。这三门课将决定你可以报考的大学专业。这就意味着，从进入高中开始，我们就必须进行未来规划，学好相关课程，形成必要的专业优势。

2.了解高考题究竟什么样。很多同学进入高中之后完全没有高考意识，甚至很长一段时间不知道高考都有什么样的题型。实际上，利用好历年的高考题，对我们的学习会有很大帮助。我们在学习的过程中可以将高考题与课本知识点进行有机结合，帮助理解基础知识，并对其进行拓展和延伸。

3.是否参加"艺考"早打算。"艺考"是指各大院校的音乐学院、美术学院或艺术系进行的艺术类专业招生考试。"艺考"合格者，文化课分数可以较普通高考生低一些。不过，并非人人都适合参加"艺考"，但这对很多喜好艺术的同学来说无疑也是一条通向未来的路。

4.参加自主招生考试，利用高一高二出成果。自主招生又称自主选拔，通过高考自主招生笔试和面试之后，可以得到相应的高考降分政策。但参加自主招生考试有一定的门槛。对于高一高二的同学来说，如果将来想参加自主招生考试，可以利用高一高二的时间来跨越这些门槛，及早做出成绩。

5.构建知识体系，及时补短板。高三阶段的总复习，很重要的一项工作是对于知识结构的梳理。其实，我们在高一高二阶段，完全有机会做好这项工作。只要我们平时抽出一部分时间对学过的内容进行总结和梳理，一定会大有收获。

赞赏地对我说：比我预料中坚持得久。

接着，他又意味深长地说了一番让我心惊肉跳的话：不是每个人都得循规蹈矩地上完高中上大学，上完大学去公司当上班族的。只不过如果不走这条相对轻松先苦后甜的路，那摆在大多数人眼前的选择就只有干粗活苦活累活。即使干粗活也是分人的，有的人干得了，有的人就干不了。有的人没有条件也没有选择，只能干粗活，那没什么好说的；可有的人如果明明有好的条件和机会却任性地放弃错过了，将来可是要后悔莫及的。当然，要是有人天赋异禀，3岁识谱5岁编曲或者18岁就能打职业篮球，那这些话不适用于他。否则，好好读书永远不会让人吃亏。

我现在当然知道自己属于干不了粗活又不会识谱更打不了职业篮球的那类人了。经历了这场磨难，新学期开始，我不再忧郁，慢慢学会和同学老师相处，努力把高中落下的课补上，后又顺利上完了大学。

我不敢想象当初要是自己真的辍学了，我现在会在哪个餐馆打杂或是哪个菜市场宰鱼，那可不是"体验人生"，想什么时候喊停就喊停。那种日子将会是我日复一日年复一年，从每天早上睁开眼到每个夜晚闭上眼的真实生活，没有尽头。我当然不是说这些工作低人一等，而是我清楚意识到了自己根本干不了除了稳稳当当上完学后当上班族以外的活儿，事实上我也确实享受现在的工作和生活。

曾经有一段时间我非常不齿这段打杂的经历，但现在，我非常庆幸自己的这段"惨痛"经历让我没有在人生的十字路口走上弯路。

高中到大学是人生上升的**重要**机遇期

高中学习生活提示

尽管人们对高考和大学充满了非议,但世界上哪有什么完美无缺的事物?当我们不能发现让自己成为更好自己的更好方法,我们就必须在当下的现实中做到最好。获得人生向上的机遇,我们不能强求命运的恩赐,只能全力以赴。

这些年,随着各类逆袭神话的出现,上大学的重要性好像被逐渐冲淡了,学历变得不再那么重要,甚至"知识改变命运"这一之前颠扑不破的真理也变得不再那么为人所接受。那些没经过高考或没上过大学的逆袭者的故事确实令人振奋,但参加高考上大学,真的没有什么用吗?

我们每个人都可能是有用之才,都有自己擅长的东西,而发现自己的才能是什么,就是我们要对自己担起的责任。大学教育恰好给我们提供了发现自己才能的绝佳机会。

或许你能成为一名科学家,但如果你不在自然科学课程上做几次实验,你不会知道自己能走多远。不管你将来做什么,你都需要更专业的知识和更专门的训练,而这些有时是单纯的自学所不能完成的。正如一位大学教授所说:"你们之所以要读这些书,是因为它们能够传授给你们关于这个世界和你们自身的一些知识。这些知识你们如果不在大学中学习,就很难在其他地方学到。"

毫无疑问,大部分否定和后悔上大学的人,都是因为"在大学里没学到什么有用的东西"。殊不知,大学里"无用"的东西日后却可能有"大用"。比如,大学培养你对生活的敏感,帮你体会伟大的文学经典、理解我们文明的源流,教你更有效地形成自己的价值观,等等。这些都未必能直接帮你找到工作,却可以使你生活得更充实。这到底是有用,还是没用?

很多同学抱怨大学的"无用",除了课程的无用,还有对大学缺乏"大师"的诟病。如今,人们很喜欢引用清华前校长梅贻琦的一句名言:"大学,非大楼之谓也,乃大师之谓也。"也就是说,一所大学的分量全在于传道者的修为。这固然没错,可如果我们将自身的修养全寄托于名师的谆谆教授,一定是走错了方向。对一名大学生而言,首先需要面对的就是自我管理、独力学习的问题。即便有"大师"从旁指点,也应该时刻想着成为一个独立的个体,独立地研究、独立地探索发现。只有经过这种独立,我们才能领略到学术的色彩缤纷,才能养成独立的人格、兴趣和能力,并以自己的努力探索得到他人的认同。

不要问大学能直接给你什么,什么是有用的,什么是没用的。当你想学某种东西,就说明它能满足你求知的渴望,这便是"有用的"。大学是这么一个地方,选择你喜欢的,然后看看自己究竟能干得多么出色。这才是对我们最好的训练。我们从这种训练中所得到的素质,无论用于何处,一定大有可为。

大学是天空，也是海洋

□ 秦绍德

什么是大学

什么是大学？在你们的心目当中可能都有自己心仪的大学，但我今天要给你们讲一讲抽象的大学。我对大学用四句话来形容：大学是天空，是海洋；大学是深深的水，静静地流；大学是传统的，也是创新的；大学是世界的，更是民族的。

所谓大学是海洋，是天空，概而言之，大学是知识的海洋，海有多宽广，大学就能容纳多宽广的知识，科学人文、天文地理、古今中外无所不包。同时，海又是那么深邃，大学容纳的知识也很深，宏观如宇宙，微观到纳米，无边无际。所以，一个人上了大学，就如同跃入海里。虽然大学四年的时间非常有限，但是如果我们学会了游泳，我们就能远涉重洋，到达未知的彼岸。

为什么说大学是天空？因为大学是思想的天空，苍穹之下星移斗转，万物更新，大学里也是思潮激荡，而且包罗万千。所以我们上大学其实就是接受思想的激发，接受文化的熏陶，这是在潜移默化当中进行的。

大学跟社会有什么关系呢？大学实际上是社会的缩影，因为现在一所大学至少有三五万人，学生们来自五湖四海，他们带来了各地的方言、各地的习俗和各地的文化，抱着各种各样的需求和理想来到大学。在大学里，青年学子们品尝了很多人生的第一次，所以说我们进大学，犹如开始进行一场社会生活的排练。

而且我们的大学还是世界的一部分，不同国家、不同肤色的学生在校园里来往匆匆，司空见惯。我们的教师也来自世界各地，所以世界上的最新信息在大学里传播得很快，而且到大学访问的各国学者也络绎不绝。可以说，各民族、各国家的文化在大学里碰撞，在大学里激荡。

学生们实际上是从这里走向了世界，所以大学也是我们青年学子扬帆远航的码头。

大学和中学有什么不同

第一，中学的课程和课本基本上是规定的，现在虽然也有一些选修课，但基本上是规定的；而大学除了必修课以外，有着大量的选修课，而且教材五花八门。这就决定了中学的学习更多是被动的，给你安排好的，而大学的学习更多是自主的。

第二，中学的班级和课堂是固定的，集体生活的伙伴是熟悉的；而在大学里，班级不那么重要，在同一个课堂里听讲的可能都互相不认识，只有同宿舍的同

学才会比较熟悉。

第三，中学的生活更多地依赖家庭、依赖父母，比如一些走读学校，学生天天回家，接触更多的是父母。而大学期间因为是住宿的，学生必须独立自主，也就是说要自立。

第四，大学的图书馆远比中学重要，大学图书馆很大，每天有很多学生在里面自习。

第五，大学的第二课堂非常丰富，校内讲座、社团活动、社会实践等，远比中学多得多。有很多学生说，大学有一半的学业是在第二课堂完成的，也就是说在校内的讲座、社团、社会实践当中完成的，如果进入大学不去找你感兴趣的讲座听，不去参加你喜欢的社团，不积极参加学校组织的社会实践，那么你的大学等于只上了一半。

上大学，你准备好了吗

第一是学习上的准备。现在实行统一高考，达不到分数线你就进不了大学，没有分数是万万不行的。但是有了分数也不是就行的，高考也在改革，自主招生越来越多。自主招生最大的变化，就是大学不唯分数，而是看你在中学阶段某一方面的表现和能力。

第二是自主能力上的准备。也就是自行安排生活的能力，自己制订作息，自己解决难题，学会和人打交道，这些都很重要，在进大学之前一定要具备这些能力。

一个学生有没有自主能力，差别很大。进入大学第一年，那些自主能力差的学生普遍不会过日子，宿舍里堆得乱七八糟，连吃饭都不会安排。而那些自主能力强的同学，进入大学后就能有效地安排自己的学习和生活。

第三点也是最重要的准备，是心理上的准备。中学毕业生进了大学以后，大多会遇到一些心理上的难题。比如，遭遇竞争的焦虑期，看看人家都行，怎么就我不行？于是非常焦虑。这些都需要自我调整，慢慢适应。

大学青睐什么样的中学生

第一，大学青睐那些品行好、有责任心、有集体荣誉感的学生。大家很奇怪，怎么不是青睐那些成绩好的学生？其实，衡量一个人的标准首先是品德，是为人，是与人相处的能力，是对集体的责任心，这些比成绩更重要。

第二，大学非常青睐基础扎实、有学习后劲的学生。我们老师看学生往往不是看分数而是看后劲，就像长跑一样，有的学生后劲很足，有的学生勉勉强强跟上。什么是基础扎实呢？所谓基础扎实主要是指基本概念比较清晰，知识面广，以及基本技能比较熟练。大家要问，大学不是很喜欢有特长的学生吗？是的，大学能够容纳有特长的学生，但一般来讲大学并不提倡中学生过于偏科。

第三，大学还欢迎思想活跃、有独立见解的学生，也就是说老在琢磨问题的学生。老师在大学里上课的时候，就怕下面的学生不提问题。如果看到有学生提问题，老师就很振奋。

第四，大学还欢迎活动能力强、勇于参加社会实践的学生。现在有些家长想把孩子送到国外去培养，但是国外的大学尤其是美国的大学，在录取学生的时候也有一个非常重要的条件，就是看你在中学阶段有没有参加社团，有没有参加公益活动，他们非常看重中学生的这些履历。

不上大学，你的人生究竟会经历什么

□ 少女陆sunny

1

一个姑娘问我，她很迷茫，不确定究竟应不应该考大学：读完大学都25岁了，父母无法接受，觉得这个时候年纪太大了。

我问了一个问题：你觉得不读大学，你能做什么？你能凭借什么生活？

做服务员，工厂流水线员工，饭店厨师，或者点心师？

我经常收到一些小朋友的私信，他们大多还是高中生，深受学业之苦，一遍遍地问我：高中太苦了，姐姐，你说读书有什么用？上大学有什么用？现在搬砖都月收入过万元了。

说真的，就是我朋友圈也有朋友调侃过：上大学不如搬砖。可奇怪的是，调侃大学生不值钱的朋友去年暑假的时候又去英国念了研究生，他还准备申请博士，打算继续深造。

若是纯粹为眼前的钱，好像读大学真的没什么用。可是，那些搬砖的，搬了十年，还是那些钱，而当年月薪4000元的大学生，不说每个人，可是很大一部分，所得的工资已经远超那些搬砖的员工。

我们很爱计较得失，计较眼前的利益，却忘记了，人生是一场漫长的赛跑。

而那些喊着读书苦的孩子，一个个若是真的跑去搬砖，我敢保证，肯定是第一个打退堂鼓的。

2

工厂流水线的员工有出息的应该就是做流水线主管，毕竟工资比普通工人高。

点心师有出息的状态大约就是拥有一家自己的蛋糕店，毕竟也是老板了。

如果你对这样的人生状态很满意，很快乐，那就过这样的人生吧，有时候，快乐两字，真的已经抵过所有。

但是，我遇到过好多人，因为没有学历，只是普通高中毕业，这一辈子，都做着特别基础的服务性工作，他们快乐吗？他们反而一直被生活所困。

而读了大学就不会被生活所困吗？当然不是，该发愁的时候你照旧发愁，穷的时候你还是穷，可至少你曾经和那么多人相处过，看过那么多人的人生，你心里面明白，人生，真的不只是眼前的一种过法。至少，你比没上大学的你，多了一份不一样的底气。那是你身边人的经历告诉你，这个世界真的很大。

3

我奶奶和我讲过一个所谓的寒门逆袭的故事。

讲的是奶奶邻居家的叔叔。

叔叔家以前很穷，有多穷呢？最怕过年，因为一到过年就有一批要债的人上门。

不是不还，而是叔叔的妻子身体不好，每年看病都要花掉不少钱，全家靠叔叔一个人赚钱。叔叔做的是木工，他没日没夜接活，可是赚的钱连家里的基本生活都维持不了，更别提还债了。

叔叔还有两个儿子，要上大学。当年其他所有人都劝他，儿子别读书了，高中毕业就去工作吧，毕竟家里面那么紧张。

叔叔不愿意，喊着砸锅卖铁也要让两个儿子读书。两个哥哥读书的那段时间的确很苦，那时我还小，到奶奶家玩，叔叔看到我，总是对我笑笑说：你呀，都这么大了啊。

但是，我却觉得有些害怕，因为叔叔整个人特别苍老。你能想象吗？那时候叔叔还没到五十岁，可是看上去甚至比我爷爷还要老，头发全白了。

但是，接下来的十几年，发生了戏剧性的转变。两个哥哥很是争气，考取的大学都很不错，毕业之后进入了名企，之后又出来创业。而现在，他们两个都已经在杭州市买房安家落户，就是在奶奶的老家农村，也盖了小别墅。

我和叔叔一家人一起吃过饭，那时候叔叔看着我，大约是这几年舒心日子过下来，连眉头也没以前那般紧皱了，整个人也不再显得老态龙钟了。

社会本就这样，有的时候，拥有一个机会，就已经足够了。就是这个机会，促使你去选择如何生活，而不是被生活选择被迫谋生。

我看到过一句话——上大学

不是唯一的路，却是最好的路。

你在这段人生之中认识的人、做过的事、看过的世界，不能改变你的人生，可是至少能够给你的人生一个不一样的开始。

当然，上大学也不是人生的唯一出路，成功有很多种方式，把人生过成你想要的模样，也有很多种方式。可是我还是希望你选择最平坦的那一条路，至少，少受一点儿苦。

龙应台说过一段话：孩子，我要求你读书用功，不是因为我要你跟别人比成绩，而是因为，我希望你未来会拥有选择的权利，选择有意义、有时间的工作，而不是被迫谋生。

预测**高中发展**的重要指标

1.认知：包括对考试的认知、对知识的认知、对形势的认知等。有同学觉得高考打题海战就行，还有同学觉得弱科没有补上去的可能性……这些都是认知方面的问题。认知有误，不可能更好地发挥自己的潜能。

2.上进心：如果一个人没有强烈的上进心，就这一点，就会让他所做的事情大打折扣。

3.知己知彼：我们要正确、全面、理性地看待自己的长处和不足，同时了解所要做的事情的特点，例如弄明白考试的内容、题型等。

4.根据自己的实际情况设置规划：很多同学总是盲目补课，盲目搞题海战术，根本没有根据自己的需要做学习规划，这样的话，怎能充分发掘自己的潜能呢？

5.坚持、勤奋的品质：很多同学聪明程度也不错，在某个时间段，一些事情做得很好，但坚持不了多久，这样下去，自然会落后。

6.自学能力：可以这样说，自学能力越强，潜力被激发的可能性就越大。

7.效率：在学习的过程中一定要注重效率，在有限的时间内，高效才能进步更快。

高中学习生活提示

高中是我们个人成长过程中非常重要的时期。在这一时期，我们的适应能力和学习能力显得尤为重要，直接关系着我们的未来和成长。面对新的环境、新的生活节奏，无论我们此前怎样，从进入高中那一刻开始，我们注定要成为一个全新的自我。

高中节奏快，学习和生活模式需调整

进入高中之后，我们的学习和生活就登上了一个新台阶。与初中相比，我们的高中生活将出现很多新的变化：高中的课外活动更多，如艺术节、社会实践活动等；高中的课业负担更重，知识量大，知识层次深，考试多；高中的人际关系也更复杂，学习水平相近的人更多，竞争更激烈。

所以，不少同学进入高中之后会感到顾此失彼，应接不暇。对此，我们必须更新自己的学习和生活模式，适应高中的环境特点。

首先，我们必须摆正关系：搞清自己的主业是学习，健康的身心是保障，良好的人际关系是催化剂。

其次，我们要注意主动适应高中的生活环境。学校为同学们制订的作息时间对于高中生活来说是较为规律和合理的，大家对学校的上下课及休息时间要非常明确，跟上时间的步伐，以免由此带来种种烦恼。

然后一定要运筹好时间。运筹好时间的第一要素是善于安排时间，第二个要素是学会制订学习计划，第三个要素是注意保证时间的弹性，正所谓"文武之道，一张一弛"。

具体到高中各学科知识的学习，我们首先必须了解的是高中学科的知识特点。很多同学初中阶段学习成绩很优秀，但到了高中，尤其是高二之后，往往会出现成绩下滑、学习吃力的情况，很多时候这是没有根据高中学科的知识特点，转变学习观念导致的。所以，我们很有必要提前了解高中学科的知识特点，然后有针对性地调整自己的学习方式。

除了了解高中各学科的知识特点，我们还要注意培养自主学习的能力。所有的学习归根结底都是自主学习，我们只有学会管理好自己，才能最终获得理想的结果。自主学习能力包括培养自己对各学科的兴趣、养成良好的学习习惯、善于总结和反思等。只有这些问题我们都能处理好，才能提高学习效率，锻炼出独立思考和独立解决问题的能力。

鉴于高中阶段的学科知识与我们以往所学的知识确实有很大不同，无论我们之前怎样优秀，我们都必然有一个过程去重新"学会"学习。只有做到"会"学了，才能保证学"会"。那么，高中阶段我们如何才能做到"会学"呢？

其一，会质疑。"学贵有疑，小疑则小进，大疑则大进"。无论学习哪门学科，唯有开动脑筋，提出问题，才能学得深刻。

其二，要会举一反三、触类旁通。要牢固而灵活地掌握所学，就要学会吐故纳新，消化吸收。继承传统，积极创新。

其三，要会积累。在课堂聆听的基础上学会主动积累相关知识，整理学习笔记，使知识条理化，系统化，做到连点成线，纲举目张。

其四，要会总结。总结经验教训，会非常有助于我们及时调整学习方法。简而言之："善学者，得鱼而忘筌；不善学者，犹如刻舟求剑。"

一鸣惊人的背后是厚积薄发

□ 周宇星

三年前，我怀着对未来的憧憬走进高中的校门。我的高中素来以活动多、作业少、管理松闻名，学生要想在高考中取得好成绩，就必须得依靠自己的高度自觉。我一直向往这种自由的生活，自然像走进了天堂一般。

可惜的是，课余时间全被我拿去"自由"了，课堂上我觉得听懂了就不再听，作业能不写就不写，回家后能不学就不学，美其名曰"劳逸结合"。

而这样做的后果就是在第一次月考中，9门科目我有5门不及格，排在年级第800多名。我慌了，在知道成绩后的几天里拼命学习，以在心理上弥补自己对学习的愧疚。然而一段时间后，我又回到原来的那副样子，吊儿郎当，极度散漫。比如说做一张试卷，我做到一半就开始烦躁，然后就会拿出手机玩，限定一小时完成的试卷硬是被我拖到了两个半小时。

这似乎是一个死循环，然而直到高一下学期我都还心怀侥幸：每年高考都有黑马出现，没准我会成为黑马呢？就这样，我的侥幸与颓废，使吃老本的我跌落到了谷底。

改变的开始

每次碰到亲戚，我都会被问在哪儿读高中，成绩如何。妈妈每次都很自豪地替我回答：我儿子上的是市里最好的高中。看到大家投来赞许的目光，我更是难堪。我不愿让别人知道，拿掉我母校的名气和光环，我什么都不是。

越来越强的危机感萦绕在我的心头：难道我就这样浑浑噩噩地过完高中三年？当然不！我不想放弃优秀而选择堕落，我要改变！

我开始试着在课上认真地听讲，试着在规定时间完成每一天的作业。虽然我仍然做不到百分之百的积极主动，甚至还有一点儿懒散，但在思想上，我已经把学习放在了最重要的位置。

因为基础实在太差，我的进步很缓慢，但是我不再逃避，甚至还有一点儿期待——我渴望看到自己在前进。事实上，当我真正面对学习时，才发现自己并没有想象中的那么讨厌它。渐渐地，我发现自己会做的题越来越多，对知识点也掌握得越来越深刻，这种成就感不断充实着我的内心。

黑暗中的摸索

在高一入学时，校长就对我们说过："高中学习的难度是初中的十二倍。"若我真的想成为黑马，就必须找到适合自己的学习方法，兼以加倍的努力。笨鸟已经后飞了，想要赶超别人，只有找到适合自己的捷径。

英语是我成绩浮动最大的一门科目，考试不及格的情况屡屡出现。我分析了所有考过的试卷后发现，单词量太少是制约我英语提分的一大因素。于是我买了几本单词书，每天早上吃早餐时背半个单元的单词，上晚自习之前再背半个单元的单词，第二天再复习一次。如此，我用十天就能背完一本书的单词，这让我的词汇量大大增加。

至于数学和其他理科，基本都是我的弱势科目。我做了大量的题，终于掌握一些窍门：应付数学，需要按单元来复习、刷题，因为各个单元是环环相扣的；复习物理，要熟记每一种物理模型，明白其中的原理，这样才会懂得如何运用公式；至于化学，则必须回归课本，因为考试中的很多化学题都是从课本例题演变而来的，万变不离其宗，熟读课本后也就掌握了化学的精髓；而生物要想提分，就必须靠背，我把每一道错题的答案都背了下来，避免在之后的考试中掉进同一个坑。

摸索到了适合自己的学习方法后，我就只朝着目标前进，不问结果。

遇到瓶颈后的思考

到了高三，跻身到年级前450名后，我的成绩就在原地踏步，甚至还略有下滑。是的，当奋斗的激情退去后，我又对枯燥的学习感到厌倦了。我讨厌听到父母在我面前提及学习，也越来越懒得做题，作业都是做一半留一半，想着有时间再补回来。

我觉得我快坚持不下去了，不得不去找班主任谈心。她告诉我，真正的黑马是在高三出现的，因为只有在高三的冲刺中坚持下去，之前所有量的累积才会促成质的改变。

这让我开始反思自己犯懒的深层次原因：在我发力过猛之后，学习成绩虽有进步，但幅度却不大，这难免会让我对学习产生反感；再加上单调的学习生活动摇了我最初的决心，所以导致我越来越难坚持下去。

我终于明白我的努力并非没有成效，只是积累在我看不见的地方，等着在最后时刻转换成动力，让我一鸣惊人。

为了梦想，拼了

为了实现黑马逆袭的梦想，我开始不断突破自己。为了抵制诱惑，我将智能手机换为普通的功能手机；为了提高英语听力水平，我每天六点半到教室做听力题；为了能够在两个半小时内做完一套试题，我每天都进行限时训练；为了彻底摆脱电脑游戏，我每个周末都会自觉去学校自习。

有时候我会和我妈说，我真是太累了。她就会接话：你这么勤奋，高考肯定能上600分。那时我的模拟考试成绩也就570分左右，但是我觉得妈妈的要求好低啊，原来我只要上600分她就会满足，于是我打算在高考考个更高的分数给她看。

其实每一次考试前，我都会在班上给自己找个对手，想着我一定要超过他。每次考完试，我都会对比我和对手的成绩，看看我们之间的差距在哪儿，然后再努力去弥补。终于，高三下学期的第一次月考，我考到了班上的第10名，进到了年级的前300名。

这是一次质变，是我上高中之后第一次跻身优秀的行列。妈妈比我更高兴，她恨不得将这喜事与所有的朋友分享。看着她的喜悦，我意识到我不仅是为自己学，也是为我的父母学——我想让他们在别人面前有炫耀自己的孩子的资本，我希望成为他们的骄傲。

我就是那匹黑马

在最后的战场上，我成功了。尽管高考成绩没达到我预期的目标，但那已是我高中三年来考得最好的一次。是的，我就是那匹黑马，一"黑"到底。

卡夫卡曾说过，人有两大主罪，即急躁和懒散。在学习中，有些人因为急躁而被逐出优秀的队伍，而由于懒散，他们再也无法提高自己的水平。人人都会努力，但不是每个人都能坚持下去，我坚持到了最后，所以我才能在高三最后的时间里完成逆袭，上升到自己想要达到的高度。事实上，没有什么所谓的黑马，一鸣惊人的背后是厚积薄发。

新高考有"亮点"，高中学习要侧重

高中学习生活提示

> 高中应该学什么，怎么学？其实最好的方法就是研究每年的高考试题。对于初入高中的我们而言，或许还不具备这方面的能力，却需具备这方面的意识。高考是个系统工程，只要提前准备，提前培养相关能力，才更有希望胜出。

高考是高校选才育人的第一道关。高考考什么？绝不是简单地考大纲、考教材、考知识。中国的高考，在大纲之上、教材之上，还有一个更高的"纲"，那就是以国家领导人系列重要讲话精神和治国理政新理念新思想新战略为指导，以立德树人为引领的时代主旋律。具体而言，高考对我们的重点考查点包括：1.社会主义核心价值观；2.中华优秀传统文化；3.我们的"历史眼光""世界格局"和"责任意识"。

社会主义核心价值观是当代中国精神的集中体现，作为中学生，我们正处在价值观形成时期，抓好这一时期价值观的培养十分重要。所以，有关社会主义核心价值观的内容是我们高中阶段学习时必须留意的问题。每年高考，语文的名篇默写、文言文阅读，政治、历史、地理试题的背景材料，都会侧重从优秀文学作品和历史、现实积淀中，精选饱含人文精神与时代气息的素材，引导学生感受社会主义核心价值观深厚的内涵。整个高中阶段，我们要想提高学习成绩，了解这方面的内容是不可回避的。

独特的历史和文化是立德树人的底气和底蕴，每年的高考试题充分体现了对中华优秀传统文化的传承和升华，蕴含着有强大感召力的"文化密码"，今后的高考无疑仍会加重对传统文化的考查。名句名篇、历史典故、文化遗产，我们不能等到高考前夕再临时抱佛脚地背，在整个高中阶段，我们就要有意识地去亲近、熟悉，把对传统文化的学习作为语文等科目的重要组成部分。

另外，每年的高考都不拘泥于"固定"的教材，而是从历史到现实，从国际到国内，从社会到个人，从理想到实践，环环相扣，聚焦时代使命。这正是我们整个高中阶段必须着力培养的"历史眼光""世界格局"和"责任意识"。整个高中阶段，我们要学会使用"历史眼光"，引导自己正确认识世界和中国发展大势；要培养"世界格局"，引导自己正确认识中国特色和国际社会的关系；要具备"责任意识"，引导自己正确认识时代责任和历史使命。

以上述原则为指导，我们高中阶段的学习，可以有针对性地从以下方面努力：

语文——阅读这一"关键能力"的培养很重要！我们在阅读广度、数量、速度上要下大功夫。只有全面培养阅读能力、文学素养和思维品质，才能笑傲高考考场。

数学——逻辑推理能力要比刷更多题重要！我们在平时学习过程中，要有意识地通过对数学思维方法的总结、提炼，掌握其内在规律。

英语——综合语言运用能力得尽快养成！每年的高考英语都会考查学生综合运用语言的能力，促进学生学习能力、交际能力的养成。我们平时在学英语的过程中，一定要注意培养这方面的能力。

其他学科——学科素养和创新思维不是一句空话！所以，我们想要在其他学科方面获得高分，就必须把学科素养和创新精神的提升，贯穿到整个高中阶段。

我不爱你，但我会感谢你

□ 陈新辕

站在这里，我想起了去年的那个夏天，位置还是这个位置，我还是我，阳光也是这般明艳，打在行政楼屋顶庄严的大钟上，照在湖边婀娜的柳枝上，落在大家明媚的笑脸上——是的，又是一年夏来到，高考如期而来。

早上遇见几位同学，我问他们："你们爱高考吗？"他们都不好意思地摇摇头。我说："你们可以不爱她，但你们一定会感谢她！"

这时的你们，也许有些迷惘，努力付出后，成绩依然不见起色，无论怎么做考卷，无论怎么认真学习，总是得不到满意的分数。记住的东西太多，再回想却又什么都不记得。

这时的你们，也许感觉压力特大，时间紧，作业多，考试多。有做不完的练习卷，看不完的辅导书。有的同学开始怀疑，开始后悔，后悔过去没有认真学习，浪费了太多时间；也有的同学面对一次次模拟考的失败，开始失去自信，在高考面前犹豫了畏惧了。他们担心未来到底是个什么样，会不会落榜，会不会考进那日思夜想的第一志愿。

但是我始终相信一分耕耘，一分收获。往者不可谏，来者犹可追。现在一切的迷惘，一切的犹豫都无济于事，都只能成为我们的绊脚石。这时候千万不要气馁，因为所学的技巧已全收入你囊中，你的一分劳动一定有一分隐形收获。从而量变引起质变。有人质变的时间早，有人质变的时间晚。但是，只要在高考前甚至高考的时候质变，你就成功了。

无论最后你成为了怎样的大人，过着怎样的人生，你尽力了，就是成功。从来只有拼出来的美丽，没有等出来的辉煌。"一颗心，是绝对不会因为追求梦想而受伤的。求学之路的失落与得意、清晰与迷茫，最简单的在于你拥有一个什么样的心境。生活可以是无趣的，但一定要快乐。我们都不是神的孩子，我们只是有梦的孩子。"

有的同学会用"学数学有什么用，连买菜时都用不着"给自己的数学差找借口，同学们，买菜是用不着，但它可以决定你在哪里买菜。你在嘲笑别人的死板、死学，但最终的结果是：人家成了神话，而你却成了笑话。

走了12年，终于来到了高考这一站。最后这段时间我们不能虚度！

当一切过去之后，你需要做的，只是真诚地感谢高考，感谢生命中每一段泥泞的岁月，通过艰苦、漫长、繁复、紧张的时间锤炼，让一个人长大和变强。当一切过去之后，无论是恨还是爱，都已经成为了你人生所经历的一道不可抹去的风景，一份独一无二的回忆。

感谢高考吧，因为它可能是你人生中，最后一次不看脸、不拼爹、让你有机会成为各种牛气哄哄的强者的最公平的考试。

所有的故事都会有一个答案，也希望所有的答案都如最初所愿。重要的是，在最终答案到来之前，你是否耐得住性子，守得稳初心，等得到转角的光明。相信今天，相信未来，那时，所有的辛苦都将被胜利的光芒所掩盖。

第一章
高中生活早规划：学习不掉队，潜能早开发

学习预警：高中注定是一次剧烈的自我西化

从高中开始，好习惯决定人生后半程

高中学习生活提示

进入高中，往往会有这样的同学，他们似乎不怎么努力，成绩却非常出色。他们优秀的原因与其说在于天赋，不如说在于好习惯。当你形成了非常好的习惯，就能持续收获它们带来的红利。高中的竞争，除了智力的竞争，其实也是好习惯的竞争。

有学者曾花费5年时间研究了上百位白手起家的成功人士的日常习惯。他发现，好的习惯确实有助于人的成功。而其中有些习惯，正需我们从高中阶段开始持续培养。因为从高中阶段开始，我们的行为模式将越来越稳固，此时如果我们没有养成好的行为习惯，我们的潜在的素质和能力将不能获得更好的发展。

但坏习惯容易形成，好习惯却难于培养。因此，我们要养成好的习惯，必须通过有意识有计划的训练来实现。

当然，我们的习惯犹如一棵有枝有叶的大树，不仅数量大，而且相互之间不是独立的，像我们有吃饭的习惯、穿着的习惯……任何一个方面都是我们习惯体系的一部分，但培养好的习惯不可能一次抓住所有问题。因此，我们要对培养什么样的习惯做出统筹安排，分清主次，有计划有步骤地实施。

比如，上帝对人类最公平的事情之一，就是每个人一天只有24个小时。但每位同学在同样的时间中获得的知识量却大不一样。其中一个非常重要的原因，就是如何有效利用时间的问题。有些同学上课时注意力不集中，这必然浪费不该浪费的时间。这就凸显了"有效利用时间"这一良好习惯的重要性。很多所谓的"学霸"都非常善于有效利用时间，能把一天的活动按规律和轻重缓急排好，既可完成一天的学习任务，又可提高时间利用率。

此外，对我们高中生而言非常重要的习惯，还有积极寻求反馈的习惯。想成为优秀的人，就要见贤思齐。好的"导师"，包括老师、同学、师哥、学姐等，通过指导你该做什么、不该做什么，能促使你走在正确的轨道上。进入高中，我们可以多注意与别人进行沟通，他们与你分享有价值的经验，往往会对你产生积极的影响。

无论我们获得的反馈意见是好还是坏，都是我们学习和成长的重要因素，尤其有助于我们了解自己是否采用了正确的学习方法，便于我们修正学习策略，提高学习效率。

"罗马不是一天建成的"，习惯的培养也一样，很多时候需要我们付出艰苦的努力。关于习惯形成所需的时长，21天和30天的观点很流行，但很多类型的习惯完全不可能在这么短的时间内养成。

培养好习惯就像骑车爬坡，刚开始我们必须用最大的力量蹬车，之后就会渐渐变得轻松，但你必须一直蹬到山顶，否则就会向后退，让之前的努力付诸东流。这就是坚持和意志力在习惯培养中至关重要的作用了。

那个决定不考大学的女孩

□ 陶瓷兔子

看到一个高二同学的留言，她说，眼看着学长学姐每天都活得特别累，觉得这样的生活很可怕。她暑假在一家手机专卖店做促销员，生意好的时候也已经赚到了五六千一个月，比她刚大学毕业的表姐挣得还多。她问我，这个时代挣钱那么容易，上不上大学有那么重要吗？

在我十几岁乃至二十岁出头的时候，我也很羡慕邻居的姐姐高中毕业就去做了销售，不仅不用读书做试卷，还可以穿着美美的制服和高跟鞋，每个月有好几千元的收入。

那个姐姐上学的时候其实成绩不错，努力一下考个一本院校也不是不可能，可她觉得冲刺太过辛苦，早早地放弃了。她那几年做得顺风顺水，听说签下了好几个单，家属院里的老邻居纷纷称赞，说这孩子出息了，不比上过大学的差。

我大三那年，她失业，坐在楼道里叹着气：我们这种靠青春吃饭拿订单的工作，只要青春没了，就什么都没有了，你看看我，现在要怎么跟那些十八九岁口齿伶俐的小姑娘竞争？

她在家待了两个月，四处找工作碰壁，就在我快要放暑假之前，听说了她要回老家的消息。

我们再也没有见过面，她换了手机号码之后，就和她失去了联系。

我常常想起她，每当看到有类似"某初中少女月入十万"的新闻，我都会忍不住想，那会是她吗？她会是那少数幸运儿中的一个，还是会像更多藏在励志故事背后的农家少女一样，接受一场不太情愿的婚姻，然后在街角开一间小卖部，这样终老呢？我好希望是前者，却也清楚地意识到，这可能性有多微乎其微。

我曾经跟一位做记者的朋友聊天，她采访过许多生活在社会底层的、痛苦不堪而又无力摆脱的体力工作者。我随口说了句，他们既然想要改变，为什么不能用业余时间去学点儿技能提升自己呢？她用那种"何不食肉糜"的眼神看我一眼：你以为他们都能跟我们一样朝九晚五带双休？让你上班站八个小时，看你下班后还有没有精力学习。

我一位女友公司的司机，有严重的腰椎间盘突出，却连一天假也不敢请，因为只要休几天假，就意味着全勤奖和补助都泡了汤，收入折半，而家里还有要上学的女儿、没有工作的妻子和年逾七十的老母。他可以跳到其他地方工作，却无法摆脱司机的职业。他花了两个月工资，给上初中的小女儿报了数学培训班，说："我一定要供她上大学，只想她以后不必像我一样，只能困在这一种人生里，动弹不得。"

这就是我为什么依然想要像个老古板一样，劝你去考大学——并不是因为打工妹就比别人低贱卑微，也不是因为除了这一条路别无他处可去，而是我太清楚，一个连学习都嫌累的人，是很难咽下生活的苦的。

而那张文凭，那个机会，能赋予你一点点能力和资格，帮你推开一扇新的门，见识更大的世界。别让生活把你困在二十几岁。

美国高中尖子生今何在

□ 南桥

很多人以为美国的学校没有排名，其实到了高中也是有的。总体上说，美国的教育呈加速度发展的态势：幼儿园玩耍；小学轻松；初中在学与玩之间过渡；上了高中，情况陡然一变，学生们作业多、压力大；到了宽进严出的大学，挑灯夜战就是家常便饭了。

在高中阶段，美国学生除了要完成各种各样的课外活动和志愿服务，学习成绩方面也竞争激烈。平时，家长不了解孩子们的排名，但到了毕业季，第一名是谁就揭晓了。在毕业典礼上，第二名会先出来致辞，而最终的演讲则由第一名来做。第一名是很风光的，一般会去上比较好的大学，家长们则在社交媒体上骄傲地进行展示。

不过，这些优等生以后的人生是怎样的呢？多家美国媒体报道了波士顿大学卡伦·阿诺德一项针对优等生的追踪研究。

该研究追踪了1981年伊利诺伊州81所高中以第一名毕业的学生。1994年，即这批人大学毕业大约10年后，卡伦·阿诺德发布过一次调查结果，称这些尖子生中的很多人在毕业后面临职业选择困难，最终，大部分人选择了四平八稳的职位。

而今，这些人已到中年，大部分人的人生基本定型，他们后来发展得怎样？研究表明：一个改变世界的人也没有。人群中总有"追随者"，也有"撼动者"，但在这些尖子生中间，没出现一个"撼动者"。这到底是什么原因？卡伦·阿诺德的结论是：学校的体系设计是奖励那些依据规则玩游戏的人，可是成为一个"社会人"之后，仅仅会依据别人的规则玩游戏是不够的。

我的小孩儿学习成绩非常出色，是尖子生。我发现了一个明显的问题，就是他对分数太在乎了。比如，有一次写作文，题目要求写感恩节人们和家人团聚。我说我们是中国人，在美国没有七大姑八大姨可以团聚，其实可以写些独特的东西。孩子说这么写违反了作文提示，拿不到高分。美国学校的教育环境可能比中国宽松一些，但是学校让学生按规矩出牌的做法，全世界都差不多。

美国高中第一名的成绩多为满分4.0，或是接近满分，维持这种状态要花大量的精力和时间，这就使得尖子生难以发展某一方面的兴趣，更不可能处处深入。那些真正日后发达的，是习惯于在某个领域深耕的人。

卡伦·阿诺德的研究证明，人在高中阶段取得优异成绩，在未来很有可能获得一份良好、稳定的收入，成为"职业人士"。研究还发现，这些人中95%读了研究生，将近90%的人从事专业性工作，40%的人拿的是比较高的收入。对于大部分人来说，能够这样就相当不错了。可是也要注意，这个时代要靠创意才能取胜。那些按规矩出牌的人，在制订规则的人面前，还是要甘拜下风。

心理素质不给力，决战人生难如意

高中学习生活提示

很多时候，我们不得不承认自己在一些方面是存在问题或缺陷的。当我们意识到自己的弱项，我们完全没必要自怨自艾、黯然神伤，我们所要做的首先是与自己和解，然后慢慢改变自我，步步为营，在原有的地方向更好的方向肆意生长。

进入高中，随着学习压力加大、人际关系变得更加复杂以及青春期荷尔蒙的催发，我们会在这一阶段与一系列的心理问题不期而遇。如何解决这些心理问题，不仅关系着我们现阶段的学习和生活状况，也关系着我们今后的成长。

如果我们在学习过程中存在心理方面的短板，那么它就会直接影响我们的学习表现。比如一些同学在面对考试时会过度紧张，甚至坐立不安。我们知道，适当的焦虑能对我们起到积极的推动作用，引起我们对考试等重大事件的足够重视，促使我们更认真地投入学习中去。但焦虑水平过高，或持续时间过长，就会对我们的学习产生消极影响。

对此，我们必须找到自己焦虑的原因，学会用理性与担忧进行辩驳，让自己尽快摆脱这种不利状态。唯如此，我们才能在高中最后阶段的竞争中不落下风。

除了学习方面的心理素质，高中阶段我们还有其他方面的、对我们的成长异常重要的心理素质需要培养，比如弥补我们个性方面的弱项，像在成长过程中每个人都可能体验过的自卑感。如果我们自卑感比较强，往往会因为一时或一事的失败而感到处处不如人，长此以往我们可能会对很多事物抱持悲观的态度，进而没有信心，也不太乐观地去处理很多成长中的问题，以致错过很多属于自己的机会。所以，我们应该多注意让自己变得更积极向上一些，当你更自信地勇往直前时，很多所谓的障碍和困难就不成其为障碍和困难了。

另外，高中阶段，有的同学在处理人际关系时也会面临很多心理方面的问题，比如内向、拘谨、羞怯等，尤其是在与老师和异性沟通交流时会表现得更明显。对心理发展尚不成熟的我们而言，适度羞怯和内向是正常的，但这种心理状态持续性出现在绝大多数社交场合，就会给我们造成一定的心理压力，这应该引起我们的注意，毕竟人际交往能力是我们成长过程中所应具备的最重要的能力之一。

积极心理学认为人人都是自我教育者，人人都是自我心理的调适者，人人都有积极的心理潜能，都有自我向上的成长能力。这些丰富的内容就在我们每个人的身上和周围，既可以是我们积极的思维活动，也可以是我们积极的情绪体验；既可以是我们积极的习惯养成，也可以是我们积极的人格培养……只要我们能积极面对生活、面对学习、面对周围的一切，相信我们一定可以以自己的心理能量，将自己带入成功的道路。

高中是一场充满理想主义的奔忙

□ 徐玉清

中考失利，我来到了这所高中

初到城中的那年，秋天似乎来得比往年早些，四处都是飞扬的落叶，映衬出我的无奈与落寞。

中考失利，我来到了这所坐落于山中的高中。相对于县城的中学，这所学校就像是个被遗忘的孩子，毫无生机。山中没有繁华的街道，没有拥挤的人群，没有任何我熟悉的人或者物。

为了能让自己快速地远离孤独和难过，我像发了疯一样地学习，每天大声背书，研究题型，还拿一些励志的故事激励自己。我学习着收敛自己的张扬，与人为善。

凭着一股不服输的劲儿，我的成绩很快得到了提升，从进校的第六十名上升到全校第五名。理所当然地，我成了老师的宠儿，父母也重新对我抱有了希望。

我想要的究竟是什么

到了高二，或许是厌倦了枯燥的学习，或许是厌倦了学校的乡土气息，我开始寻找另一个新的自己。是的，青春期的女生敏感骄傲，骨子里带有一丝虚荣，我也穿起了时尚的衣服，经常和朋友去逛街、讨论各种明星动态。我很快便和各个年级的学生混得熟络起来，热衷于各种社团活动，俨然是不爱学习的女生模样。

这样的散漫注定使我停滞不前。和很多不爱学习的高中生一样，我开始早恋。有时候，我甚至会忘记自己还是一名高中生，只想着要好好地享受这美好的青春时光。而放纵后得来的并不是快乐与自由，而是我对未来深深的迷茫。

毫无疑问，高二期末考试，我考出了入校以来最差的一次成绩。在成绩单发下来的那一刻，班主任盯了我一眼，没有说话，我却觉得比挨了巴掌还疼。

要知道，我们高中每年考上一本大学的人寥寥可数，跟重点中学的学生相比，这样的分数简直就是低到尘埃里去。我仿佛看见了初三那年失败的自己。如果我再不努力，我的梦想将变成赤裸裸的笑话。我幡然醒悟，毅然决定结束这段堕落的生活。

高三，是一场重要的博弈

就这样升入了高三。高三，对于经历过中考失利的我来说，是一场至关重要的博弈，我只能赢不能输！开学的班会上，老师讲了很多，有一句话是，难道你们就甘心做一个失败者？说完他有意无意地扫了我一眼。我正为上学期的失败而耿耿于怀，便正视他的眼睛，想要告诉他：我，当然不会就这样堕落下去！

山村的夏天是一年中最难过的时候，小小的教室里挤了60多个人，过道都是要侧着身子才能走的，教室里就像是蒸笼一般让人难受。

俗话说"心静自然凉"，一心想证明自己的我，忘了周遭的"水深火热"，心无旁骛地学习。当时学校特别流行衡水中学的学习模式，于是我也努力向衡水中学的同学靠近，每天不是在教室学习，就是在奔向理想的路上——跑去操场上操，跑去食堂打饭，跑回宿舍洗澡。

把那时候的学习说成一场无硝烟的战争实在不过分，那时的我每天都像打了鸡血般去战斗，从不知疲倦。高三上学期期末考试，不出意料，我取得了年级第一名的好成绩。

我终于稳稳站在了最高处

高三下学期，我比之前有了更大的信心。但数学一直是我的软肋，厚厚的错题集像是毫无作用般，结成了我心底的疙瘩。后来换了一个很干练的老师来教我们，她一直鼓励我，让我不要放弃。这种认同感一直支撑着我前进。尽管模拟考时我考得很差，我也未曾沮丧。

直到现在，我仍记得那位老师对我说的话。她说，困难就像弹簧，你强它就弱，你弱它就强。我当然不甘心做弱者，我要越挫越勇！上课听不懂，下课我就缠着老师问；每一道题目我都要举一反三，变着花样儿为难自己，努力吃透每一个知识点；难题不会做，我就做上几十遍，直到彻底弄懂为止。

临近高考，很多同学都乱了方寸，熬夜苦读是家常便饭，表面看似平静，实则内心波涛汹涌。好的心态是成功的一半，不无道理。对我而言，从开始的慌乱紧张，到最终的淡然，对心态进行正确的调整是我取得成功的重要因素。

走出考场的那刻，我的心中并无遗憾之感。后来喜讯下达，我如愿以偿地以全校第一名的成绩考过了一本线。看着老师欣慰的笑容和家长骄傲的眼神，我也终于如释重负地笑了。

回顾这段时光，我深感高考是一场充满理想主义的奔忙，总会留下大大小小的伤。但无论失败多少次，我们都不能轻言放弃。高考像是一场马拉松长跑，拼的不仅仅是先天的智慧，还有后天的努力。我一直坚信，这个世界没有做不到的事情，只有不想做的事。无论你身在悬崖边缘或是地狱深渊，只要你愿意奋力追逐光明，你就能拥抱最美的太阳。

过来人给高一新生的学习建议

1.高一是我们拥有最多属于自己的时间的一年。如果能够利用这些时间多掌握一些知识和能力，多积累一些学习材料，多养成一些好习惯，会使你在高中有很高的效率。

2.用你尽可能认真端正的态度对待数学。刚学数学的时候可能会觉得很简单，初中学过。千万不要因为这样就大意。高中数学的特点是课本的你全会，可做题就不一定会了。当然，课本还是要掌握好的，那是基础。

3.别人的学习方式只是别人的，适合你的，能为你所用的才是你的。

4.从高一开始就注意收集字音、字形、成语之类的知识。不用特意去找，只要把平时练习、考试中遇到的，不太清楚的记下来就行了。这样高三会少花点儿力气而比别人拥有更多的知识储备。

5.建立错题本。把平时做错的题、自己觉得有意思和有技巧的好题、典型题摘记到上面，供以后复习备考用。

6.利用高一的空闲时间，包括寒暑假，多看一些能够拓宽知识面的所谓"闲书"，这对你的影响是多方面的。

第一章

高中生活早规划：学习不掉队，潜能早开发

成长佳期：充实而自信地让世界为你让路

高中是构建和谐人际关系的基础期

高中学习生活提示

人际交往能力或者说情商，是决定我们未来高度的一种非常重要的能力。而高中几年正是构建人际关系的基础期，交更多的朋友，与老师、同学融洽相处，相互帮扶，会让我们的高中生活过得更充实而美好。

美国石油大王洛克菲勒曾经说过："假如人际沟通能力也是同糖或咖啡一样的商品的话，我愿意付出比太阳底下任何东西都珍贵的价格购买这种能力。"由此可见人际交往能力的重要性。人际关系其实不仅仅是人与人之间微妙关系的一种描述，更是一种思想、一种态度、一种技巧的体现，而高中几年正是我们锻炼人际交往能力，构建交际圈子的基础期。

我们的生活环境和年龄决定了我们的人际关系主要局限于在校期间与周围个体或群体的关系，包括师生关系、同学关系、亲子关系等。尽管我们要处理的人际关系还称不上十分复杂，但很多同学都存在人际关系方面的问题，这正是我们成长过程中要注意解决的问题。

师生关系可以说是我们在学校这一成长环境中的主导关系。随着我们自我意识的不断增强，对待老师的态度往往也会从小学的绝对服从，到初中的表面服从，发展到高中时期的公开对立。其实这种对立关系是完全不必要的，它不但于我们的成长几无正面意义，而且会严重影响我们的生活和学习。其实，如果我们能与老师进行良好的沟通，亦师亦友，老师们原本可以成为我们学习和生活中最重要的支持者的。所以，如何处理师生关系，是我们高中阶段必须解决的第一种非常重要的人际关系问题。

除了与老师的交流沟通，我们所要处理的第二种非常重要的人际关系是与同学的关系。到了高中阶段，我们不会再像小时候那样更在意外在的东西，而会更在乎内心的感受，这会非常容易造成我们与同学之间的矛盾冲突。比如在与同学的交往中，我们经常会过分强调自我的独立性和自由，而无视同学的态度和观点。过多重视自身感受，往往会使自己处于越来越被动和孤立的境地，加剧与同伴的紧张关系。因此，当我们想要从同学那里获得支持和帮助，而不是冲突和矛盾时，我们就需要掌握一些人际交往的技巧，这会让我们变得更出色。

高中阶段我们需要处理的第三种人际关系是亲子关系，和谐的亲子关系对我们身心健康成长起着十分重要的作用。高中是我们从学生走向成人的过渡期，我们想要走向独立、走向成熟就必须学会减少对父母的依赖。凡事不听父母的意见固然不正确，但太过依赖父母的帮助和荫庇，也会让我们无法健康成长。很多同学的很多苦恼、困难和心理冲突，追根溯源就是对家人的过度依赖。此外，亲子关系也不总是只有温情脉脉的一面，有时亲子冲突也会相当冷酷与激烈，此时我们也应该学会发现症结所在，恰当处理好与家人的关系，让彼此交流更通畅，而不是相反。

那些年我们遇到的好老师

□ 小 吴

我的一个发小,初中时厌学,当混混儿,中考落榜,家里让他复读。复读班的班主任是个年近50岁的男老师,脾气很倔。发小考了倒数第一,班主任让他寒假到学校补课,这种事对我发小来说根本不可能。老师问:"你考不上高中干啥去?"发小说:"去技校。"老师瞪大眼睛:"不行,我了解你这种学

生,去了技校就毁了。"

我发小哪听得进去啊,两个人谈到天黑,老师去厕所时,发小直接走了。到了家门口正坐在楼道口,看见一个人骑自行车赶来,竟然是老师。老师说:"我不给你家打电话,免得你爸妈问这问那,我就希望你寒假再努力一下,争取上个高中,你不能去技校。"两人不欢而散。但不知道老师从哪儿弄来了发小的电话,天天打,发小在寒假结束前的一个星期很崩溃地去补课了。后来他考上了高中,可能对他来说比较意外吧,心劲儿也变了,开始学习了。后来他考上了重点大学,还出国读了研究生。他从上大学开始,只要回家,就先去看望当年骑着自行车追他到家门口的班主任。

我的高三班主任特别负责任。他教的是物理,班里的平均分高出其他班20分。他上课的板书很详细,每节课都是手写好几个黑板的板书。其他班的同学下课就来找我们班同学借笔记本去抄,掌握了他的板书内容,基本就能拿到90分以上的分数。

但后来他发现,对很多学生来说,偏科成了上大学的关键阻碍。于是,他有了一个我们此生都无法忘却的举动:把我们班每个同学的情况摸得清清楚楚,谁语文不行,谁英语不行……然后,开始布置作业!想象一下,他一个物理老师,布置完物理作业之后说:语文不好的同学,今天你的额外语文作业是……数学需要努力的同学,除了数学老师的作业,你还要做××书第××页的第××题……

第二天早读课,他要来检查各科作业。他会的,便给学生讲讲;他不会的,便让学生自己问科任老师,但是起码他能检查学生该背诵的都背诵了没有。

班主任给我们讲了他的故事。他读高中时,充满了无限斗志,有很多不切实际的想法,一直以来的志愿是考北大或清华,也没有考虑过自己能不能考上。最终,高考给了他巨大的打击。大学毕业后,他一直想去外面闯荡一番,可最后他只能暂时在高中当老师。刚开始是各种不服,一直都没有好好进入教师的工作状态中。直到有一天,因为他在学习上帮助了一个学生,学生由衷地对他表示感谢,他才顿悟了:原来,自己一直苦苦追寻的东西在身边也可以找寻得到。

他说:"不要苦苦追寻得不到的东西,不要忽略当下你正在做的事情,有可能你此时正在做的事情就是你一直在寻找的。"这句话直到现在依然对我有很大的影响。

亲爱的，永远亲爱

□ 王乃正

柚子刚在空间里更新了一条说说，她写道：希望将来可以有一个属于自己的小店，卖我喜欢的东西，成为自己想成为的人。

我的鼠标停在上面，犹豫了很久，还是没有评论，毕竟我们已经很久没有联系了。只是我知道，即便我们不联系，即便将来走散在人海中，柚子于我而言还是很重要的一个人。

我想起了很多的事情，也想起了柚子陪伴我的那些时光。开学那天我第一次见到她的时候，她正坐在别人的床铺上低头看书，见我进来便主动帮我把东西收拾好。在我表示感谢后，她自我介绍了一番，然后说，我最喜欢柚子了，你就叫我"柚子姑娘"吧。

高中生活是前所未有的紧张，日子悄无声息地滑过，我和柚子有很多共同的语言，也同样喜欢看各种小说。渐渐地，我们成了无话不谈的好朋友。

在第一次月考后，宿舍里的姑娘都在感叹自己考得太差了。成绩下来后，结果大多数人都考得很好，只有我和柚子的成绩平平。私下里，我曾对柚子说宿舍里的姑娘真是有些虚伪，明明她们考得很好，却在考试过后对别人说自己考得一点儿也不好。

柚子听后皱了皱眉，她说："也许每个人对自己的定位不同，有些人想要取得更好的成绩，她们不允许自己犯很低级的错误，所以我们不能在成绩面前一概而论，我们觉得很好的成绩，可能于她们而言并不理想。好啦，不要管别人了，我们也一起努力吧，争取下次考一个比较满意的成绩。"柚子拉着我的手在操场上跑着。

柚子的豁达越发显得我"小心眼"，她的话使我明白，我们都是一同"赶路"的人，我不该对别人如此苛责。从那以后，我开始更多地把精力放到学习上，每天宿舍熄灯后我和柚子都会在宿舍的被窝里学习一会儿，只要看着柚子的被窝还有手电筒的光亮溢出，我的内心便不再急躁和惶恐。

一次放假前的一个夜晚，我们都没有写作业，整个宿舍的人都很兴奋，毕竟一成不变的日子过久了，我们的内心都渴望着假期，哪怕还是会有很多作业。宿舍的"卧谈会"持续了很久，后来有几个姑娘睡着了，只剩下我和柚子还有另一个姑娘。柚子还在兴致勃勃地吐槽着一部很烂的电视剧，她很幽默，而且越说越兴奋，我和另一个姑娘也禁不住笑了起来。后来我要去厕所，柚子说她也要去，她直接从上铺跳了下来。从厕所回来后，我们索性搬着板凳在宿舍外一直谈到了深夜。后来发生的事情更让我难以忘却这个夜晚。

放假过后，我们从家里回到了学校。第二天中午，宿管阿姨把我们叫到了她的房间，在没头没尾地批评了我们一顿后，我们才明白了事情的缘由。原来那个夜晚，楼下的一个同学向宿管阿姨举报了我们。宿管阿姨说我们大声讲话，并且在宿舍里走动，这严重影响到了别人的休息，按校规处理的话，必须要给我们全体"警告"处分。在一向以严厉著称的一中，如果受到两个"警告"处分，便会直接"记过"，如果再犯错误，便会直接被开除。我们都是拼尽全力考到了这所县城最好的重点中学，谁都不希望在高中生活还没过一半的时候受到处分。

后来在班主任的协调下，最后决定只给我们当中的一个人处分。"所以，你们三个需要选出平时最不遵守纪律的那个人"。一番僵持后，我们三个人必须进行不记名投票。

我想起那个夜晚我和柚子曾在地上走动，比起另一个一直在床上的姑娘，也许我和柚子被处分的可能性更大。我的手有些抖，犹豫了很久，我在纸上写上了柚子的名字，当时心里想的是，我一定不要受处分，不然太对不起整日辛劳的父母，这次之后我一定会努力遵守纪律。最后的结果出来了，柚子被处分。我看着她在上自习时被叫了出去，再回来时，脸上没有太多表情。回到宿舍的时候，柚子倒头就睡，没再理我们。

我陷入了深深的自责当中，我记得我们曾说要在高中里做最好的朋友，如今一个处分就让我害怕了，我不敢站出来，只是畏畏缩缩地将自己的朋友推了出来。最后我终于对柚子说了出来，我对她表达着我的歉意，我说对不起，当时我不该写你的名字，这几日我一直在自责，我没有勇气去承认自己的错误。

柚子听到后说，没事了，一个处分而已，以后好好遵守纪律就是了。其实我也很抱歉，我写的是你的名字。我们都有错误，但勇于承认便不算懦弱的人。

从那以后我们又回到了平静的生活中，不再叛逆狂妄，一心埋头于学习。一年以后，柚子突然请了很长时间的假，我联系不上她，不知道她发生了什么事情。

那一日班主任把我叫出了教室，他让我回宿舍帮柚子收拾东西。我急匆匆地跑回宿舍，那时柚子正在把东西往行李箱里放。我问她发生了什么事情，她说她生病了，暂时需要转学到离家近的学校，方便父母照顾她。

听罢，我的泪水夺眶而出，一时间很多情绪都难以言表，只能最后拥抱了她一下。柚子走后，宿舍里来了新同学，很快她不再被大家提起。

毕业后的一次同学聚会，我联系了柚子，她说自己在忙一些事情，现在走不开。不过曾经一个宿舍里的姑娘大部分都去了，那个当年也参与投票的姑娘突然提起了我们差点儿被处分的事情，她说当时老师让我们投票选出最应该被处分的人，这种方法真的不是解决事情的最好方法，也许这对我们都有着或多或少的伤害。最后她对我说："很抱歉，当年我在那张纸条上写的是你的名字。"

突然像是有什么东西在头脑里炸开一样，虽然我表面上很平静，却一时间被各种情绪充斥着。我想起了柚子的话，她曾说她写的是我的名字。如果两个人写的都是我的名字，那么被处分的一定是我，不会是柚子。我向那个姑娘求证了很多次，她说她写的确实是我的名字。

那么，最可能的是，柚子写的是她自己的名字，但她对我隐瞒了实情。也许她知道，告诉我实情的话，会让我陷入更强烈的自责中。一切了然，我却再也没有回到当年去承认自己错误的机会。

当我终于能够勇敢地正视当年不完美又胆小懦弱的自己时，才发现柚子的达观与善良是多么值得珍视。有一日，柚子更新了一条动态，她说，亲爱的永远亲爱。看完后，我突然想起了很多年前，柚子曾说那是她最喜欢的一句话，那时我们在操场上讲着很多有趣的事情，那时她笑得像朵栀子花。

而今，隔着山川河流，隔着我们独自成长的漫长时光，我也很想对她说，亲爱的柚子姑娘永远亲爱，感谢你教会我成长，也感谢过往岁月中曾有你的陪伴。愿彼处风平浪静，一切皆好。

第二章

成绩提升有方法：
学习找规律，你要靠自己强大

　　高中阶段的知识，相较于我们之前各阶段的知识都要难上很多倍，而且不是依靠死记硬背和简单练习就能熟练掌握的。在这一过程中，将各科知识当作系统工程看待，探寻各科知识发展的内在规律和脉络变得十分重要。那些高中成绩非常出色的同学，实际上并非每个都天赋异禀、万一挑一，他们只不过遵循各学科的内在发展规律，掌握了各学科的"正确打开方式"而已。要想避免成绩大起大落，努力固不可少，找到合理的属于自己的学习方法也非常重要。

初高中知识有差异，明了才能学好

高中学习生活提示

很多同学初中成绩很好，到了高中却成绩平平，很多时候是因为我们没有及时适应高中学习，还在使用初中学习的老套路。要想避免出现这种落差，需要我们先把初高中的知识差异弄清楚，进而改进我们的学习模式。

初高中知识有差异

1.高中知识量变大：初中与高中的知识差异，第一个非常直观的感觉是，高中阶段的知识量剧增。面对这种知识"爆炸"，从高一开始，很多同学会有越学越跟不上的感觉，也就是我们通常所说的"陡坡效应"。

2.授课方式不同：初中阶段，老师的教学方式以"灌输"和反复讲解为主，我们通常会得到比较多的辅导。进入高中，老师上课更重分析，反复讲解的做法少了，许多问题需要我们自己独立思考。而且高中学科多、老师多，每个老师教学方法不同，对我们的学习要求也经常不一致。我们只有适应每个老师的教学方法，才能提高自己接受知识的效率。

3.学习方法不同：初中阶段，同学们的学习方法比较单一，提高成绩的核心因素是"背"和"练"。而高中阶段的学习更重分析和思考，单纯"背"和"练"往往很难奏效，甚至适得其反。我们在学习时，要注意学习方法的灵活多样，要防止和克服重记忆轻理解、重做题轻阅读、重计算轻概念等不正确的学习方法。

两大问题须警惕

1.警惕初高中衔接的"陡坡效应"：进入高中，我们会面临大量的考试。高中前几次考试，同学们的成绩一般会呈"二八规律"分布，即成绩不好的同学占八成，成绩好的同学只占两成，部分同学甚至会经历人生第一次挂科。这种情况之所以出现，是同学们进入高中，知识和能力要求的急剧变化与同学们的自我调节较慢导致的。

这样的"陡坡效应"往往会使同学们压力倍增，甚至开始怀疑自己，对学习失去兴趣。高中知识的学习可以说是一个逐步提升的过程，如果我们在开始就造成知识的烂尾，就很难在后续的爬坡过程中有足够的知识储备和必胜的信心。对此，我们必须予以高度重视。

2.警惕心理方面的不良变化：初高中衔接期，可以说也是同学们生理和心理的巨变期。一些同学的适应性较强，能迅速调整，坦然过渡；而一部分同学由于各种原因，往往会产生一些不良的心理问题，比如失落感、孤独感、失重感等。特别是对于那些能考上重点中学的同学来说，"失落感"往往比较明显。

对于上述问题，我们必须予以正视，尽量避免类似情况的发生，然后结合自身情况顺利完成初高中的衔接。只有这样，我们才能避免陷入"初中成绩好，高中成绩糟"的窘境。

衡中往事

□ 江洋

我是土生土长的衡水人，从上小学起，大人口中念叨得最多的就是"上衡中"。竞争，早在踏入高中前就开始了。

衡中的学习节奏非常快。每科都会要求做好课前的预习，会配发相应的学案。数理化这三科你不预习根本不行，因为上课老师直接讲题目，这就要求你必须课前预习到能够独立完成这个章节中低档题的水准。

学生们一般很少自己买辅导书，日常都是以卷子为主。衡中有自己的油印室，隔三岔五就要找男生搬自己班的刚印好的资料。资料分三类，学案、作业、自助，都是由老师自己编写的。

课前预习过后，就是上课。老师们经常强调课堂是学习的主阵地。衡中的课堂是高效的，每个学科都有自己的学科主任和学科组。一个年级的某一个学科组的老师们会提前研究好各个知识点用什么样的方式讲，每节课要讲多少知识点。教案可以说写得超精确，很多老师都可以做到讲完最后一个字刚好下课铃响。

我们的课程表上每天安排了15节课，从6：00左右开始早读，之后吃早饭。7：00上一个小的公共自习，我们称之为早预备。7：35下自习。上午五节课，下午五节课，晚上三节晚自习。自习分为两种，一种是学科自习，就是说这个自习课上你只能干跟这个学科有关的事儿，一般是写老师编写的试题，要求和考试一样正规，并且涂卡。如果写完还有剩余的时间就预习新内容。第二种是公共自习，就是你想看哪科看哪科，还有好多人会在公共自习上偷偷看杂志放松一下。

课后的作业练习在学科自习课上涂完卡后，会经由衡中阅卷系统读卡，然后自动反馈给老师相关的数据。衡中阅卷系统是数学组老师自己做的程序，可以用多种方式对成绩进行排名，成绩和学号严重不符的学生会被老师重点关注。另外，这个系统还可以提供平行班级之间比较的各类数据，计算各类题型的错误率，计算平均分等。考试的话，高一高二大概为每月一次的频率。月考的成绩、班级排名、班级某学科排名，年级某学科排名都会被放在衡中的内网上。

再来说说我们的作息。高一高二是5：30起床，到操场跑操，之后去教室开始早读。7：00全校就进入早预备了。早预备下课后，大家就会像疯了一样奔去厕所，教室里坐着的人不到三分之一，而且大多数都趴在课桌上睡觉。第三节课下课后是大课间，会要求出去跑操。12：00下课，12：40结束午饭时间进入午休。午休一个小时，之后又是五节课。吃晚饭。看晚新闻。晚自习。22：05熄灯。睡觉。

说真的，白天一天的脑力劳动真的很累了，没人会加夜班，因为第二天会撑不住，得不偿失。睡觉对于我们真的很重要。因为你一困，打一个盹儿，老师几个知识点就讲过去了，下课再补根本来不及。

总之，在衡中读书的日子的确是很辛苦，但当初一个教室里的同学，近一半人现在就读于名校。衡中确实做到了把我们送到了更高的平台，见识到了更大的世界。回想那段日子，虽然大多数时候生活紧张，学习压力大，但如果谈最深刻的感受，那还是蓬勃向上的希望，前所未有的力量以及永不服输的精神。

平凡人的光荣与梦想

□ 吴清缘

高三那年，父亲向我推荐了《洛奇》，我至今记得他向我推荐这部电影时所说的话："你应该看看这部电影，主角为自己的梦想坚持了什么，又放弃了什么。"

我虽然记得这句话，但我当时其实并没有用心听。我随口敷衍了父亲几句，当时的我正处在高三焦虑和怠惰的顶峰。放学回家后，不吃饭、不洗澡、不做功课，戴着耳塞、听着摇滚、跟着旋律在房间里大吼大叫，而当我把自己摆在课桌前，一大半时间是在刷手机、看闲书、无所事事，一直熬到深夜才开始做功课。夜里一两点，我用混沌不堪的头脑做完最后一点儿功课。因为睡眠不足，迎接我的是浑浑噩噩的一天。

或许是出于自救的心态，又或者仅仅是一时的心血来潮，某一个周末，我打开了这部父亲早就下载好的电影。

史泰龙饰演的洛奇是一个生活在费城的无业游民，靠讨债谋生；他隔三岔五地打业余拳击比赛，被打得鼻青脸肿也只挣几十美元。那时的洛奇不过是一个无足轻重的混混儿罢了。

彼时，美国重量级黑人拳击冠军阿波罗·奎迪因为对手受伤，一时找不到比赛对象，阿波罗决定在费城的草根拳手当中挑一个作为对手，举办一场别开生面的拳击比赛。阴差阳错，洛奇因为"意大利种马"的绰号被阿波罗选中，5周后，名不见经传的洛奇将在世界级的拳台上挑战拳王。

对于洛奇而言，这是一场几乎没有胜算的比赛，他几乎是抱着自暴自弃的心态面对即将到来的强大对手的。

比赛前夜，洛奇来到比赛场地，场边挂着他和阿波罗的巨幅海报，海报上，他拳击裤的颜色与实物不符。洛奇告诉比赛的负责人——一个西装革履、穿着考究的肥胖男人："海报画错了，我穿的是红白条纹的裤子。"男人抽了一口雪茄，喷出一口烟雾，说："没什么大碍，不是吗？"

洛奇回到家有些失魂落魄，他躺在床上，抱着枕头，对女友雅德利安说："我办不到。我打不过他。我是说我在骗谁？我根本名不见经传。无所谓，反正我是无名小卒。算了，雅德利安，这是事实。我是无名小卒。不过这也无所谓，你知道吗？因为我一直在想，如果我输了也无所谓，就算他打破我的头也无所谓，因为我只想坚持到底。没人能与阿波罗打完全场，如果我能打完全场，当铃声响起时，我还站在台上，我这辈子将第一次证明，我并不是个蹩脚货。"

决战之夜，洛奇打到最后一回合，鼻梁被打断，助手不得不用刀割开他肿胀的眼皮。洛奇撑过了15个回合，整个场馆为之沸腾，女友雅德利安冲入场地，高喊着"我爱你"，与洛奇紧紧相拥。这一段拳赛，我每一次重

学困生成功"逆袭"的学习小诀窍

1. 保证8小时睡眠，学习时全神贯注。晚上不要熬夜，定时就寝。充足的睡眠、饱满的精神，能让自己保持最佳学习状态。

2. 学习要主动，使自己对学习产生兴趣。只有积极主动地学习，才能感受到其中的乐趣，才能对学习越发有兴趣。在兴趣的陪伴下，学习不仅会变得轻松愉快，而且还能取得很好的学习效果。

3. 通过检测和重复，找漏洞补漏洞。考试后应随老师逐题分析错题及失分原因，然后制订切实有效的改进措施，有针对性地加强专项训练，从哪里倒下就从哪里爬起来。

4. "探求型"的学习态度。"探求型"的学习态度，就是怀着对新事物的强烈好奇心，抱着对一切都要试一试的态度自己去做。要树立这样的信念：离开老师的讲述，自己也能把知识弄明白。

5. 重视知识的"结构化"。在每一阶段学习以后，要对知识加以总结整理，列出结构提纲，把新知识互相衔接起来，使各章节的知识从点到线，从线到面，结成一张"网"。

6. 既要"熟能生巧"，又需"温故知新"。复习学过的知识往往会挖掘出更多的"珍宝"。做题也一样，马虎草率地做三道题，不如认真做透一道题。

7. 重视扩大知识视野，培养动手能力。光捧着教科书看是不行的，还得通过阅读课外书籍、参观访问、参加科技活动和科学竞赛等方式扩大知识视野，以开拓自己的创造性才能。

温，几乎都会热泪盈眶。

拳赛之前，洛奇是一个混混儿，一个无名小卒，一个居住在贫民区的蹩脚货。拳赛之后，洛奇是一名拳手，一位斗士，一个在拳王面前撑过15个回合的英雄和强者。

我庆幸在高三的时候遇到了这部电影，在我颓废混沌的时候带给我斗志和力量。

我开始清醒地意识到我究竟应该做什么，我的学习节奏逐渐变得紧凑而高效。上学和放学的路上，我听着洛奇训练时的背景音乐，热血被密集的鼓点点燃。

在繁忙的学习之余，我学着电影中的洛奇开始了健身，每天5组俯卧撑，雷打不动。于我而言，这是我向洛奇致敬的方式，也是我对自己的一种激励和鞭策。

后来，我考入了华东师范大学，于我而言，这是一张令人满意的答卷。而《洛奇》对于我的激励，并不仅限于高考那一年。大一的时候，我报名参加了院系运动会的长跑比赛，在最后的冲刺阶段，我的脑海中不断闪现着洛奇被击倒又挣扎着站起来的画面。我最终撑过了最艰难的那一段赛程。

我还记得之前的一个暑假，夜跑的我在人烟稀少的街头号啕大哭，我怀疑自己终其一生仍旧可能是洛奇口中的无名之辈，而这一令人沮丧的可能使我悲伤得不能自已。但是那又怎么样，我还年轻，我还有时间证明自己不是一个无名小卒，而更重要的是，当我们为梦想一以贯之地付出，我们就不再是一个蹩脚货——

这或许是我们每一个普通人，在疲惫生活里的光荣与梦想。

高中语数外三大学科快速适应秘籍

高中学习生活提示

进入高中，步入新环境，我们首先要做好身心准备，让自己尽快适应外部环境。然后，我们应该有系统、比较专注地面对真正难的各科知识的学习，尽快转变自己的学习方式。而语数外的学习向来是高中学习的重点，要予以重视，时刻不能放松。

数学

初高中数学的区别

1.高中数学抽象性、理论性更强。一些初中数学很好的同学有时也难以适应。

2.高中数学的思维方法向理性层次跃进。相比初中数学问题，高中数学问题的解答更复杂，往往要求同学们多方面思考。

3.知识内容有所增加。同学们在同样时间内掌握知识的数量明显增多。

怎样适应

1.别有依赖心理。初中数学学习中，老师会列出中考各类型题目进行反复练习，同学们易养成依赖老师、套用模式的习惯。到了高中，我们的学习模式必须完全转变，要多思考，找规律，多总结。

2.不能思想松懈。如果用初中方法学习高中数学，没在思想上引起足够重视，即使是拔尖的同学也很容易跟不上。高一是高中三年中打基础的阶段，一旦跟不上就很难赶上。所以，高中学习，一天都不能松懈。

语文

初高中语文的区别

1.选文上的区别：初中语文的选文较简短，到高中不仅长度加长，深度也明显增加，有时甚至要从哲学、人生的角度来解读。因此，我们必须在个性化体验、感悟和审美上加强学习。

2.文言文的区别：初中的文言文大多为浅显的、有哲理和情节的故事、寓言，而高中的文言文往往是长篇人物传记和论述文，需要同学们具备较强的阅读和翻译能力。

3.作文的区别：中考作文一般只要求不少于500字，而高考作文要求在800字以上，从中即可看出初中作文和高中作文在思维广度和深度上的区别。不少同学写高中作文常犯思维幼稚病，就是没有很好地适应。要想高中作文得高分，我们必须学会观察生活，学会思考，学会成长，对文学作品要有自己的感悟。

怎样适应

1.扩大课外阅读。不是让你直接将高中教材拿来读，而是希望大家有计划地读一些高中教学大纲规定的课外读物。

2.注意生活积累。生活中处处有语文，读书、看电视、与人交往，都是学语文的大好机会。

英语

初高中英语的区别

1.课本的作用不同。高中英语的课文只是给你一个范本，大量的学习要靠课外阅读，要将课外的泛读和课内的精读相结合，进行自主学习。

2.好奇心减少。初中阶段同学们刚接触英语，比较好奇，但到了高中后，很多同学对英语的兴趣开始减退，往往不肯在课堂上展现自己。

怎样适应

一定要时时亲近英语。平时可以读读单词量在500至1000字的英语短文，最好是每页只有五六个生词，从简单的入手，一步步培养语感。也可以看看各大卫视的英语类节目，因为这些节目有字幕、图像，比较适合同学们学习。

你耗费的心血尚不足以填满垃圾桶

□ 王路

周末去逛国家博物馆，刚进馆时，看见一个约莫70岁的老头儿坐在明清展厅的地上抄东西，旁边还放了一根拐杖。我们从早上逛到下午闭馆，中间还去咖啡座喝了两小时茶，逛完路过明清展厅时，发现他还在抄。我忍不住好奇，凑过去看了一眼，他手里捧着一个又旧又厚的笔记本，一行行抄着每件展品的解说词。我看时，他正抄到这一段："《西游记》，作者吴承恩，成书于16世纪中叶，主要描写了唐僧、孙悟空、猪八戒、沙悟净师徒四人去西天取经，历经九九八十一难的故事……"抄写得很认真、很工整，但字写得一般。

我问他："大爷，您抄这个干啥呢？"他笑呵呵地说："小伙子，你们年轻人都不稀罕这些文化经典啦，我跟你讲，这些可都是好东西。我把它们整理出来，就是伟大的文化遗产。""那您抄了多久了？""三年多啦，一有空就来抄，再过几个月就抄完了。到时候拿去出版，你说价值该有多大？"我很想对他说可以先用相机拍下来，回头再慢慢整理，不过看到他专注怡然的表情，我还是忍住了，说了声"挺好的"就转身走了。

我刚要出博物馆时突然停下来，回头去展厅前售书的地方，售书员正要收摊，我拦住，问有没有介绍展品的书，她指给我，我打开发现书里每件展品都有详细介绍，还配有精美的图片，铜版纸印刷。我放下书，感到一阵怅然。我不知道是怜悯还是心疼，做过类似事情的人多着呢。

刚上初中三年级时，我一心想考出好成绩，理科不在话下，对文科却毫无把握，于是我决定把政治、历史、地理课本整个背下来，不管是大字还是小字。我以为这样就能暴力破解。我花费了十倍的功夫背下来了，虽然磕磕巴巴。但期中考试时，我只考了第七名，第一名是我同桌，他从来不好好学习。更令我难堪的是，一道20分的论述题我答得和书上的原话几乎一样，只得了14分；他不会背，随便扯了几句，老师却给了19分。我当时不理解，觉得吃了亏。多年后再想，觉得吃不吃亏先不论，只论把课本上的大字小字都背下来这一点，就已经傻得可以了。

大学同学林远比我倒霉。我们班人少，大家不喜欢听课，就拜托林远把笔记做得详尽一些。他每次上课都坐在第一排，笔记抄得工工整整。期末考试前，每个同学把林远的笔记复印了一份，那份笔记还流传到了外班，成为几年来那门课最经典的笔记版本。考场上，授课老师亲自监考，他说："你们答题要简明扼要，我不喜欢废话太多，不要啰唆，答出要点就可以。"林远以满满的勇气第一个交卷，大概是希望得到老师嘉许。他交卷时我才答了一半，我惊讶地望了望讲台，发现老师黑着脸。林远走出教室不久，老师打断考试说道："大家答题不要太干瘪，你们平时不来上课就算了，最起码考试时应该认真点儿，我会尽量让每个同学都过，但如果你自己不想过，那我也没办法。"结果是这门课一百多名学生中只挂了一个，就是林远。

后来和林远聊起此事，他说他非常喜欢这位老师，很想让老师对他有好印象，赶在第一个交卷就是为了向老师证明他专业课学得比别人都好，让老师记住他，但实在没想到老师竟以为他的态度有问题。他本来打算报考那位老师的研究生，但经此一事，感觉自己再无颜面报考，只好换了别人。

我准备考研时，一天在自习室，林远看见我把考试大纲上的问题和答案解析一页页往纸上抄，笔记堆了一尺高。林远摇摇头，对我说抄这些没有意义。我惊讶于他从什么时候开始变得通达了。我何尝不知道抄这些收效甚微，但我那时已是第二次考研，没有工作，已经毕业还在花家里的钱，没有理由挑三拣四，哪怕只有0.1%的可能性提高成绩也得去做。后来我考上了，但我明白，能够考上和我抄了一尺高的笔记其实没有多大联系。那些笔记如果留着，效果就是唬人，让失败的人有个理由安慰自己——看，人家抄了一尺高的笔记才考上。我想幸好我没有挂第二次，不然人家会说，你看这家伙抄了一尺高的笔记还没考上，真是笨得可以。所以，看到那个老头儿在国家博物馆展厅里奋笔疾书，我就想起了自己，曾经的我跟他是何其相似。

我考完研就把一尺高的笔记丢到楼道的垃圾桶里了，没有刻意烧掉或撕碎，因为我并不恨那些笔记，也不后悔自己花掉的时间和精力。人生中必然该有此一遭，过了丢掉就是了。那些笔记算起来有将近一百万字吧。站在垃圾桶旁我有点儿郁闷，不是郁闷自己大半年的心血都用来制造垃圾了，而是郁闷这些垃圾还不够把一个小小的垃圾桶填满。

不过，这又有什么值得难过的呢？明白就好了。

学不进去？考虑学法有问题

进入高中，很多同学可能会出现学习上的"高原现象"——成绩提高缓慢，甚至忽高忽低，起伏不定；或者效果逐步减退，头脑昏昏沉沉，什么事都不想干，看不进书也记不住内容，心情烦躁。针对这种状况，应该怎么办？

第一，学会休息。很多同学出现学习上的高原现象，是由于一味苦读，不注意锻炼，打疲劳战造成的。我们应当科学地支配自己每天除学习以外的时间，保证必要的睡眠、活动、休息时间。

第二，每天可以抽出一定的时间出去与同伴交流，或看看电视、参加体育活动等。这样可以起到缓解压力的作用。

第三，高中阶段的学习事关我们人生的转折，在这种情况之下出现紧张焦虑是不可避免和必然的。既然如此，那么就需要我们接受它，将紧张焦虑当成是学习的好朋友。当我们以这样的心态看待紧张焦虑这位朋友的时候，紧张焦虑也就会与我们化敌为友。

第四，变换学习方法，这是很多同学改变现状的重中之重。要学会"选择性遗忘"，即记重点忘枝节，重视基础性问题的解决。

第五，对自己进行积极的心理暗示。任何时候我们都要对自己说"我行"，经过这样的自言自语，你的心情会更加积极乐观，思维、行动的效率也会提高。

做好学习计划：高中阶段稳步提升的撒手锏

> **高中学习生活提示**
>
> 目标是前进的灯塔，计划是行动的方案。有没有目标，会不会运筹，可以决定你一生能走多远。进入高中，我们要做的一件非常重要的事情就是制订学习计划。从高一开始，能否制订良好的学习计划，直接关系着我们高中阶段的学业究竟好还是坏。

依据目的和完成时间来划分，高中阶段的学习计划可分为这样几种类型：一是长期计划，它给我们定出了一个大的方向，确定了一个奋斗目标；二是短期计划，它是一种为实现长期计划而制订的具体计划，一般指半年、一个月、一周或更短时间的计划；三是专题计划，它是为学习某种专门知识或解决某种专门问题而制订的学习计划。这些计划各有不同的作用，是相辅相成的。

学习计划，具体内容和形式可以不同，但基本内容却大体一致，应当包括两个基本点：明确的学习目标和切实可行的执行方案。学习目标虽然不一定要写在计划书上，但要始终存在于我们内心深处，对我们的学习起推动和导向作用。这是我们制订学习计划时，首先要考虑的。学习目标应当远大，但在某一具体的学习阶段，又应当有一些具体的短期目标。

切实可行的执行方案，是学习计划最重要的组成部分。由于我们的学习是在学校统一组织和老师指导之下进行的，因此，我们实现学习目标的主要方案一般包括以下几点：1.怎样根据教学计划，做好预习和课前准备；2.怎样与老师配合，上好每一节课，提高课堂学习效率；3.怎样及时做好复习和巩固工作；4.怎样及时而独立地完成作业，加深对知识的领会；5.怎样开展课外阅读和课外小组活动等。

科学地运用时间，是学习计划的重点内容，包括合理安排时间和杜绝时间浪费两个方面。对此，我们制订学习计划时，最好做到以下几点：1.每天保证足够的睡眠时间，按时作息，养成早睡早起的好习惯，保证有充沛的精力上课、复习、做作业和从事各种学习活动。2.为了保证睡觉时间，我们还必须在学习时了解事情的轻重缓急，急需的复习与作业先行，以便在睡眠之前完成，不耽误睡眠时间。3.学会正确利用零碎时间，化零为整、集少成多。

学习计划制订以后，要成为我们学习的准则，它直接影响着学习的质量。如果制订的计划大而空，就会流于形式，起不到应有的作用；如果制订的计划繁而杂，面面俱到，就会使我们在学习中抓不住主要矛盾，认不清方向。因此，要使学习计划科学、规范，还要注意以下几点：

第一，计划要从实际出发，符合自己的特点。我们在制订学习计划时，既要考虑到学校总的教学计划、课内外活动的安排，又要从自己的身心发展、学习基础和兴趣爱好等实际情况出发。第二，计划要从全局出发。合理分配时间，把学习、娱乐、休息统一起来。第三，计划要有检查措施。不仅是检查学习结果，还应包括检查计划的完成情况、检查计划制订得是否可行等。只有这样，学习计划才能得到及时的调整和改善。

让梦想有趣地通关

□ 简 白

大多数人都知道，如果给自己定一个目标，然后朝着这个目标努力，结果多半会比不努力好得多。

那这样一件看似对自己有好处的事情为什么许多人不去做？难道因为努力是一件痛苦的事？

打过网游的人都知道，想要取得好成绩，就要练装备、升级。为了升级或者得到一个装备，你要反复地做出同样的行为，这个行为会花费你大量的时间，并没有多少乐趣可言，甚至非常枯燥。

但这些痛苦似乎没有难倒游戏的参与者。大量玩家忍饥挨饿，不顾困倦地坐在电脑前"奋斗"。他们为取得好成绩努力着，乐此不疲。

为什么每个人都愿意在游戏世界里努力，却没有多少人愿意在现实世界中努力呢？我想，那便是游戏的奥妙了。

虽然现实和游戏一样，终极目标是要做得更好，但现实里努力的结果和努力之间并没有非常及时的反应。刺激不够直接，我们就失去了耐性，被其他诱惑牵着鼻子走。

打游戏则不同，虽然一样要付出"努力"，且过程中并不全都是娱乐，但它的奖励非常及时。一旦花时间付出，你的"分数"就会升高，升高到一定程度，你就能多得到一个装备或一个技能。

任务和目标的细化，省去了你制订目标的时间，而且只要你付出一点儿努力，你就能看到及时的回报。就像被训练洗澡的猫咪一样，一旦做出行为，就能得到奖励，很快二者就成了一种操作性条件反射。

我们能用这种方式让努力成为条件反射吗？很遗憾，不能。但我们可以通过这种方法，让努力变得不那么难。

首先，我们可以具体化我们的目标。为了让刺激更直接，我们还可以把自己描绘的蓝图用图片的形式呈现，贴在墙上、冰箱上，时刻激励自己。

其次，细化目标。蓝图美好但离我们有点儿遥远，我们可以把它分成很多短小的目标，就像游戏里的装备和技能一样，虽然得到它们并不能使你通关，但至少你离通关更近了一步。

最后，团体生活很重要。一个人独自做一件事情难免会懈怠。加入一个团体，你的行为就有了监督和竞争。你甚至可以和队友互相配合，这样，努力就会变得更容易一些。

完全靠意志力去做一件事太痛苦。朝目标迈进的过程中，努力之所以困难就是因为它运用到的意志力太多，趣味太少。与其想着怎么增强自己的意志力，倒不如把努力变得有趣一些。

目标难以实现？那是你目标太低了

□ 剽悍一只猫

大家肯定听过一句话，叫作"Dream big"——要有更大的梦想。你可能会想，我连一个小小的梦想都难以实现，更别谈大的梦想了。一次分享会，一开始我定的目标是10万人来听，后来有6万多人报名。如果我一开始目标就只定了1万，肯定不可能来这么多人。看书的时候，看到了一句话，让我眼前一亮："做一个不现实的人比做一个现实的人更容易。"嗯，我们之所以觉得目标太难实现，是不是因为目标太低了？

有研究表明，当人们把目标制订得比较低的时候，是很难把潜力发挥到极致的。一部分原因是目标越低，竞争就越激烈。激烈的竞争不仅会降低你获胜的概率，还会影响你的发挥。

行为心理学家曾经做过实验，让一批学生参加同一个竞争性测试，有的组是10个人，有的组是100个人。实验做了好几次，得出的结果都是一致的：小组人数更少的学生，获得的分数更高。也就是说，当学生们知道竞争对手只有几个人的时候，往往会表现得更加努力。

其次，作者的一句话非常经典："中等的、可预见结果的事情，必然换来中等的、可预见的努力。"我打个比方，如果你周末计划去郊外散散心，你会提前好几天做准备、进行路线规划吗？估计你是到了周末，直接乘上地铁就去了吧。

但如果你的计划是周末飞到伦敦去喂一圈鸽子，你可能提前两个月就开始准备，申请签证、买往返机票、做路线规划。这两个计划，哪个更能让你感到激动？显然是去伦敦喂鸽子。对于目标也是一样，目标太低了，根本难以唤起你的热情。

低目标还会限制你的创造力。如果时间倒退100年，让你设计一款跑得更快的交通工具，你会怎么想？大部分人可能都认为应该培养出更加壮实的马匹、减轻马车的重量，让马车跑得更快一点儿。这种做法充其量只能让速度加快10%。

如果你的目标是让交通工具提速10倍，你要怎么做？乍一听非常难以实现，但这样的目标才能充分发挥人们的想象力。因为你不得不放弃马匹，想想别的办法。于是，汽车出现了，飞机飞上了天空。

最后，简单总结一下目标设定过低的三宗罪：第一，竞争激烈，降低你的成功率并影响你的表现。第二，让你失去为之奋斗的热情。第三，限制你的创意。很多人之所以不敢想，是因为他们身边的人告诉他们，"你不要总是那么不切实际了""那不可能"。没有比这更打击人积极性的回应了。你明明可以回复："这听起来很棒！那你打算怎么做？"

往大了想没有问题，问题在于后续是不是有具体的行动计划。理想主义者从来不是一个贬义词，空想主义者才是。

所谓"学霸"，不过掌握了知识的正确打开方式

高中学习生活提示

高一阶段，很多同学可能还不能完全觉察初高中知识的巨大差异，但进入高二，我们会越来越明显地感觉到高中知识的难度和数量在不断增加。这必然导致很多同学的成绩越来越糟。想要改变落于后程的窘境，掌握科学的学习方法很有必要。

仔细研究我们身边那些所谓的"学霸"，善于思考和总结各科内在规律与思维方法可以说是他们学习方法的核心。不同学科其实都是有着内在规律的系统知识，我们在学习的时候如果能抓住知识间的内在规律，那么我们对相关学科的理解就会更深刻。而学科思维是该学科所带给我们的处理问题的方法和思考方式，如果我们具备了相关的学科思维，那么在解决学习问题时，就能得心应手。

当然，总结各科内在规律与思维方法，也需要掌握一定的技巧和方法。比如数理化三科，想要总结学科规律与思维方法可以通过做适量的习题来实现。以数学为例，同学们肯定都有这样的体验：有些题一看就会，稍微算几步就能得出正确结论；有些题乍一看不会，但推导了几步或者画了个图、添加了辅助线后便有了思路；还有一些题，做到一半就没了思路。从提高数学思维能力的角度看，做第一种题只是对已有知识能力的简单重复，这种题可做可不做；做第二种题能使已有知识体系、思维方法得到优化，宜长期训练；做第三种题最能检测我们知识掌握、思维方法方面的欠缺。做第三种题时，正确的处理方式是让老师或同学给出有限的提示之后自己将问题逐步解决，如果不能解决，可再咨询。思考—提示—再思考—再提示—解决问题（提高能力）的学习方式，可以说是总结各科内在规律与思维方法的良好途径。当我们能熟练运用诸如数形结合法等学科思维时，那么学好数学就相对简单了。

另外，对于所有学科，我们在让知识系统化、体系化，把书"读薄"的过程中，也有一些不错的方法可以采用，像老师们经常强调的思维导图。由于思维导图能很好地体现知识之间的系统性，我们在制作或浏览思维导图时，能很快在大脑中构建出清晰的知识框架，并进行横向和纵向的推演，自然便于掌握学科内在规律，锻炼思维品质。

当然，思考并总结各科内在规律与思维方法是更深层次的要求，在此之前，我们还需要一些方法来保证我们有良好的学科基础，不能做到这些，学习能力的进一步提高就成了无水之源：

1. 课前预习是关键。预习的过程是一个自主学习的过程，有助于提高自己分析问题、解决问题的能力，提高自己的思维水平。

2. 科学听课是保障。听课的过程中，一定要注意老师是如何分析和归纳知识点，如何突破难点问题的。可以结合自己在预习时对知识的理解，与老师的讲解相互比较。能在老师的启发下有所得，才能说听课是成功的。

3. 做好笔记。要想学好各科知识，尤其是战胜不擅长的学科，必须靠勤动笔来达到知其然且知其所以然的目的。

4. 循环复习。德国教育学家第斯多惠说："必须时常回到所学的东西上加以复习……牢固地记住所学会的东西，比贪学新东西而又很快忘掉要好得多。"

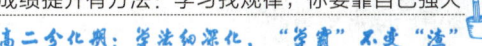

越努力，越幸运：踩在悬崖边上进清华

□ 刘一帆

1

几年前，我以全县中考第150名的成绩被县一高录取。

初入一高，发现这里与初中的学校大不相同。我在镇上读的初中，那时已经有一些坐在后排的同学吊儿郎当不读书，老师也不管。而高中，哪怕高一刚开始，目所能及的每一位同学，都在很努力地学习。我也不算小肚鸡肠的男生，但每次老师提了一个问题，班上又有一个同学冒出来答对的时候，我就莫名其妙地心惊肉跳一下，心里直想完了完了，这个人怎么也这么厉害！

自始至终，我都认为自己是一个很普通的人——就是不会鸡血满满、卧薪尝胆、闻鸡起舞、立志考清华北大的人。只是进入了一个新的环境，接触了更优秀的人，自己也会自然发生改变而已。我无法四点半起床，天天咬碎了牙也只能六点起，只好逃掉早操，带着早饭去教室吃，一边吃一边看头一天做错的题。

第一次期中考试，成绩发下来的时候我简直不敢相信——我考了全班第3名，年级78名。晚上偷偷用手机给父母打电话，故作冷静地说"我考了班里第3名"，忽然有一种巨大的欢喜炸裂开来。

有的时候，你没有做出战斗力爆表的样子给任何人看，就是每一分每一秒都在学习，在努力，在思考，在提高自己，这就是真真正正努力了。

2

说来奇怪，努力也可以上瘾，就是那种思考—学习—掌握技能—做题更快正确率更高—成就感爆棚—继续学习的美妙循环。寒假我根本不想玩了，就沉浸在这种努力的快乐里，无法自拔。

高一下学期的时候，我从年级七八十名，一直稳定上升，高二开学的时候已经在二十名左右了。此时此刻，我还没有想过考清华，因为我们县中三四年能出一个学生考取清华北大，每年考得最好的学长学姐，大多也是去了中科大、交大。

高二时，我遇到了高中阶段最大的一个瓶颈：物理电学部分学得一塌糊涂。那会儿我睡觉的时候脑子里都是电磁场。上课听不懂就记下来，走路、吃饭、洗衣服，全都在想。10个选择题错8个？很好，幸亏是现在错了，还有时间，还能弥补。死活想不通？去问老师。去高二物理组办公室，逮不到我们班的物理老师，别班的物理老师也行。脸皮薄？不好意思问？怕老师笑话？我不怕。

过了一个多月，有一天晚饭时间，在教室一边啃饼干一边翻看错题的时候，忽然有一种异样的感觉。好像有一层窗户纸，突然被捅破了。之前模模糊糊的地方，一个接一个地敞亮起来。我一题一题地看下去，迎刃而解，流畅自然，融会贯通。不知道过了多久，我把一摞物理错题集翻完，抬头一看，周围的同学已经吃完晚饭回来，第一节晚自习已经开始半个小时了。咬了一半的饼干，还拿在手里。

高二暑假的时候，我申请了在学校自习，每天还是按照平日里的作息时间，自己去教室做题、背书，累了就看会儿小说散文，揣摩大作家的笔力。

暑假过了一半，年级主任找到我，说有一个清华大学夏令营的名额，问我愿不愿意去。我想，或许我一辈子都见不到清华的样子了。我决定去。

在清华园，有一天晚上，我们在紫荆操场联欢，结束后已经十一点了。我不想睡觉，一个人在校园里转，昏黄的路灯下，这所学校有一种温柔朦胧的美。信步走到电子系的系馆，抬头一看，整座大楼，依然灯火通明。那一刻，一种难以名状的情绪抓住了我，不知不觉，我已经泪流满面。

这就是我的归宿，我的理想。我要来这所大学。我只想在这里继续努力下去，跟这些深夜依然在工作的家伙一起。

高三一开始，就有了倒计时的牌子，但是在我心里，已经没有300多天，永远都只剩3天了。我要再多学一点儿，多练两道题。整个高三上学期，我没有回过家，一直在学校，可是中间有几次考得特别差。

我制订了复习计划，有的地方跟老师的重合，有的地方完全针对我的情况。我数学的排列组合比较弱，需要大幅度提高；我的化学非常好，但还可以进一步掌握顶尖题，这些题在高考中是有区分度的，完全可以成为我的突出优势。其他科目，我也逐一分析，弥补短板，强化优势，从各个角度变得更强。

后来高考结束，跟很多同学聊天的时候，我很惊讶地发现，许多同学对自己的学习情况根本没有总体的把握，更没有具体的认知，只知道跟着老师的计划一轮二轮三轮复习。考试又考了几分，跟同学比是个什么位置，其实这些真的不重要，重要的是你自己——你到底有没有掌握这一类题目，会不会写某种题材的作文，英语听力哪个场景让你蒙得不行——这才是高中正确的度过方式啊！

高三寒假里，我报了清华大学自主招生考试。我不知道自己实力几何，但我一定要抓住每一个机会。好在自招在高考之后考试，也不会影响我高考的心情。

6月8日下午，高考结束。我走出考场，还没来得及放松，就整理出之前学校发的自主招生培训资料前往郑州。在郑州，我接受了整整一天的自主招生考试培训，10日上午参加考试。

13日上午，接到年级主任电话，告知我自主招生笔试通过，校长将带我前往北京面试。在路上，校长告诉我，我的卷子答得最好的是物理，接近满分。不知道为什么，我想起了很多东西。那天晚上吃了一半的饼干，清华园里灯火通明的大楼，刚上高中时紧张自卑的心情。

千难万险，我走过来了。

6月24日出成绩，历史最佳，比清华分数线低13分。1天后接到自招面试成绩，通过了清华最低的一档，降10分。如果以国防生的身份进入清华，政策再降5分。我等于一路踩在悬崖边上，进了清华园。

我是一个普通人，不是从年级倒数逆袭清华北大的热血少年，不是始终第一未尝败绩的高中传奇。我以中不溜的成绩起步，在学习的道路上品尝过成功的喜悦，也遭遇过数不清的挫折。唯一让我自豪的是，无论面对多少失败，多少不可能，我始终没有放弃，一直独自努力。

走好关键几大步，"偏才"逆袭变"通才"

> **高中学习生活提示**
>
> 偏科是很多同学会遇到的问题。而对于要参加高考的我们来说，偏科对高考成绩的影响有时是致命的。通常从高二开始，有偏科现象的同学会觉得有些知识越发难以掌控。所以，我们需要找到正确的方法预防或者矫正偏科，把溜走的知识重新找回来。

面对偏科，我们首先必须从源头上分析其原因。通常，同学们偏科的原因有两种。一种是我们受了老师的影响。如果我们不喜欢某个老师，也往往不喜欢某个老师所教的学科。第二种是，我们在从小到大的学习过程中，某些方面的能力长期未得到培养，形成了先天弱势，在面对难度增加的科目时，就表现得力不从心。我们想要克服偏科，可以从以下方面多多努力。

1.从心理上正确认识偏科。偏科首先是一个心态问题，有些同学对某几门科目不感兴趣，或者认为自己天赋较差，从而用在弱势科目上的时间不多，而在感兴趣的科目上肯下功夫，结果就出现了成绩差别很大的现象。还有的同学在某个科目上总是学不好，久而久之就对这个科目产生了恐惧和排斥心理，成绩也就越来越不好。对这样的同学来说，只有先解决了心理方面的问题，才能着手解决偏科问题。其实偏科并不可怕，只要我们努力纠正，还是可以做到不影响整体成绩的。

2.从学习时间着手，多花功夫。有的同学一提起不擅长的学科就非常烦恼，不过，想要克服偏科，就要在这个科目上花比以前多的时间去学习才能克服。在不擅长的学科上花更多的时间，要讲究一定的方法。我们应该试着去多理解感受这个科目中有趣的、吸引你的点，一步一步喜欢上这个科目。感兴趣了自然就不会排斥了，多学多练，提高成绩克服偏科指日可待。

3.做题从简单入手。对于自己不擅长的科目，不要选那些太难的习题做。这样只会浪费你的时间，对你的提高其实没有多大帮助。正确的方法是从简单一些的习题入手，牢牢掌握课本上最基础的知识，在确保自己对简单题目已完全掌握时，再适当提高题目难度。

4.基础知识理解透。比如英语，不仅要对单词、语法、基本句型等最基础的东西彻底理解，而且要背得滚瓜烂熟。不能做到这一点，战胜不擅长学科的计划只能是纸上谈兵。其他科目也一样，基础知识都不牢固的话，又怎能奢望取得理想的成绩呢。

5.调整学习方法。有些科目没有学好不一定是你的理解力有问题，可能是你的学习方法不对。比如有的同学以为学好知识的最好方法就是死记硬背，甚至以此方法对待数理化，可想成绩不会太好。每个学科性质不同，学习方法也不尽相同。高中阶段，如果你没有得到足够的指导与自我反思，学习方法就很可能出现问题，也可能学习方法本身正确，但不适合你自己，造成学习效率低下。

最后，在攻克弱势学科时，一定要注意优势学科的学习，防止捡了芝麻丢了西瓜，这样才能最终在高考中取得理想的成绩。偏科其实并不可怕，总体对比下来，我们总会有比较强和比较弱的科目。如果偏科不严重，我们就无须太过在意，只要想办法综合发展就好。

偏科不是撕不下的标签

□ 雷璐烂

你真的全力以赴了吗

偏科，是我高中时期最常听到的别人对我的评价。当时的我总是觉得，我天生不擅长和数字打交道，这种事实是无法改变的。如果不是我清晰地意识到了问题，可能没有任何人能够说服当时的我。而这个改变的契机，是高三一次重要的模拟考。

到现在为止，我还清晰地记得自己拿到语文试卷时的心情，我简直不敢相信自己的眼睛——我最有自信的作文竟然拿了个不及格的分数，只因为偏题。这种感觉就像是一个一直认为自己是正确的孩子，发现自己的答案是错误的时候那种无所适从。

在办公室里，老师等我哭完才说了一句："你很喜欢写作，这我知道。但现在的你根本就不算为了你的梦想全力以赴，你应该去努力站上那个能够真正实现梦想的舞台。"

忆起当年，不免觉得自己能遇良师是非常幸运的。是啊，我真的有为自己的梦想全力以赴吗？我们总是会评论现在的教育模式为应试教育，批评中国教育限制了孩子的创造力和特长，殊不知对于还没有建立完整价值观的我们而言，这种言论无疑是我们不去拼搏的"挡箭牌"。

其他科目我也一样可以学好

我开始把每一门科目的学习任务都当作我实现梦想的跳板。之前掉下的课程并不是那么容易就可以补上来的，不过我告诉自己一定要做到——自己的梦想，需要自己去捍卫。

我一遍遍地刷数学题，每天中午减少自己的休息时间。一开始真的很痛苦，毕竟在高三任务本来就繁重，但是我知道如果放弃了，那么一切都白费了，我还没证明自己，我不甘心。

所幸付出都是会有回报的，当我看到自己原本弱势的科目稳步前进的时候，我感受到了极大的鼓舞和快乐，这是以前语文获得多好的成绩都没能带给我的。我开始有了自信，上数学课我也敢抬起头回答老师的问题了，试卷上的最后一道大题我有时候也能顺利解答出来，我发现自己有点儿喜欢上曾经最讨厌的数学了。

后来高考，我的数学获得了非常好的分数，甚至比我的语文分数更高——我看着自己的成绩单，拿着武汉大学的录取通知书，觉得自己当时的醒悟和付出都是值得的。

站到更高的舞台上

高考填志愿时，我选择进入武汉大学的人文科学试验班——一个跨学科领域的专业，就是因为高中时期的经历让我意识到了拓宽知识面的重要性。

进入大学，面对和高中完全不一样的学习模式，综合素质便成了我的优势。这都要感谢曾经的我的付出。

偏科，不是一个永远撕不下来的标签，更不是你不努力的借口。恰恰相反，这意味着你有与众不同的长处，拥有能够学好其他科目的能力，以及成为更好的自己的机会。

成绩提升有方法：学习找规律，你要靠自己强大

高二分化期：学法细深化，"学霸"不变"渣"

试卷分析的有效策略

1. 从逐题分析到整体分析。从每一道错题入手，分析错误的知识原因、能力原因、解题习惯原因等。分析思路是：①这道题考查的知识点是什么？②知识点的内容是什么？③这

学会试卷分析，从"被考试"变为"会考试"

考试是我们学习过程中的一个重要环节，但考试本身不是目的，通过考试发现自身问题才是关键。到位的试卷分析，对我们今后的学习能起到很好的导向作用，是我们学习过程中必备的技能之一。

道题是怎样运用这一知识点解决问题的？④这道题的解题过程是什么？⑤这道题还有其他的解法吗？在此基础上，我们就可以进行整体分析，拿出一个总体结论了。

通常情况下，我们考试丢分的原因大体有三种，即知识不清、问题情景不清和表述不清。"知识不清"，就是在考试之前没有把知识学清楚，丢分发生在考试之前。"问题情景不清"，就是没有把问题看明白，这是审题能力、审题习惯的问题。"表述不清"，就是虽然知识具备、审题清楚，问题能解决，但表述凌乱、词不达意。上述问题逐

步由低级发展到高级。研究这三者所造成的丢分比例，用数字说话，就能得到整体结论，找到整体方向了。

2. 从数字分析到性质分析。要点有三：①统计各科因各种原因的丢分数值。如计算失误失分、审题不清失分等。②找出最不该丢的5~10分。这些分数是最有希望获得的，找出来很有必要。

如果真正做到这些，那么不同学科累计在一起，总分提高也就很可观了。③任何一处失分，有可能是偶然性失分，也有可能是必然性失分，我们要学会透过现象看本质，找到失分的真正原因。

3. 从归因分析到对策分析。以上分析，都属现象分析，在此基础上，我们可以进行归因分析和对策分析。

归因分析回答"为什么"，对策分析回答"怎么办"。对此，我们要首先做到心中有数。

错题的处理方法

题目做错的原因有很多，对所有科目整体分析把握时，建议使用这三大类进行区分统计：一是会而做错的题，二是模棱两可的题，三是不会的题。对这三类题目我们可以逐个击破。

1. 正确处理"会而做错的题"。首先要分析错因：由于审题失误造成的，那就定义为"审题错误"；由于计算错误造成的，那就定义为"计算错误"……总之，一定要分析得具体、清晰。其次要定量，就是把这次考试的全部科目放在一起分析，统计每种错误共有几处。之后设定一个经过几次将其减少到趋近于零的目标值。如"审题错误"，目标是——七处→五处→三处→零。当然，减少错误的前提是找出改进的方法。

2. 正确处理"模棱两可的题"。这类问题往往是因为记忆得不准确，理解得不透彻，应用得不自如造成的。想要消灭这类问题，就要在弄懂这些知识点上下功夫，然后可以找些同类型题进行演练。

3. 正确处理"不会做的题"。我们首先应该了解自己的基础知识是否过关，平时听课过程中是否漏掉了哪些知识点。如果是基础知识不过关，以后可以多记笔记，多总结知识点，多进行练习，查缺补漏。

成功，不靠鸡汤，靠意志

□ 万维钢

励志类书籍的流行，也许是一个国家全面进入现代化，都市白领变成普遍职业的必然结果。我们看今天中国各大书店的畅销书排行榜，这类完全不计较文笔，用最直白的语言告诉你怎么"成功"的书籍占据了显著的位置。

世界上最大的励志书生产国当数美国，美国人最爱谈的是"积极正面的思维"，特别讲自尊和自信。

这些励志流派的问题在于它们或者是某个成功人士的个人感悟，或者是某个记者搜集的八卦逸事，甚至某个作家臆想出来的心灵鸡汤——它们都不是科学理论。可是你怎么知道这些道理是不是可重复和可检验的呢？只有你的理论具有普遍意义，你的成功才"可以复制"？

科学家，是励志领域一股拨乱反正的势力。

佛罗里达州立大学的心理学家罗伊和科学记者约翰出了一本《意志力》，就是对这一领域研究成果的严谨而又通俗有趣的介绍，因为它说的不仅仅是一种"科学的励志"，而且就是励志的"志"本身。

想要知道到底什么品质对成功最重要，科学的办法不是看名人传记，而是进行大规模统计。你要做的很简单，只要把所有可能有用的品质都列举出来，找很多人进行测试，看看每个人都有些什么品质，然后看看哪些人是生活中的成功者。有了这些数据之后，只要考察那些成功者都有而不成功者又没有的品质，我们就知道决定成功的可能品质是什么了。一项研究对大学生的30多项品质进行统计，发现其中绝大多数对学习成绩几乎没有影响——有的人外向，有的人内向，有的人幽默，有的人严肃，这些人学习好坏纯属偶然。真正能左右成绩的只有一个品质：自控。能管住自己该上课的时候就去上课，该写作业写作业，多学习少看电视，这个品质就是学业成功的秘密。统计表明，想要预测一个学生的大学成绩，自控能力甚至是比智商和入学成绩更好的指标。不但大学生如此，在职场上也是自控能力强的人更受欢迎。他们不仅工作干得好，而且更善于控制自己的感情，更能从别人角度思考，更不容易出现偏执和抑郁之类的心理问题。研究者普遍认为，排除智力因素，不管你心目中的成功是个人成就、家庭幸福还是人际关系，决定成功的只有自控。

自控需要意志力。一般人可能认为意志力是一种美德，应该通过教育的方式提升思想的境界来培养。然而实验表明意志力其实是一种生理机能。它就好像人的肌肉一样每次使用都消耗能

量,而且用多了会疲惫。

所以意志力是一种有限的资源,你用在这里就没法用在那里。为什么统计表明总能按时交作业的学生反而经常穿脏袜子?为什么每当期末考试之前学生们更不注意饮食和个人卫生?因为他们的意志力用在学习上了。如果一个人在工作中用到很多意志力,回家以后就很难再用。双职工夫妇很容易为了小事吵架,因为他们懒得控制自己的情绪。反过来说,如果让他们早点儿下班,虽然在一起的时间增加了,但是却会更少争吵。

一个有意思的发现是做选择会消耗意志力。这就是为什么我们意志力薄弱的时候不愿意做选择。商家非常理解这个被称之为"决策疲劳"的原理。买新车的时候往往会有很多升级配置的选项,而聪明的销售总是让你刚来的时候先对一些花钱少的配置进行选择。等你连续决策到选累了以后,他再向你介绍价格贵或者根本没用的选项,比如要不要来个防锈?而这时候你的意志力已经没办法对抗他的推荐了。更有意思的是如果采取这种先易后难的选择顺序,顾客对购物体验的评价往往还更高。

除了形成好习惯可以减少意志力消耗,罗伊提到的另一个重要自控手段是自我监视。实验表明仅仅在房间里放一面镜子就能让受试者的自控增加不少。据此,罗伊建议我们把自己经历的每一秒时间,花的每一分钱都上传到专门网站去记账。如果这也不能让你管住自己,你还可以让别人来监控。比如你可以把一笔钱交给朋友或者专业网站代管,并宣布如果你不能在规定时间完成一项任务,比如戒烟,他们就有权把这笔钱捐给慈善组织!

怎样提高意志力?读史或者看部热血电影?这些传统智慧并没有科学根据。而一些比较现代的鸡汤式建议,比如多想一些高兴的事来获得"正能量",或者"态度决定一切"之类,本质上都是用自我暗示的办法调节情绪,对提高意志力其实没太大作用。

真正有效的办法是"常立志"。意志力是一种通用资源,这意味着你可以通过做一些日常小事来提高意志力,然后把它用在其他事情上。比如一个有效练习办法是做自己不习惯做的事——你习惯用右手,你可以有意识地用左手。你还可以强迫自己说的每一句话都必须是书面语的完整句子,而不得出现俚语、省略语和脏话。

意志力显然不是人们喜欢自夸的能力。明星们发表获奖感言的时候从来没有人说过我成功是因为我能控制自己。尽管他们失败的时候有时候会提到自己没自控好。也许100年前的人还比较爱讲意志力,现在的人,尤其是美式教育,热衷的是自尊和自信——有人统计最近几十年来歌曲中"我"这个词出现的频率明显增加。

尽管亚裔只占美国人口的4%,亚裔学生却占到斯坦福之类顶级名校的四分之一。亚裔不但比其他族裔有更大比例获得大学文凭,而且他们毕业后的工资也比平均水平高25%。一般人把这个成就归结为亚裔的智商高,但统计表明,同样是进入一个科学家之类要求高智商的行业,白人需要的智商是110,而亚裔只需要103。

亚裔靠的是意志力。有实验发现中国小孩儿从两岁开始就比美国小孩儿有更强的自控能力。我们虽然不怎么擅长科学思维,也不太明白意志力到底是怎么回事,却在意志力的实践上遥遥领先。这难道不是我们的优势吗?

高三总复习，提高学习效率才是硬道理

高中学习生活提示

与高二相比，高三的学习生活无疑是一个高强度、高速度的全新轨迹。学习时间有限，学习效率就成了我们制胜的法宝。对于高三阶段的复习迎考，我们应该讲究策略和方法，唯效率更高，最终的结果才能更好。

▲ 掌握常考内容

高三复习，不少同学使用题海战术，仅仅着眼于数量，其实是不太科学的。高考涉及的知识点是有限的，题型也是有限的，我们应该紧扣考纲进行复习。特别是在第一轮复习中，我们应该在掌握考查的知识点后，通过对题型进行总结和归纳，做到对每种常见题型都能驾驭。

以数学来说，我们可以把历年高考试卷中的相关题型放到一起归纳一下，看看每种类型的试题中，知识点是如何体现的，一些常见问题需要什么样的解题思路，表达过程中需要注意哪些事项……这样不断积累和完善，相信我们能够系统地掌握高考常考的知识点，熟练应对高考的常考题型。根据高考常考内容进行复习，肯定比盲目的题海战术要好。

▲ 高效利用时间

这里所说的高效利用时间，并不是指把每分每秒都利用起来，夜以继日地努力，而是指把属于自己的时间拿出来进行合理规划，充分加以利用。有的同学虽然花费了不少时间，但做的事对自己完全没什么好处。这样的同学应该不时问一下自己：时间究竟花在了什么地方？自己有哪些收获？自己的主要目的是什么？怎样才能做得更好？这样一来，就可以明确自己应该如何取舍了。

另外，要把最清醒的时间，留给最该做的事。如果有某段时间可以自由安排复习内容，那么我们可以把这段时间好好计划一下，想想最应该做的事是什么，迫切需要做的事是什么，哪些事可做可不做。把最清醒的时间用于解决主要问题，我们就抓住了"主干"，时间的利用效率就能得到保证。

▲ 让课堂更有价值

高三时，我们的多半时间仍要在课堂中度过，但以往机械的"课前预习，课中专心，课后复习"模式，对现阶段来说就不太现实了。所以，很多同学觉得自己的课堂效率特别低，甚至把自己在学习上的被动归咎于老师。显然，这样是不对的。那么，怎样才能让课堂更有价值呢？

对此，我们可以以一周为一个单位，对课堂进行规划。上课之前，我们可以先向老师询问一周的课程安排，然后再根据以下问题，安排自己的复习：接下来一周的课程主要内容有哪些？这些内容自己哪些掌握得不好？自己期待从课堂上获得哪些知识？这一周中会有什么样的考试，会有哪些作业？

一周即将过去时，我们还要从以下角度进行总结：这一周的内容掌握得怎样？哪些收获是超出自己预期的？哪些方面没有达到自己的要求？有哪些措施可以进行弥补？把一周的时间和学习内容细化，始终围绕自己需要的方面安排，这样，我们便可让课堂更有价值。

你所坚持的一切,就是最好的答卷

□ 维 安

倒计时翻得太快,我想你现在应该变成了家中的重点保护对象,变成了老师口中背水一战的将军。如果你失眠,敏感,压力大到想骂人,走在路上都会莫名想哭。别怕。这些都是正常的,是高三学生常有的竞技心理,它们充斥在生活各个角落。

1

我记得我高三的时候,每天六点默默起床,穿衣服,收拾好出门。去超市买一袋面包,一瓶牛奶,穿过清晨薄薄的雾,登上五楼的自习教室,开始背书,整个人机械地生活着,偶尔看东边的朝霞,看飞鸟停歇在屋顶,也觉得是永恒的安慰。

放在自习室的"五·三"被折了又折,画了红圈表示要注意的地方又会被画上一个绿圈。

高三的时候大家的情绪都变化无常,老师讲题时一个无意的口误都会惹得大家狂笑许久,下课时会玩一些特别幼稚的游戏,因为情绪都是绷着的。

走廊的墙上贴着上一次月考的成绩,单科前十用大红色纸,全年级前100用粉红色纸,那些被量化的成就感和自尊心,用数字和排名标记出来,公之于众。多少次没有人的时候,我久久地凝视那些名字,计算着自己到达某个名次的可能性。仿佛这就是我未来人生中所能达到的高度。

那段时间是我至今为止,生命中情绪起伏最大的一段时间,爸妈给我吃安神补脑的口服液,带我去江边吹风。我平静地说没事。

总之,在那些时间里,我将自己投身于一项所谓的"人生事业",我觉得我完成的不仅是一次考试,还是一次与自己的对峙,在那些几乎陷入深渊的时候把自己救了出来。我为自己感到骄傲。

2

还有一些人,不甘败绩,今年立志再上一次战场,一洗前耻。还记得我哥高四那年我高二,三月初的周末,我去他复读的学校看他。坐了很久的公交车,来到那所位置偏僻的公立学校。下着雨,满目清凉的绿色。我撑着伞在教室外等他,教室外有一面矮墙,爬山虎环绕四周,鲜艳的绿与中间红得醒目的高考倒计时交相辉映。

教室里上着英语课,老师念着试卷选项,学生们松散的回答声穿过厚厚的试卷垒成的墙,散去了。这样严肃的氛围让我一下子对高考恐慌了起来,明知道洪荒不久后就会滔天,却想着还有"高三"的人顶着,于是暗自侥幸。

下课后,我哥出来,他消瘦不少,拍拍我的肩膀,领着我去饭堂打饭。说起生活琐碎,说起模拟成绩,说起自己过去荒废的高三和他爸失望的脸,好在目前

在重新爬起来的路上，舍友亲如兄弟，也算失意中有个安慰。

他坦言高三那年是他最失意的时候，刚开始是侥幸，觉得自己聪明，能赶得回来，累了就逃课，想要暂时的放松。作业一多就选择逃避，越逃避，和他人的差距就越大，大到知道追不上了，就草草放弃了。成绩出来，惨不忍睹。

我们兄妹之间的谈话向来是玩笑居多，可那一次他那么冷静而认真地和我说起生活境况，我拼命想把自己逼成一个大人，好说出些安慰而有用的话，却被他那些鼓励和关心压了回去。我觉得我哥一下子变成真正的大人。

他的二战结果不错，考上了本地的一所尚可的大学。前段时间我去他的学校看他，他已经快大四了，现在在学校自己创业，组了团队做比赛，起初四处碰壁，后来绝处逢生，拿到融资，业务渐渐做大，如今风生水起。他准备去广东闯荡一番，说失败了大不了重新来过，年轻就要多去闯多努力。

我身边有一些复读过的人，他们并不避讳自己记忆里多出来的那一年，他们中有个共性：进了大学之后往往更加努力，更有勇气更敢拼，对于所得的一切也更加珍惜。没有人知道他们在本不该多出的那一年里发生了什么，可是我知道他们中大部分的人都很优秀。人要学会用经历过的艰难和不堪打磨自己，并且学会珍惜当下创造任何可能性的机会。

所以不要认为自己背负着更大的压力，你所失去的东西会让你比其他人更加懂得珍惜。这份铠甲也会磨炼得更加坚硬。

3

我一直不知道该怎么去鼓励那些即将经历高考的孩子们，因为那些加油的大白话在此时已经变得麻木而失去新意。我只能告诉你，你目前难熬的这些艰难时光，我也经历过。过去我认为那是黑暗而没有边际的，现在回想起来，那是一段有光可循的可爱日子。

因为到了大学，你将失去了一个理所应当的目标。目前你虽然很累，但是前所未有地充实，别人告诉你，上了大学就解放了，可是真正到了大学，不再"劳其筋骨"，却"心为形役"，再也没有人逼着你前进了，那些无所事事的时候，迷茫焦虑的时候，为未来担忧的时候，并不是你们口中的轻松。

我的一个学姐曾经这样和我形容备战高考："这是一段单纯为自己努力的时光。无关他人，我的每一份努力都会原原本本地回馈我自己身上。"你所做的事情都在很大程度上是有回报的。如果你的成绩尚可，请一定保持好现在的成绩并且精益求精，如果你上进但成绩起伏不定，一定要反复琢磨自己的答题弱点然后一点点改掉。当你意识到晚了的时候，恰恰还是早的。

4

可能正处于高三的你，每天素面朝天，常常失眠，刘海被夹起来因为总是长痘，你不关心家国大事，你只关心成绩和排名，连那个想到就会脸红的人都紧张到不会梦到了。

你会害怕忽然点你名字的班主任，会在每次月考完默默计算自己的成绩然后偷偷打听别人的，你觉得你一辈子都不会忘记矛盾观的原理方法论了，你甚至觉得隔壁那个上课偷偷擦唇膏的女生有些不务正业。

几年后，你可能会花枝招展漂亮许多，更在乎哪个牌子的口红颜色更漂亮，你再也想不起矛盾的主要矛盾和次要矛盾的方法论是什么，可是你想到那个曾经不起眼的自己，想到那个那么固执而努力的，每天会打着手电背书到睡着的自己，是多么多么可爱。

因为那样的自己不会再有。其实相比高考试题，最难的考卷，就是整个高三本身，你所坚持的一切，其实是最好的答卷。

从来高分"题"中出
——高三如何有效刷题

高中学习生活提示

虽说学习知识主要靠理解，但面对高考，多刷题往往很高效。刷题能让我们更快地意识到遇到的是什么类型的题目、解题的步骤如何，让我们的做题速度更快，答题准确性更高。学霸都是"刷"出来的，从某种程度上说，并非言过其实。

高中阶段多刷题非常重要，有时甚至比记笔记更重要。对于每一个成绩出色的同学来说，不大量刷题几乎是不可能的。

当然，刷题也得讲方法，不然只做题其实也没多大意义。有很多同学刷题也很多，但成绩却一直没什么起色，可能就是太偏执了，完全执着于题量，而忽视了方法。大家刷题的时候，也得三省吾身，看看这样做到底有没有效率，这一点一定要注意。

不少同学看辅导资料时，喜欢看资料上的例题，题目能看明白，就觉得会了，可一到考场就发现，这些题目虽然看到过，但做起来并没那么熟练，甚至根本做不出来。做题，不是看题，尤其是需要写出过程的题目，刷题时至少要写出大概的步骤和主要得分点，不能只停留在看题的层面。有些题目一定要像考试时那样规范地做。规范不是想养成就能养成的，需要做大量练习才能实现。当然，大量练习并不意味着题海战术，一道题也可以反复做，直到看到题目就知道思路是什么、踩分点在哪里、规范解法是什么。

有些同学，一看到题目觉得不会，往往不思考就问其他人，这其实并非好的习惯。即使你问别人，也需要把你能想到的思路写出来。做题的过程就是写出来的过程，而写是建立在思考基础上的。尤其是数学题，一定要把题目中的条件试着翻译成数学语言，你从哪些角度思考了，把它写出来，给你请教的人看；他至少会告诉你，你卡在了哪里、该怎么思考，这样的效果比你直接说"我不会这道题"好多了。如果别人只是给了你这道题的答案，你看似明白了，但实际了解得不深，过段时间，可能又不会了。同样的道理，如果你翻答案，是按照答案的解题思路看步骤，如果理解了，也一定要自己动笔写出步骤，看自己能否在看完答案后独立完成这道题。

另外，很多同学觉得只要多做题、做各种类型的题就能掌握知识点，其实更科学的做法是分重点做题，做自己能力范围内的题——是做基础题、中等题还是难题，要从自己的实际情况出发。不要做超出自己能力范围太多的题，在太难的题目上浪费时间，收获往往并不大。所以，平时一定要选择适合自己同时又是高考重点题型的题目进行练习。

还有一点需要注意的是，刷题的时候一定要做到查缺补漏，做好错题分析。在做题的过程中，遇到了难题、错题，发现了自己在某个知识点上出现了严重的问题，就必须返回去研究教材。在这道题上，要弄清你在哪个知识点上出了岔子。只有配合着答案和解析看懂了，再好好总结和记录，你才能真正地进步。

高三的时间管理魔法

□易 名

很多同学在面临高三紧张的学习生活时，抱怨最多的就是："没时间！"几乎所有的同学都会说自己已经忙得喘不过气来了。哪有什么时间来安排复习计划、反思计划？更别提什么兴趣爱好了。漫画？咬咬牙，还是不看了吧！

要是偶尔在某些报刊上读到一些高考状元宣讲的"要保持足够的睡眠，才能有足够的精力去学习……兴趣、爱好更不能丢，琴棋书画别落下……"之类的，没准会不屑地撇撇嘴，心里嘟囔道："说得倒是轻松，你已经考完了当然可以信口开河，随便说！"

上述忙得如此团团转的同学，其实绝大多数都是"表面上的忙碌"。为什么这么说呢？

不知你是否有过这样的经历：在某个熟睡的午夜忽然惊醒，掰着手指算算自己一天下来做的事，是不是全是真正有意义的事情呢？你知道自己是为了什么在忙碌吗？是不是每一节课都有所收获？如果仔细回想，或许，你会吃惊地发现自己脑子里对于这些问题的答案几乎是一片空白。别慌，其实大多数同学都处于这样的状态。

那么，在短时间内，如何做到快速提升？无外乎就是在和别人同样的时间里，更加高效地吸取并掌握知识。所以，做好时间管理是重中之重。但如何真正做好时间管理并不是每个人都可以正确地做到的。

80/20原理

处于这种状态中的同学，他们不知道这个世界存在着一种似乎与我们常识相悖却又无时无刻不在发挥作用的规律，那就是80/20原理。

1897年，意大利经济学家帕累托发现：英国人的财富分配呈现出一种严重不平衡的模式，大部分社会财富，都流向了少数人的手中，而且，这种不平衡的模式还占据了社会发展历史的大部分时间。于是，他从研究中得出了这样的结论：20%的人口掌控着80%的财富。该原理的重点是强调了这种不平衡的关系。

80/20原理打破了我们习以为常的直觉，我们常常认为：所有的投入都是一样重要的；所有的习题都是一样重要的；所有的科目都是一样重要的……我们一直认为等量的付出会带来等量的收获，但是这种思维常常与事实不相符合。它让我们浪费了大量的时间，导致我们做了很多无用功。

那些高考状元其实并没有信口开河，乱说一气。他们为什么学得那么好，却还是有那么多空闲的时间？因为，他们知道在很多情况下，20%的付出就能获得80%的成果。于是，他们把最主要的时间和精力放在关键的少数上，而不是用在获利较小的多数上。这就是让一个人杰出或者平庸的巨大鸿沟。

所以，在学习上，不要再对所有的事情都一概而论，不分主次，用80%的资源、精力换取那可怜的20%的价值。掌握好每门学科之间所花时间的比例，对于自己的优势科目可以少花些时间，从而把挤出的时间用到自己较弱的学科上去。

你如果想学得轻松快乐，就应该放下你手中被拧得一团麻的事情，开始按照80/20原理对时间的付出和回报做一个全面而理性的分析，找出自己使用时间的误区，这样才能使自己从忙碌中解放出来，使自己能在20%的时间里创造出80%的价值。

魔法使用的过程有两个步骤：第一，明确自己最关键的20%的要务是什么；第二，考虑应该采取怎样的措施，以确保20%的要务取得重大突破。

比如，你在满分150分的数学考试中，想要拿到70分，那么，对你来说，关键的20%就是填空题、选择题这些基本题和大题中前几道起点题，你的要务是夯实基础，稳扎稳打。

如果你在满分150分的数学考试中，想要拿到100分，那么，对你来说，关键的20%就是那些占据试卷大多数分数的中档题。你的要务是提高做题速度和准确性，力求又快又准。

如果你在满分150分的数学考试中，想要拿到130分，那么，对你来说，关键的20%就是那些具有思考价值的高档题。你的要务是静思慎解，读通弄透，向满分冲击。

我们掌握的知识、方法、思路，其实来源于总数只占20%的辅导书和教材。大家不妨精用一两本教辅书，投入多一点儿时间，好好琢磨一下高考真题，力求达到滚瓜烂熟、举一反三，然后在这个基础上，再买两三本以开阔视野、查缺补漏的教辅。

做最重要的事

处理好人际关系最重要的原则，就是不要试图让所有人都喜欢你。把这句话的思想用在时间管理上，也可以说：利用好时间的最重要的原则，就是不要试图把所有的事情都做好。

有很多人谈到时间计划的时候，总是把它和一张排列整齐的时间计划表联系起来。其实，如果忘了这个原则，计划表列得再漂亮也只是一个摆设。无论怎么样计划，我们都不可能把所有要做的事情计划完，无论怎么样计划，都不可能把一切安排得天衣无缝。当有很多事情面临选择的时候，当有些任务实在无法完成的时候，我们该怎么办？只有回答好了这个问题，我们才能真正理解如何管理时间。这个问题的答案就是：只做最重要的事情。

真正懂得如何利用时间的高手，一定是懂得如何舍弃的人。高三学习的压力很大，很多人被弄得手忙脚乱。我们在学习的时候，面前总放着一大堆书，那么，该选择哪一本呢？答案很简单：最重要的那本。对第二重要的那本，坚决不看。当你把最重要的那本看完之后，第二重要的，也就变成了最重要的了。

确保自己一直都在做最重要的事情，实际上也就是确保了自己的时间一直都在被高效地利用。如果你今天计划做五张试卷，语文、英语、数学、物理、化学各一张。那么，请先做你觉得你最需要提高的那门科目吧。

少吃才能多记

谁不想拥有天才的脑袋——单词过目不忘。可现实是，单词背了一遍又一遍依然没记住。早在2008年，就有研究发现，卡路里摄入减少30%的60岁左右的人，单词表背得更溜。这便是进化的意义。"当你在寻找食物的时候，你的大脑会高速运转，因为你要试图打败竞争者，一旦你吃完了一顿大餐，你接下来就只想睡觉了。"

冲刺关键期，不可不知的经验教训

> 在高三总复习这个关键阶段，我们眼前的目标会越来越清晰。我们完全可以利用高考过来人用血泪总结的经验教训，脚踏实地做好每个细节，力争使自己的高考不留遗憾。世界上有许多不可能最后变成了事实，只要你想做，凡所努力，必有收获。

教训一：缺乏恒定、清晰、强力的高考奋斗目标。"我想考上大学""我想考上名牌大学"只是笼统、模糊的高考目标，对学习潜能的刺激力度不大。高三总复习中，更需一个明确、恒久、具体的高考目标牵引，以克服学习中的重重困难。

教训二：眼高手低，不愿亲自动手进行各科复习内容的自我归纳、自我梳理。自己动手整理的系统化知识是自己的脑力结晶，深扎在大脑深处，岂是看参考书上他人代劳整理出来的内容所能相提并论的。

教训三：主线复习未能紧跟老师的复习战略。高三总复习中，完全撇开老师的复习安排独立搞自己的复习计划是最容易走弯路的短视行为。自己的复习小计划一定要服从老师的大计划，千万不要甩开老师另搞自己的一套。

教训四：忽略基础，过于浮躁。片面强调短期内总分大幅提高，易使同学们心浮气躁。复习是一个潜移默化、厚积薄发的过程，伤其十指不如断其一指，只要掌握"真谛"，精做一题胜过泛做十题，精透一页知识胜过粗翻一本书。

教训五：精力分散，未把精力长期专注于学习事务上。同学们只有把全部精力像激光一样聚焦于学习中，才可能突破阻碍自己成绩提高的任何"瓶颈"。

教训六：不善于制订科学的小计划。自我复习东一榔头西一棒子，没有阶段性复习目标，或者自我支配时间安排过紧，缺乏机动性，是小计划失败的通因。跟着老师走是"大锅烩"，自己的小计划则是"小勺喂"。"大锅烩"要吃饱，"小灶菜"要喂好。制订一份留有弹性的小计划是每位考生应切实考虑的。

教训七：没养成每日自我暗示、自我调节，以进入自信、乐观的积极学习状态的好习惯。科学实验表明，内啡肽是快乐学习的天然调节剂，而养成积极乐观的学习心态有利于大脑内啡肽的增加。

教训八：未能及时做好复习信息的反馈汇总。复习中的错题、疑问、疏漏等反馈错源的信息是宝贵的增分"矿源"。针对错源信息进行补救式的强化复习，可以把时间、精力用在刀刃上，防止做过多的无用功。

教训九：忽视各科复习中的客观增分规律。成绩的提高也有规律可循，例如将各科知识梳理成网有助记忆。遵循各科的增分规律复习，就等于找到成功之门的钥匙。

教训十：自我设限，缺乏心灵上的自我激励力量。三分钟热度是同学们复习中常犯的通病，我们每天应该随时用自我暗示、自我激励等多种方法突破学习上的心理极限，焕发出心灵的巨大潜能。

我是这样考上清华的

□ 蒋方舟

高三刚开始，班级就明确划分成两个阵营：需要参加高考的、不需要参加高考的。很多学生放弃了参加高考，因为父母早就安排好了出路：继承家里产业、出国留学、移民等等。

高三刚开始时，我处于"需要高考"和"不需要高考"两者之间一个尴尬的境地。出于某种莫名其妙的臆想，我总觉得自己是不需要高考的，觉得自己到了最后一刻，会因为写作特长被高校破格录取。我在这种臆想中自信而坚定地度过了高中的前两年，不怎么学习，每天看小说、在宿舍看电影。

高二升高三的分班考试，我数学50多分，语文100分出头，其他各科分数也都很低。我有点儿后知后觉的恐惧才开始遥遥而至：如果要参加高考的话，我会不会考不上任何大学？

高三刚开始的时候，班主任告诉我两件事。第一，不要妄想什么捷径，必须且只能参加高考；第二，目标是北大和清华。

为什么要上北大和清华？为什么要上大学？可能对很多人来说，这些都是不需要问的问题，可对我，却是持续了很久的挣扎和纠结。我花了很长时间让自己摆脱应试教育的桎梏，独自在一个角落偷偷生长，为什么要忽然屈服和顺从？

高三之前，我用奢侈得几乎疯狂的时间，看了一部叫作《龙樱》的日剧。这部剧讲的是一个另类教师去了一所升学率低下得被人嘲笑、遗忘的破烂高中，带领一群差生考取日本第一的大学——东京大学的故事。

差生们问出了同样的问题：为什么要考东大？主角老师说："这个社会是有规则的，不能超越这个规则生活。但是所谓的规则，都是那些头脑好的人为了方便自己而制订的……如果你不屑这个世界的话，那就自己来制订规则。"

这就是残酷的真相，它对于我，远远比"吃得苦中苦方为人上人"来得更具说服力。如果你没有退路，不能退到国外的大学、父母的摊点、复读学校……那么，来到这条起跑线上，就尽快打消幻想吧。

高三的老师说过很多好话，但我只相信三句：排名比分数重要；补弱科；不喜欢做题的学生，不是爱学习的学生。

上高三后，学校组织了第一次摸底考试，我考出了一个超级好的分数，数学高达142分。老师说，这是为了让我们"提高自信心"的一次考试。我不关心自信心，不关心分数，只关心排名。分数只会让我迷惑，名次才能给我自信，让我知道下一步该怎么走下去。

考了几次之后，我逐渐知道了自己的成绩区间，在570~590分之间。我的名次从没有跌落到班里第7名之外。不过要超过前面的人，也不容易，唯一的办法，就是在我的弱科上着手。

我的弱科，也是大部分文科生的弱科，那就是数学和地理。

我积攒的一点儿体能和毅力，几乎都给了数学；我的方法是做题做题、再做题；我积攒的优势，给了语文和外语，我的方法是只参加考试，不交这两科的作业；我积攒的智慧，给了历史和政治，我的方法是做笔记，画表格，理框架，找得分窍门。还有地理，我一直没有找到方法，只是在混乱的调整中跟紧别人的步伐。

我所做的题，几乎都不是老师布置的——老师绝不会布置这么多题。我的题，全都来自教辅书市场。每个星期，我都会去补充和更新试题。我不会傻到做所有的题，但我需要大量的信息，才能筛选出对我有效的那一部分。

我的数学老师在高三刚开始的时候，以为我是个叛逆不羁的文学少女；学期过半，她对我说："你是我教书这么多年来见过的做题最多的学生。"做题的辛苦，在高考中终于得到了回应。我的数学，是所有科目中考分最高的。我的最弱科目，成了我最强势的一科。

我知道高三一年，我哪怕再努力和拼命，也无法弥补自己两年没学习的损失。依靠分数，很难进入北大、清华，我得借助自主招生的加分。高考的一年之前，我就在为自主招生做准备了。我的自述材料，足足准备了三个多月。这期间，我个人、我

父母、我的高中母校，还有清华大学和其他大学，都在规则范围内做了大量努力。最终，在有先例可循的情况下，在规则最宽容和最谨慎的60分优惠条件下，我进入了清华大学。我的高考分数加上自主招生的优惠分，排名全省21名。我从没有放弃希望，也没有错过机会。

后来，有很多人向我咨询自主招生方面的事，我并非这方面的专家，自己也不具备示范效应。但我看到很多家长，常常是在最后一刻，才寄出孩子的资料。那些资料大多是慌慌张张凑出来的，他们连打印纸都临时借，获奖证书也不知塞到了哪里，甚至还说："就弄个假的证书，不会有人查的。"对于面试，他们说："哎呀，无所谓，只当是锻炼锻炼吧，说不定就过了呢。"奇迹也许会从天而降吧，但是我不相信。

参加自主招生前，我阅读过很多大学的自主招生简章，也登录过很多大学的招生论坛。在那里，接触到一些大学的招生人员。很多招生信息，都是公开的，也是欢迎考生去咨询的。如果学生的上网时间不能保证，可以委托给家长或者亲友，尽可能地早做准备，尽可能地获取信息，尽可能地符合招生简章上的条件。证书齐备，盖章齐全，耐心等待。

怎样过一个快乐的高三？我

没有太多幻想。高三的学生，没有谁还能保持所谓的心理健康。在高三的那个漫长冬天，我每天都陷入负面情绪。

和家人的关系也很紧张。我精神压力太大，回家休息了几天，中午吃饭时看了几眼电视，我父亲勃然大怒骂了我，我赌气躲在卧室反锁着门，父亲气得拿了把菜刀砍门。开春之后，我的情绪随着成绩的稳定也渐渐稳定了。因为该来的总会来的，我已经做好了心理准备。

我的高三，是在理性中度过的。告别时也非常平静，我不会涕泪交流，不会撕书泄愤，不会跳楼自杀，不会彻夜狂欢。我不会过于怀念高三，也不会全盘否定高三。现在距离高三好几年了，我唯一有些感慨的是，那时候我们都拼了老命，只是为了未来的一个许诺：只要考上一流大学，人生的一切都会好的。

倒数100天的奇迹

□ 董颜

直到百日誓师那天，我才如梦初醒。

高高的舞台上垂着暗红色的华丽幕布，老师在上面踱来踱去，灼热的光从南到北一直跟随着他，好让他每个昂扬的表情都落入我们眼底。那些煽动人心的句子掷地有声，就像是传说中塞壬的歌声，成功地吸引了所有人。我依稀看到有几个女生感动得偷偷抹眼泪，男生脸上也浮现出坚定的神情。那是大战在即时的鼓舞号角，是战士出征前的热烈鼓点，战士们手握武器、满腔热血、精神抖擞地做好上场准备。

可我，却像是被震耳欲聋的声音吵醒的局外人。我睁着迷迷瞪瞪的眼睛看着报告厅上方那条横幅：高考倒计时100天。原本毫无波澜的情绪瞬间决堤，焦虑与烦躁迅速地占据了所有感官。

我握紧了口袋里那个小小的单词本，像在茫茫大海上抱紧一块浮木。

我应该是那种最普通的学生，既不努力也算不得太差，在还未听到高考的脚步声前肆意又懒散，得过且过地像完成任务般解决每天的学习。我带着一点儿年少的倔强与别扭，将"高考"丢弃在无人问津的角落，眼睁睁看着它沉默积灰，没有任何触碰的欲望。

直到厚厚的棉袄换成了轻松的外套，日历上的纸越撕越薄，三位数终于变成两位数，我才意识到，原来那个一直以来我觉得离自己很远的日子，很快就要到来了。

也许是为了让激励的力量延续得更久些，百日誓师会后我们就拿到了第一次模拟考的成绩。望着可以称得上惨不忍睹的卷面，那日的惶惑和不安又如水般涌上心头，更让我觉得眼前一黑的是，原本处在相同层次的朋友这次都有了一定程度的提高。还是只有我，像是末日来临却还搞不清状况的小孩儿，天真地以为日子还很长。而现在，突如其来的如绝症病人那样感到"时日不多"的心态，让我开始想努力寻找治愈的药方。也许对于那时的我来说，需要的是一个奇迹吧。

可是相信奇迹这件事听起来都像奇迹了，更何况创造奇迹？下决心很容易，但要在日复一日中完成那些美好的希冀实在是太难了。当我开始整理习题时才发现那些在指缝间任意溜走的岁月竟那么重要，如今的我像是一座摇摇欲坠的高塔，既没有扎实的地基，也没有精致的涂层，稍强的风力就能把我刮得支离破碎。

在剩下不多的时间里，我必须从头好好来过。

那是一段不堪回首的辛酸。当旁人都开始整顿装备对抗老大级人物时，我却还要在和小喽啰无休无止的纠缠中累积经验。每当我向周围人问问题时，他们脸上既惊愕又怜悯的神情总能刺痛我。这样的表情根本就在说：天哪，你怎么现在还搞不清这种问题？你高考一定完了！

这种细密又扎人的疼痛刺激了我的自尊心。不服输的气泡沸腾在血液里流向四面八方。我承认当时站在高考前的我是那么的渺小，但就是这么渺小的我一定会把这座大山踩在脚下。这不是说笑，也不是逞强，这只是一个不愿轻易低头的少女对机会发出的挑战。

模拟填志愿的那天，我思忖再三还是写下了一个与那时的我的能力相去甚远的学校。之后老师很快就找到了我。老师拿着我的成绩单和志愿表看了又看，抬起头问道："你确定吗？"

我沉默了很久，办公室里只有我和她，雨水击打玻璃窗的声音清晰而有规律，隔了几分钟有了逐渐密集的趋势。嘈杂的声音让我乱成一团，我看着那个昨晚任性写下的学校，不禁也轻轻问了自己一句：你确定吗？几分钟里我脑海中仿佛放了一部电影，那些画面很零碎却都包含着我在崎岖路上摸爬滚打的历程。我在昏黄的灯光下撑着眼皮解数学题的样子，我用密密麻麻的蜘蛛网整理历史提纲的样子，我提到"奇迹"欲言又止却又忍不住期待的样子。是啊，从一开始我就应该明白吧，现在的我就是一个独自航行在漆黑海面上的水手，没有捷径也没有人可以救我，唯一的方法就是望着灯塔的方向咬牙前行，如果现在放弃了，如果现在承认奇迹是遥不可及的，那我之前所坚信的一切不就都成了散沙吗？

我笑了笑，抬起头，坚定地答道："我确定！"

二模成绩出来时的心情很难形容，那种即将触碰到目标却又差一点点的心痒让我开始浮躁。在无数个刷题的夜里，任何一点儿小错误都会让我产生暴躁和挫败感。我好几次猛地把笔一扔，然后神经质地大哭。仿佛水分从眼眶里汹涌而出就能把体内所有的负面情绪给带走。我一往无前的无畏中掺杂了害怕失败的恐惧，它使我开始患得患失，不再是最初那个坚定勇敢的小超人。

闺蜜在这样的夜里起到了很好的安抚作用，她安静地听着对面的我口齿不清地抱怨哭诉，在我说累了之后温柔地说："别怕啊，马拉松快跑完了，你该高兴才是。你不是相信奇迹的吗？现在怎么能这么不争气呢？我们说好要一起去那个学校，一起去看那个学校春季最美的风景啊。"她轻柔的话语就像清风，不动声色地抚平了我每个夜晚蓬勃生长的不安因子，让我再度步伐坚定。

越临近高考我们就越想在教室里多待会儿，因为在这个狭小教室里的精彩故事即将走向尾声了，那些拥挤的布置，曾经嘲笑过的板报，回答错问题的尴尬都顺着三年的缘分走到了末端。桌上那摞厚厚的练习册凝结了这些年的酸甜苦辣，一笔一画都是我们用心为自己铺下的每一步。我越来越喜欢翻看自己的笔记，用手轻触那些凹凸不平的字迹，真实的触感提醒着我，我为这场期待已久的奇迹到来做了那么多准备。

踏着阳光走出考场的那一刻，我有些恍惚，好像做了一场很长的梦。这场梦里满含着努力和希望，从雾霭沉沉到晨光熹微一共走过了100天。最后，天光的尽头出现了一个好美好美的奇迹。还好，我一直都没有放弃相信它的存在。

第三章
好习惯成就好前途：
做好自我管理，成为更厉害的人

  有什么样的思想，就有什么样的行为；有什么样的行为，就有什么样的习惯；有什么样的习惯，就有什么样的性格；有什么样的性格，就有什么样的命运。习惯是一种顽强而巨大的力量，它甚至可以决定我们能否以出色的成绩考取好的大学。因此，高中阶段，我们应该更主动地培养学习和生活方面的良好习惯，让它为我们的终极目标——高考，加油助力。

> 无论做什么，决定我们成功的最重要因素不是智商，而是有目的、有计划的自我管理能力和习惯。撒网撒在哪里，收获就在哪里；心用在哪里，收获就在哪里。自我管理如果成功，往往就会有更出色的成绩和更理想的未来。

缺乏自我管理，所有的路都是歧路

文森特·杰·谢弗被誉为"人工降雨之父"，是世界上第一流的大气研究学家。1961年，他在奥尔班尼的纽约州立大学创建了大气科研中心，并作为首席教授指导工作达15年之久。但令人不可思议的是，这位名声显赫的科学家竟然没有受过高等教育，除了讲课或接受荣誉称号外，他从未踏入过任何学院或大学的门槛。也就是说，他成功的秘诀在于自主性学习。

优秀的同学之所以能创造传奇，原因很多，但有一点不容置疑，那就是他们都善于自主学习，勤于思考，向往独立，而且非常自律。我们不妨将这一切概括为严格的"自我管理"。高中至大学阶段，是我们由"学生"向"社会人"转换的过渡阶段，与小学和初中相比，那种"灌输式"的学习模式已远远不能满足我们的需要。如果我们想切实地成就自我，在学习上比别人更出色，除了按部就班完成课业，还必须依靠严格的自我管理额外提升。而且，高中阶段，我们的任务不仅是学习，还包括提升交际能力、培养良好的心理素质等，这些事情也不是老师可以教给我们的，但它们却与我们的学习有直接关系。所以，从高中开始，我们必须培养严格自我管理的习惯，这将使我们获益终生。

在培养自我管理的习惯时，我们可以遵守一定的流程。首先，我们应该先定目标后有行动。当我们确认了自己当下的使命和目标时，才知道应该做什么以及怎么做。当然，知道你的目标与知道你达到目标的途径是完全不同的。我们应该在清楚自己的最终目标的前提下，将大目标分解成小目标，直到小目标完成，汇流成最终的大目标。

确定了每天要做的事情之后，接下来，我们应该培养另一个习惯——合理安排时间，重要的事情要先做。如果没有完成最重要的事，我们就不能掉以轻心，否则我们所谓严格的自我管理就是有漏洞的。

与时间管理相对应，有一种意识可以说是自我管理最重要的素质之一，那就是自律。意大利著名作家卡尔维诺在《巴黎隐士》中说："我不相信缺乏自律精神、不自我建设、不努力可以得到个人或集体的解放。"意思就是越自律，越自由。确实如此，环顾我们周围，无论是高效精干的学习达人，还是闲庭信步的前辈师长，自律都是他们活得自在轻盈的至关重要的原因。

人生几乎所有可控问题的改善都源于自律。种族、出生地、家庭背景、遗传病……这些先天的因素终其一生无法改变，能改变的是知识结构、身体素质、看待事物的方式和解决问题的能力。越自律，越自由。

有一类人不靠继承获得财富，是靠自我成就获得，也就是英文里说的self-mademan（自我成就者）。我经常推荐的一部小说《了不起的盖茨比》里的人物盖茨比就是一个非常典型的这种自驱力、自律心极强的人。

为了打入上流社会，他给自己安排时间是以半小时为单位的，他练哑铃、读书，也花时间锻炼自己如何让性格更沉稳。个人素养方面来说，他甚至研习得比上流社会出身的人更有教养。最后他终于搬到长岛，盖起了豪宅，成为大家羡慕的土豪。

方式很极端，精神很决绝，模仿要谨慎，但从中我们看到了一个平凡人走向辉煌的可能性。在那个时代的美国如此，在今天的世界，也是如此。

除了自律，别无他法。

如何衡量一个人的人生有无意义？作家梁文道提供了一种视角：你试着把你从小到大的人生经历说成一个故事，不是我哪年出生，哪年高考，而是一个真的有人物、情节，有开头、结尾、高潮，有驱动力前进的故事。可能是个爱情故事，可能

自律，人生向上的阶梯

□艾 力

是个关于复仇的故事，如果你的人生被说成一个好听的故事，那你的人生就有意义了，就有核心了。

属于我们的人生故事，核心是什么？

有次接受中国作家榜访谈，他们问："你最完美的一天是怎么度过的？"我回答："2014年的某天，我去山东做了两场讲座，读完45页书，下午临时起意下定决心去爬泰山，从日照出发，晚上10点到了泰安，11点开始爬，早上3点到了山顶，4点看到日出。一天之内把想做的事都做了，读书、锻炼、旅行、工

作，我可能就是这种变态的疯狂的人。成就感是我需要的，看到日出的那一刻，一切辛苦都是值得的。"

单从辉煌的时刻而言，似乎应该选择那个上午在北大演讲，下午在清华开新书发布会和俞敏洪老师对谈的日子，也可能选择那个去好莱坞参加《魔兽》首映的日子……选择这一天，因为它无比真实、自然，全部由内心而发，受自己控制，工作和生活平衡得刚刚好。

每个人对生活的彩蛋理解不同，我清楚地知道自己要的是什么，更清楚不要的是什么，非常笃定。

每年里有四五个月时间，一个月要坐20到30次的飞机，不断地开会、演讲、转机、换高铁，经常一觉醒来，忘记自己身在何方了，梦里不知身是客。

身边尊敬的师长，很多人也这样活着。一次跟俞老师在清华对谈时，描述了自己一天的作息时间表。

晚上12点肯定要睡，不管手边有多么重要的工作。我深深地意识到其实你熬夜熬到两点，第二天早上8点起来，一分钟都没有节约。除非有的时候实在没有办法。我现在保证晚上12点以前一定睡觉。

早上是6：30起来。我一定会洗个澡，一般都是凉水澡，要让自己醒过来。醒过来以后，

我就会跑步。一般就是跑二三公里,不会多跑,觉得多跑浪费时间。我跑得比较快,就会出一身大汗,那种感觉特别好。有的时候汗出得多了,也会再洗一次澡,用水冲一下,1分钟就完了。

7:30到8:30是处理一小时的工作,除了电子邮件。隔夜的工作短信、微信,一般是接上电脑,回复起来的速度非常快。上班的话,就是9:30左右到办公室。

一天三顿饭,加起来,每顿饭10分钟左右,到现在还是这个习惯。我吃完饭以后不会马上坐下来,一般都会散步10分钟,消化一下,这样可以保持身体健康。同时,有些体育运动比较喜欢,比如冬天滑雪。还有徒步。游泳是一个礼拜两三次。再加上每天的散步。保证身体健康这件事情就有了,我的身体看上去还是不错的。

全球范围内,我的励志偶像之一是扣扣熊(史蒂芬·科贝尔)。作为一个矿工的儿子,他在表演和语言上相对于其他人,并无优势。他通过自己的努力和铜墙铁壁般的"厚脸皮"从一个小电视台的主持人,一跃成为美国最大的电视台之一—CBS(哥伦比亚广播公司)的王牌节目主持人。

当我决定去美国旅行时,提前一个月订下了节目录制现场的

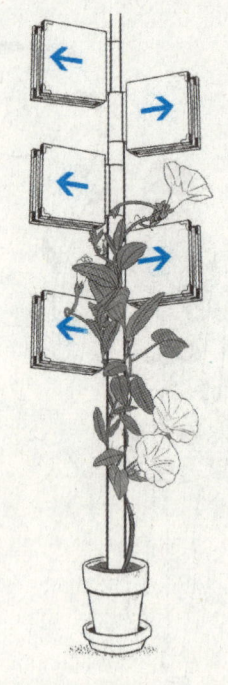

门票。国内大部分综艺节目至少有一周做后期剪辑,这个脱口秀居然录制后4小时就播出,可见工作量之大,团队配合之默契,以及对专业的要求之高。

所有的段子必须在一天之内写出来,整个团队每周一到周四都是7点到公司,8点开会,把一天中重要的新闻拿出来,挑4到5个,让二三十人的团队写出相关的评论和笑话。扣扣熊也亲自上阵,12点后,他亲自挑选有趣的段子。下午2点开始化妆,5点录制。他的成功,不是偶然。

自律带来自信,自信等于你能控制的东西,能把握的层面扩大了,这份自信带来了更大的自由。

4年了,每天早上6:30前起床、锻炼、读书、录每日教学音频。早起让我每天比别人多拥有一两小时。

日本最大的鱼市场——筑地市场,下午2点钟,还围满了世界各地来到这里的食客,一个一个小小的门头外排着长队。习惯了早起,凌晨出发去看金枪鱼拍卖,吃一份新鲜美味的海胆饭。瑞士少女峰,白天上午可以看雪看风景,清晨在山脚下醒来,则可以迎着晨曦在小镇上跑步。路边的店铺都没开门,隔着玻璃窗看到里面林林总总的美好,跑过咖啡馆,想到可以午后在这里喝杯咖啡……早起,让我看到不一样的世界和风景。

过度自律也有副作用,过分的自我克制导致无情。亲近的人来找我诉说困难和委屈时,我不会安慰他们,只会问几个问题:你从自己身上找原因了吗?事情已经发生了,有什么解决方案?有什么事是我可以做的?

像个机器人,不表现出自己的喜恶。虽然,那些澎湃热烈的感情我内心都有。

M.斯科特·帕克写的《少有人走的路》中说:"自律是解决人生问题最主要的工具,也是消除人生痛苦最重要的方法。"

满足感,是一个人进步最大的敌人,过分满足和享受安逸,很难主动选择奋斗和改变。朝九晚五耗时间,做着没意义工作的人,也可能满意自己的生活,但会阻止前进的脚步。我希望自己接下来10%的不满意,可以获得更大的满意。爱上时间,也让时间爱上你。

这世界上所有的美好，都来源于专注

□ 李尚龙

如今，信息爆炸声不绝于耳，专注成了奢侈品。可是，这世界上所有的美好，常源于专注。那应该怎么办？

心理学中有个概念叫"心流"，心流越长，注意力越强，心流越短，越容易被干扰。而心流的长短，是可以锻炼出来的。当我们长期把心流变得越来越短时，人就越来越容易被别的事情打扰，我们也就慢慢失去了长时间独立思考的能力。这是互联网思维的弊端，总是碎片化，话题切换的频率也太快。

我的微博里总有人问我该怎么学英语，我以为是学生们不懂方法怎么用，后来才知道，是方法太多，眼花缭乱，不知道该用哪个。现在，这么多培训网站，这么多应用软件，这么多老师，我该怎么选择？许多同学，在网上报了一个班，又报了一个线下的课程，还找了1对1辅导，到头来，还是考得一塌糊涂，为什么呢？选择多，难道不是应该更好吗？

我给你分享一个我学英语的故事吧。我在学英语的时候，手上只有两本书：《新概念3》和《牛津词典》。的确，连文曲星都没有，那时军校里甚至不让用手机，更别说电子词典。有时候我会很感激那段资源匮乏的时光，因为我没有选择，只能专注于一件事情。于是我开始背字典，那本厚厚的《牛津词典》

我在一年里背了三遍，那本《新概念3》我读了快十遍，直到今天，大量篇幅，还能历历在目。后来实在没书了，就请假去校外的旧书摊买《新概念4》，那本书成了陪伴我大三时间最长的礼物。

我曾经跟朋友聊过这段学英语的日子，他感叹说：真是只有贫穷才能出英雄啊。我说：不对，贫穷不会出英雄，这个时代贫穷只会让人寸步难行，贫穷只会让人志短。其实，专注才能出英雄。

我再分享一个故事，我高中的英语老师曾经在上课的时候讲的：那年他为了一个无解的语法问题，查了大量的书，后来发现所有人讲的都不一样。于是他骑着自行车在寒冷的武汉穿过两个街道，等在留学生宿舍楼下，问一个路过的美国同学该如何解决。他说，那个美国人很无奈地看着他，不过，问题解决了。那时的问题都是这么解决的。

那个物质匮乏的年代，人不得不专注，也正是这些专注，创造了卓越。可是，而今信息泛滥，人反而不知道是否应该以及如何专注了。越来越多的人都想要一步登天，想快刀斩乱麻，想一口吃个胖子。甚至，曾经有个学生问我，老师，我不想专注，能不能不背单词就过四级？我说，孩子，重在参与。

专注真的能给人带来美好吗？答案是真的。

我曾经为了鼓励学生坚持和专注，时常让学生在微博上打卡说听课感受，不仅如此，只要坚持了三十天的孩子，会得到一本书。后来，那些坚持三十天的孩子们，自己拉了个群，互相交流怎么坚持下来的，在这个群里，竟然成了两对。有一对经常调侃我，本来就想要你一本书的，结果找到了另一半。我笑了一下，没说话，因为我明白，懂得坚持、专注的人，运气都不太差。

课前预习课后总结，提高学习加速度

著名画家和学者陈丹青提出过，真正有效的教育是自我教育，"受过小学教育而能做成一些事情的人，太多了；受了大学教育而一事无成的人，也太多了"。所有那些看上去不怎么学却成绩很好的"学霸"，其实都是自我教育、自主学习的高手。而对他们来说，自我教育、自主学习并没那么复杂，身处课堂，课前预习与课后总结就是非常有效的机制。

对于课前预习，我们应该充分意识到它对我们惯常学习的重要性，尤其是对于数理化这类较难的学科。有效的预习，能提高我们学习新知识的目的性和针对性，提前对相关知识进行探索与思考，能提高我们上课听讲的效率，改变被动学习的局面。当然，预习也讲究方法：

1.通读教材。如果遇到了难以理解的地方，应该尝试用学过的知识进行理解分析，如果得不到合理的解释，就要标记出来，等待老师在课堂上详细讲解。

2.重视例题练习。高中教材中的例题可以使我们加深对基本概念的理解，从而使概念完整化、具体化，便于我们牢固掌握所学的知识。因此，预习的时候要重视例题的练习。

3.做好预习笔记。在通读教材和做例题练习的过程中，我们遇到的问题、获得的启示、想到的好的解题思路等都可以记录在预习笔记中。

如果说预习是我们课前自主学习的关键环节，那么及时复习与总结，就是课后自主学习的关键环节。当然，我们说的课后复习与总结不局限于课本知识，也包括考试和课外阅读。复习总结的目的是消化知识，加深理解和记忆，力争做到举一反三。总结的过程需要我们对知识、对解决问题的思路进行提炼和归纳整理，使零碎的知识、分散的记忆得到串联，从而知识系统化、条理化、重点化，避免前后知识的脱离与割裂。

比如，做完数学习题后，我们可以进行五个层次的总结：1.怎样做出来的？想想解题采用的方法。2.为什么这样做？想想解题依据的原理。3.为什么想到这种方法？想想解题的思路。4.有无其他方法？哪种方法更好？借以培养求异思维。5.能否变通一下变成另一道题？激发发散思维。当然，如果发生错解，更应反思：错解的根源是什么？如何克服常犯错误？

我们在进行复习总结的过程中还有一点非常重要，那就是对自己学习方法的反思。如果我们在学习过程中遇到了瓶颈，就要考虑是不是自己的学习方法有问题，没有契合高中学科的知识特点。有了这一反思的过程，我们就可以及时调整学习策略，更有效率地掌握所学知识。

高中学习生活提示

预习是课堂教学的先导，成功的预习十分有助于课堂教学效益的提升；而及时的复习总结则是课堂教学的升华，好的学习方法无不与此密切相关。"凡事预则立，不预则废"，养成课前预习课后总结的习惯，会为我们的学习插上飞翔的翅膀。

坚持，足以和天赋抗衡

□ 马徐骏

在这所重点中学里，田径是传统优势项目。每年，很多从体校转来的体育生，在中学生运动会上为学校争光。他们大多是国家一级运动员，但我并不属于此类。我只是一名普通的高中生，且成绩中等偏下，所幸，跑得还算快，因此参加短跑训练，目标是成为国家二级运动员。

我的教练外号"林教头"。我觉得自己简直是个正在修行的侠客，一旦大功告成，就可以仗剑出山、名震江湖了。

一天，我拿到了我的第一双训练鞋。从此，一放学，我就出现在操场边，风雨无阻。

林教练兼着不同年级的体育课，有时他看到只有我一个人在等着训练，便摆摆手说："今天算了吧。"但是我每天都去，拒绝几次后，教练也有点儿不好意思，就带着我一个人练，练了几个月。100米短跑，国家二级运动员的标准是11.5秒，我一直没跑进过12秒。

那天，操场上来了个瘦男孩，风一样冲过终点线，教练手里的秒表停在11.68秒。教练大声地对他说："好好练，一年之内就达标了。"他眯着小眼睛朝教练龇牙。他就是我的师弟。

0.18秒的差距也许要花半年，甚至更长的时间来突破，这对于我来说任重道远，但对于师弟而言不算什么。

某个下午，我去体育组办公室喝水，听见有人说："你们短跑组训练得很勤啊，但那俩小子比赛都是拿不了名次的。真要说考二级，也就那小瘦猴还有希望，那个小马没天赋。"

我没听下去，悄悄溜下楼，心跳得特别快。那天，我第一次跑进了12秒。

当晚，我发现自己的腿被拉伤了。右腿内侧肌肉疼得支撑不了身体重心，第二天上学一瘸一拐的。下午训练前，我吃了止痛药，但成绩跌出13秒外。之后的情况越来越糟，我甚至不能下楼做广播操，训练只能停了。

林教练让我去找吴医生。吴医生是推拿方面的专家，医术非凡，我每周去他那儿推拿三次。

我像一个行走的药罐子，平时腿上都敷着药膏，气味难闻，隔着裤子还是刺鼻。但是，放学后，我仍然跛着腿来到操场边，坚持训练上肢力量，单杠、双杠、哑铃、摆臂等。

一个半月过去了，吴医生告诉我以后不用再来了，我深深地给吴医生鞠了一躬。

这一天，师弟已经跑到了11.59秒。

我恢复得很快，不到两个月已回到了11.8秒。教练开始让我同时训练200米短跑，单拼速度和力量我不行，但加上耐力和弯道技术，很快，我就跑到了24秒，离200米23.6秒的国家二级运动员标准非常近了。

有一天，我第一次在塑胶

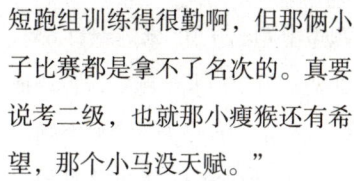

跑道上跑出了100米短跑11.65秒的成绩和200米短跑23.9秒的成绩，兴奋得直接来了个后空翻。

可惜比赛机会并没有随之来临。所有认证级别的比赛，都需要师兄们去争荣誉，轮不到我和师弟。就这样继续训练着，我进入了忙碌的高三，作业铺天盖地，但我还是会坚持去训练。

那天，在操场栏杆上压腿的我被告知，市里取消了两个比赛，很难有比赛机会让我和师弟参加了，让我们有个心理准备。是的，我有心理准备：我会一直训练到毕业那天，不管有没有比赛，能不能成为短跑运动员。

高三上半学期和寒假都过去了，师弟再也没在操场上训练过，而我仍然每天坚持训练。

直到有一天，教练突然把我和师弟叫到跟前，递给我们一人一张参赛证。那是一个国家级的体育选拔赛，那次比赛可以认证级别，是我们俩最好的机会。

之后，师弟开始每天出现在操场上训练，很快，他的百米成绩回到了11.6秒；而我的200米已经可以跑到23.58秒，比国家二级运动员标准还快了0.02秒。

转眼就到了比赛日期了。第一天100米，第二天200米。

上场前，教练嘱咐我们俩："今天多是特级和健将级运动员，如果被甩很远不要在意，尽力就好。同时，逆风跑虽会对成绩有影响，但计时会扣除这个因素的影响，所以不要紧张，正常发挥。"

看着身边肌肉快要撑爆运动服、光着头一脸无畏的专业运动员，我感觉自己好像是放在迫击炮之间的一把小手枪。发令枪响的时候，我起跑慢了，瞬间就被旁边的选手甩出去好几米。风迎面扑来，在我前面竖起一道墙，不结实，却坚固，撞不烂也冲不破，兜着我一点点往后扯。眼前是黑的，我只听见自己喉咙里的嘶吼，哑的。

冲过终点时，其他选手已经在穿衣服了。

11.72秒。在修正了风速之后，减去0.2秒。这一天，我好不容易等到的机会，被一阵风吹得七零八落。

在回去的车上，我和师弟都低着头。师弟只比我快了0.01秒，也被拦在11.5秒的大关外。教练沉默了一路。

下车前，教练对我们说："明天还有风，比赛的压力可能更大。"师弟抬起头，看看教练。我咬着牙，没有表态。

第二天一早，我在校门口等教练。当他看见没背书包、手上拿着旧钉鞋的我，长叹了一口气。师弟没出现，但我的两个师兄来了。

第二天，如教练预测的那样，风没有变小。我从教练手里拿过参赛证，转身朝场地走。师兄追过来，说了一句："你小子……"

站在起跑线上的那一刻，我的脑海中一片空白，什么念头都没了，没有害怕，没有喜悦，也没有后悔。

发令枪响起，身边好像奔腾着千军万马，跑道被震得晃动。我谁也没看，只有风声里裹挟着号角的鸣音，在耳边响个不停。跑出弯道的那一刻，号角突然不响了，风停了。教练和师兄在看台上兴奋地大吼，朝我挥拳头。

那个200米，可能是那天唯一风停下来的几十秒，真的被我赶上了，好像是上天送给我的一件礼物。我的最终成绩为23.58秒。只要站在起跑线上，无论结果如何，我都已经没有遗憾了。

为了成为国家二级运动员？也许最初是，但后来已经不是了，从知道自己并没有短跑方面的天赋，甚至被其他组的教练否定开始，这已经不再是目标了。坚持下去的动力，是我觉得自己在做正确的事。因此，我坚持跑下去。

其实生活早已告诉我了，我并不是个有短跑天赋的人。不像师弟，他出身田径世家，一旦跑起来，两条腿像失控的风车。我所拥有的，是另外一种东西，叫作坚持。坚持，足以和天赋抗衡。

你花在阅读上的每一秒，都不会白费

> **高中学习生活提示**
>
> 读书是在别人思想的帮助下，构建自己的思想。知识无涯，而生命有限，既要博古，又要通今，我们必须从当下开始，努力培养自主广泛阅读的好习惯。几乎任何一个"学霸"都是高效阅读的典型，很少读书的人始终望尘莫及。

一位著名作家写过这样一件真事。一个大人带着十多岁的孩子在小区散步。看到一个迎亲的车队，一群人围在接新娘的头车前急得团团转。上前一看，一个轮胎瘪了。新娘就要下楼，眼看要误大事。

正当人们不知怎么办才好时，那个孩子说："没事儿，使劲踹几脚就好了。"大家半信半疑，顾不了许多就是一顿乱踹。结果奇迹出现，轮胎渐渐饱满了。人们齐问："这是怎么回事？"孩子说："这款车的车胎被扎后有自动充气功能，踹一下就好。"父亲很惊奇："你怎么知道的？""家里不是订了汽车杂志吗？没事儿瞎看的。"这其实就是阅读的作用，它能让我们知识更丰富，视野更开阔。作为正在重要成长阶段的高中生，我们应该把自主广泛阅读作为我们最重要的习惯之一加以培养。

调查显示，法国人是世界上最爱读书的人群之一。无论在地铁还是公交车上，无论在高铁还是飞机上，随处都能看见法国人拿着书报认真阅读的景象。之所以如此，是法国学校与家庭对孩子阅读习惯的培养的结果。长期的耳濡目染和家庭熏陶，就形成了人们喜欢阅读的习惯。艺术、文学等更是法国社交场所的主要话题，一个不阅读的人很难入流。读书可以说是这个世界上门槛最低的高贵行为，我们在养成阅读习惯上花的每一秒钟，都不会白费。

毫无疑问，读书能变化我们的气质，增加我们的见识，但我们绝不能读死书，死读书。我们养成好的阅读习惯时，必须讲究一些读书的方法。如果读书的方法不对，反倒吃力不讨好，甚至适得其反。那么，如何阅读才能读出心得，读了有用呢？

首先，要选择好书。"开卷有益"这句话已不合时宜，有的人尽读一些无益的书，对自己毫无用处，只能说开卷浪费时间。所以，养成良好读书习惯的一个重要前提是，要选一些好的、经典的书来读。

其次，不要过于狭隘。很多同学读书时，只限于自己喜欢的类型。殊不知在哲学、科学、文学等各种领域里，都有各自的精要之作，都值得我们阅读。养成好的阅读习惯，阅读的范围不能太过狭隘，这样才有助于我们发

展出各个方向的才能。

另外，读书最好随时做读书笔记。读书不能走马观花，一定要将其精要做成读书笔记。把书中的理论记录下来才是你的，不记，还是他人的。所以，古今中外许多伟大的学者都有做读书笔记的习惯。

最后，尤其值得强调的是，读书一定要注意活学活用。阅读从本质上来说还是一种消费行为，但我们想要有所成就，就必须将我们的行动付诸实践，将所读所思转化为创造性行为。

我为什么劝你读书要偷懒

□ 精读君

书之浩瀚，仿若星辰。我们遇到、知道的书只是冰山一角。对于没读过的书，我们如何快速找到值得读的那一本呢？此刻，我们就要学会偷偷懒啦，也就是说，我们读书，要学会读懒书。那我们该如何读懒书呢？

借时间之手，筛无用书

读懒书的第一个要点，就是利用时间去筛选高质量的书籍。去读久经考验的书，也就是所谓的经典名著。它们之所以可以称之为经典，必有其过人之处，所以我们要做的，只是等待时间把一切无趣无聊无用之书，淘汰而去。

比如那些一版再版的书籍，就像菲利普·科特勒的《市场营销》，其英文版已做到13版，中文版也有11版了，书中与早先的版本相比，理论框架并无大变化，只是每一版的案例有所不同。然而在作者还未名满天下的时候，谁能知道这就是本好书？可是只要坐等若干年，时间便能给出最好的答案。我们不妨偷偷懒，时间东去浪淘尽，千古绝妙的好书，留于懒人。

借他人之手，读自己之书

偷懒的第二点妙处，就是借众人之力。当涉猎某一领域时，多看专家点评，名家推荐。虽然众口铄金，但是通常情况下，大多数人评价的好书好文，是值得一读的。

另外，书和人一样，都是有气质的。选书时可以多看看书的简介和片段，所谓一叶知秋，我们也可以从片言中看出作者的风骨，作为你是否选择的依据。还有书的前言后记，从一篇序言中，往往可以看见文章最精彩之处，并言简意赅，省时省力。

有一本叫《伯罗奔尼撒战争史》的书，中文译者的序就写了41页，看完后，整本书的背景和脉络就可以了然于胸。有了这样的方法，不亚于让天下人代我们读书，然后我们再择优读之。

看不懂的书，更要偷懒

看懒书的第三点，就是遇到实在看不懂的书籍时，要懂得偷懒。很多人读书，读得懂的读，读不懂的也应往下读，然后生吞活剥些原文说与旁人，显得自己知识渊博，学问高深似的。其实不然。

比如你要读一本黑格尔的《历史哲学》，但是一拿起它就想睡觉，实在无法读下去。这时候你不妨偷个懒，先把这本书放下。然后先去读那些相对比较好懂的历史书籍，比如黄仁宇的《万历十五年》和樊树志编写的《国史概要》等，对历史有了一定的辩证的思辨能力后，再去看《历史哲学》，就会轻松很多。

读书读不懂，十有八九是自身资质还未到。就像一个还没长牙的婴儿，一定要啃甘蔗，结果是不仅品味不到甘甜，反而会弄坏了自己的牙床。更有甚者，从此对美味失去了兴趣。

很多人之所以越来越少读书，大概是因为小时候被喂坏了。所以，这个"懒"，就是不要读傻书、死读书，要循序渐进，坐享其成。

所以，回头看，读书要读懒书，其实就是读书要读聪明书。

读书，不是为了显摆自己有多博学，而是为了自己真正能够懂得什么。读书，也不能把书读死，硬啃硬咽、囫囵吞枣就会消化不良。读书，不妨灵活一点儿，让自己偷下懒，真正读懂你爱的每一本书。

> **高中学习生活提示**
>
> "文章合为时而著,歌诗合为事而作。"关注时事,有利于我们了解社会、了解人生,培养我们的社会责任感,更有利于我们在高考作文中有感而发,言之有物。"家事国事天下事,事事关心。"养成关注时事的习惯,将帮助我们更好地成长。

关注社会新闻,补足"时事教育"缺环

据说我国著名企业家李嘉诚有早读的习惯,并且几十年如一日,每天都要阅读专人整理出来的世界上重要报刊刊登的时事新闻。他曾意味深长地说:"我看报纸不仅是为了要了解报纸上的新闻,搞经营也离不开信息。"除了李嘉诚,我国富有经验的商人一样注重对新闻时事的关注。在他们的经商法则中,重要的一条即是与时事保持近距离的接触,因为时事里面有国计民生,有政治大局,有对过往的总结、对当下的报道和对未来的展望。

我国著名学者陈寅恪先生倡导"独立之精神,自由之思想",其实蕴含了这样的期望:希望广大学子能够注视寰宇、放眼世界、当下耕耘,摆脱"两耳不闻窗外事"的旧习,更多地做到"家事国事天下事事事关心",成长为成熟、理性、有作为、有担当的社会公民。唯如此,我们所学习的知识才更有改变世界的价值,我们的自我成长才更有振聋发聩的力量。学习过程中,我们其实并不缺少知识教育,但在知识与现实接轨的过程中,我们显然遗失了"时事教育"这重要一环。时事就是当下的历史,对我们有无与伦比的启示力量,能帮助我们在学习和成长中更加卓尔不群。

对时事这座宝岛的披沙拣金,最直接的应用就是我们必然要经历的高考。高考除了考核我们的基本知识素养和正面的价值取向,同样注重考核我们对时事的看法。这就意味着当年的社会热点也是高考命题,尤其是作文命题的重要资料来源。因此,高考要想取得高分,关注时事资讯也是必要的筹备。综观近年来各省市高考,就有不少时事方面的材料入选重要试题。如果我们平时注重对时事的搜集和分析,必然能在激流中顺利穿行,从竞争者中脱颖而出。

高考,尤其写作部分,其实就是拼视野、拼观点,如果我们缺少"时事教育"这一环,对各类新闻时事分外陌生,那么在高考尚未进行之时,便已然落于下风。因此,要想经营好高考这份"事业",恰当地掌握时事信息是不可或缺的撒手锏。

至于我们应该关注什么样的新闻,实际上,每年高考前夕社会上都会有一些人们普遍关注的热点问题,这些热点往往集中反映了社会所面临并亟待解决的问题。时事热点所涉及的内容广

泛,涉及政治、经济、文化、自然、科学等各个领域,都是我们可以关注的内容。

平时我们有意识地关心国内外大事和社会热门话题,捕捉关键信息,并对这些问题做广泛而深入的思考,再用文字的形式记录下来,久而久之,就能实现从"小我"到"大我"的跨越,体现出鲜明的时代特征。作文是高考的重头戏,也是一个人能力的综合反映。很大程度上,缺少材料、无话可说是高考作文的通病。我们若能立足实际,开采好时事热点这个矿藏,就能比较顺利地练好写作的内功。

我就是很努力，有什么好笑的

□ 李开春

现在流行一种心灵鸡汤：你必须足够努力，才能让自己看起来毫不费力。

细思恐极，为什么要让自己看起来毫不费力呢？

什么时候开始，我们这么害怕表现出努力？

我从小听过最多的一句话是："你（我）怎么（要是学习）这么爱学习呀（肯定比你强）！"我都会回答："对啊，我就是爱学习呀。"

我是别人口中那个"学习好的孩子"，但我从来不和其他成绩好的同学一起玩，就一个原因：太累了。好学生的圈子，大家学习都好，默认的规则是：如果取得同样的成绩，100%努力的人是书呆子，50%努力的人，就是天才。就好像那个笑话："学霸"之所以考100分，是他的实力只有这么多；而"学神"之所以考100分，是试卷只有这么多分。

我高中在重点实验班，按成绩排座位。每天早上，坐在前两排的同学，讨论的不是昨晚的数学作业和物理大题，而是最新的电视剧。谁看的种类多，看的时间长，谁就在这场无聊攀比中占了上风。

我前桌是个好胜心极强的人，每天变着法儿讲各种电视剧的进度。不仅如此，课间休息和午休总抱着一本言情小说啃，还逢人就介绍。但事实上，她妈——也就是我妈的同事，向我们描述，她每天看书看到凌晨3点。

而模拟考试前的课间操，简直是演技的巅峰对决。

走廊里充斥着这类台词："我昨天玩游戏玩到半夜，根本学不进去。""我也是！一口气把小说看完了，我都怕一会儿在考场睡着了。""我这个月上课也没认真听，这次完了完了。"

在我二十多年的好学生生涯中，遇过太多这样的人。"学霸"们为了证明自己是天才，装作"不读书也能取得好成绩"，来打击和迷惑对手。另一方面，他们可能也怕，如果努力却没有成功，会遭到别人的嘲笑："你看他那么努力，不也就那样？"

我懂这种心情，人总希望给自己留一点余地，失败的时候起码还可以说，自己只是"没有用功"，而不是"我不行"。

很多事情都是这样。INS（类似微博的社交平台）上有一个博主，每天发各种美食图片，说自己从不刻意节食减肥，也不去锻炼，但依然能保持完美身材。后来被粉丝扒出：事实上她从来不吃高热量的食物，三餐控制得很严，每次拍完照食物不是分给同伴就是扔掉。每天去健身房，从不间断。

人们的潜意识里，"毫不费力"似乎比"拼尽全力"更高级。人们羡慕天生就拥有各种成功的人，所以拼命假装自己就是那样的人。

我相信世界上可能会有天生就瘦，天生就美，怎么折腾也不变样的仙女，也可能会有不努力也能比一般人厉害的天才。但是我觉得，靠努力维持住的好身材、好面孔、好成绩，一点儿都不逊色。

郑秀文说她出道以来就没吃饱过，小S（徐熙娣）说她没有办法接受油炸食品，黄晓明说自己是易胖体质所以只能吃很少的米饭……为了实现目标而拼命克制口腹之欲，才是真正厉害的事。而承认自己依靠努力才取得了成就，格外值得敬佩。

比起隐藏自己努力的人，那些自己偷偷努力，还对其他努力的人冷嘲热讽的家伙，更过分。

我大学班里有个男生，每天在宿舍戴着耳机，打开电脑的视频播放器，让人以为他是在看剧。实际上，他的视频永远是暂停状态，屏幕的角落里是各种学习资料。有人经过的时候，他还会故意频繁敲击鼠标，装作在玩游戏。时不时转头问室友："哎，你们不杀两把吗？"看到同寝室的同学在学习，他还会忍不住吐槽："你学习好努力好认真啊！"看到室友出门，必定追加一句："又去图书馆学习啊！"自己去图书馆碰见室友，立马解释："来图书馆蹭会儿空调。"

这样做真的好吗？自信的人，不会阻止别人努力，只会让自己加倍努力。之前看到娜塔莉·波特曼接受访谈，被问怎么看待努力和幸运。她回答："在学校的时候，总有人得到好成绩之后还要说自己几乎都没学。我心里说，我知道你学了。"世上的确有人不付出很大努力就能获得成功，可能是因为幸运。

不可否认人需要幸运，但更需要的是努力。我觉得躲躲藏藏不让别人知道自己有多努力，很不大方，这会让努力了却没有得到回馈的人感到不公平。要诚实面对你获得成功的过程，同时也不要对自己的努力孤芳自赏。

这样才对。

高智商的5个特点

1.理性大于感性：美国加利福尼亚大学研究人员利用磁共振扫描成像发现，智商高的人更愿意理性思考问题。

2.责任心较弱：美国一项研究表明，责任心和智力水平呈现一定的负相关。

3.思虑太多：一项大规模研究发现，聪明人会过度分析自己所做的每一个决定及其后果，更容易陷入深思和忧虑中。

4.更清楚自己的能力：研究人员做了一组试验，让学生做美国法学院入学考试改编题，结果发现，那些得分很高的学生往往会低估自己的实力。也就是说，智力高的人可能更清楚自己认知的极限。

5.总被赋予高期望：当孩子在学校表现优异的时候，他们的家长反倒会对孩子未来能否取得大成就而担忧。研究人员认为，对于很多智商高的人而言，最大的苦恼来自其他人对他的高期望。

为何世界名校课堂上禁用手机拍摄

□ 石毓智

自从有了电脑以后，人们用手写字的机会就越来越少了。现在不少学生课堂上用手机拍摄教学内容，不想用笔记。很多世界知名的大学有明确规定，课堂上禁止用手机拍摄教学内容。

斯坦福大学的计算机系雄冠全球，学校位于世界计算机行业的心脏——硅谷，苹果公司的总部就设立在这里。学校教室的现代化教学设备应有尽有，然而大学很多学科的教学完全不用电脑，仍然坚持传统的教授方式，就是老师在黑板上用粉笔板书，学生记笔记。在一些课上，老师明确规定，只能以手写方式记笔记，不能用笔记本电脑记录，更不允许用手机拍照。

斯坦福的老师为什么要坚守传统？这是由学科的性质决定的。像数学这种课程，要使用大量的抽象符号，而且内容大都是定理公式证明推导，如果老师只展示事先准备好的PPT（演示文稿），学生就没有机会领悟推导过程，再加上自己不动手抄写，上课内容成了过眼云烟，脑子里留下的印象会很浅，结果根本无法掌握好这些学科。

老师过度依赖PPT也会影响教学效果。黑板板书也强迫老师不能偷懒，每次上课都要认真备课，如此才能温故而知新。我非常佩服斯坦福的教授，他们大都能把教学内容烂熟于心，一堂课50分钟，要写十几个黑板的板书，很多老师常常是不看一眼教案。斯坦福教室的黑板也设计独特，通常是多层的，还可以上下左右移动，便于这种传统式的教学。试想一下，假如老师用PPT，只用准备一次，然后年复一年地用，老师自己是轻松省事了，结果可能不是熟能生巧，而是与教学内容越来越有隔膜、越来越陌生。

手写是美国当今仍然非常流行的一种重要教学模式。沃尔特·莱文是麻省理工学院的物理学教授，他的课非常受学生的欢迎。在网络上，我系统看了他三门课的教学实况录像，全是手写。

最近我遇到一位来自纽约州立大学的老师，他说他们学校得到一大笔捐款，盖了一栋数学大楼，每个教师都有上下左右滑动的多层黑板，就是为了适应数学的教学特点。杨振宁就是在这所大学工作。这所大学的数学物理很厉害。前几年我在斯坦福大学访学时听了两位来自这所大学的教授的学术报告，他们的报告内容全部是临时在黑板上手写的，既没有讲义提纲，也不用PPT。

我现在有一个习惯，看书时手里一定拿支笔，随手把一些重要的内容画出来，特别是把当时出现的一些观点记下来，这些灵光一现的想法很珍贵，往往是事后写文章的题材。这些读书时的灵感如果不及时写下，过后可能烟消云散，再也想不起来了。同时，手写还可以激发自己积极思考，从而提高读书效率。

学生要体验"学而时习之"的快乐，必须放弃手机拍照而手写。现代科技的发达为学习提供了巨大便利，同时也威胁着行之有效的学习方法，不可不慎。

立即行动，不要把今天的事留到明天

调查显示，高中阶段的很多同学有拖延的症状，比如寒暑假作业一直拖到开学前几日才做，考试临近却还迟迟不想投入复习，或者在应该锻炼身体的时候更新微博状态……

"拖延症"是一种不想面对要做的事，而通过做一些无关的事来逃避目标事件的心理状态和行为模式。很多同学容易把拖延症归因为懒惰，其实拖延症是由复杂因素引起的，将拖延症认为是懒，也是不科学的。比如有的同学恐惧失败，追求完美，想等"准备好了"才开始，或希望"慢慢做"。但慢工并不总是出细活，对失败的恐惧会随着时间的流逝而渐渐加深，反而让你一事无成。

事实上，拖延症并不是一种"病"，仅仅是一种坏习惯而已，改正它并不难，通过一系列的自我监管，我们完全有能力进行矫正。

一是挖掘价值激发你的内驱力。当你面对某项学习任务时，你可以先思考一下，这个任务对于你的意义是什么。如果你只是单纯地认为这是在完成老师布置给你的任务，你当然没有内驱力，因为你感觉不到这是在为自己努力，因此必然能拖就拖。但换个角度思考，你如果很好地完成了这项任务，可以得到老师的赞赏和高分，这也就意味着你将来在评选奖学金、出国留学等方面更有优势，那么你就有更大的动力去做应该做的事。

二是认真规划，做好时间管理。如果你动力满满，内驱力十足，却没有一个良好的落实计划，那就只能做一个空想主义者，还是摆脱不了拖延的噩梦。因此，第二步，你需要一个完整的时间进度表。你需要详细列清楚，每一天从早到晚8~10个小时的时间分配。每天什么时刻需要完成的进度一定要清晰明确，并且督促自己按时完成。当然，计划一定要在自己可完成的范围之内。

三是适时鼓励，及时反馈。面对一项有挑战的任务时，即使你内驱力充足，计划详细，但在进行过程中，一旦面临各种困难，就很容易打退堂鼓。此时，你需要对自己适时鼓励，及时反馈。适时鼓励，能够帮助自己在完成任务的过程中不断保持自信。同时，在计划进行的过程中，我们应该根据实际情况不断做调整。千万不要拘泥于计划，因为计划再完美，也是为人服务的。及时调整计划，可以更好地保证任务的圆满完成。

想要卓越，想在学业上有所进步，我们就必须付出汗水和心血，付出比别人更多的努力。因此，当我们确立了目标，应该立即行动，决不拖延，因为拖延等于死亡。

> **高中学习生活提示**
> 将之前的事放置于明天，谓之"拖延"。拖延往往会让我们逐渐错失进步的机会，落后于人。快节奏的高中时代，如果我们总想歇歇停停，等待我们的可能就是淘汰。"立即行动"是卓越人士的行为准则，也是我们进步的阶梯。

我每天都做一件治疗拖延的事

□ 杨熹文

我在真正面对自己的拖延症之前,其实已经被它害惨了好多次。

读书时候作业非要拖到最后一刻才写,赶火车总是在最后5分钟内上车,和朋友聚会总在最后一秒赶到,家务总是攒到一堆才肯动手,每收到截止日期模糊的工作任务就无限制地拖延下去……这种个性简直把我坑惨了,多年来我没法把生活过得平静,别的姑娘是窈窕的,贤淑的,文静的,而我像马达,像哪吒,像乱了套的毛线,过成了加菲猫的名言——能够拖到明天做的事情,今天绝对不要去做!我那以火暴脾气出名的母亲,把我的拖延视为母女战争的导火索,这么些年来我已经无法计算清楚自己的"那着什么急呀"换来了多少顿的胖揍(东北方言)。

但我脑袋中一直记得这样的画面,我的母亲撸起袖子,一双眼睛吊起来,嘴巴恨恨地吐着字:"艮,真是艮死了。"然后鸡毛掸子落下,腥风血雨。("艮"在家乡意指慢到让人厌恶。)

天知道长大后的我有多羡慕雷厉风行的角色,尤其是那些刚在火车上坐稳车就开动了的时刻。

无数次我拖着巨大的箱子一路狂奔,头发打湿粘在脸上,在已落座的乘客的目光中狼狈地奔去自己的车厢,我狠狠地发誓"下次一定要提前1个小时到"。

但是下一次的我,神不知鬼不觉地,还是会在火车开动前5分钟,手提硕大的箱子,孤独地奔走在寻找车厢的路上。赶火车是件小事,如果错过了再坐下一趟也未尝不可,但如果拖延的习惯延伸到生活的方方面面去,你就会失去很大一部分幸福感。

我发现我的身边有很多拖延的人,我们都觉得自己总是缺少时间,总是疲于奔命,总是比别人累上太多。拖延症就像是麦粒肿一样的小病,虽不致命,却让你时刻疼痒。

拖延症对生活的摧毁作用到底有多严重呢?我听过各式各样的倾诉,"信用卡拖欠了半年还没还呢""老板上个月交代下来的工作任务我现在还没着手""我的论文下周就要交了我现在还没碰一笔""那堆衣服攒了两周都没洗"……相信以上情况,你也遇到过一二,我的拖延症最严重的两个时段,一个是在大学,一个是在去年写稿期间,前者是因为太清闲,养出了惰性,后者是因为太忙碌,还坚持完美主义。

到最后,我感觉自己的生活像是一盘不断被人打翻在地上的珠子,永远整理不清,更可怕的是拖延的传染性，一些我明知道会马上做好的事情，也不再及时去做了。

从家中琐事到工作大事，仿佛每走一步都有未清理的"垃圾堆"，这些"垃圾堆"在一段时间后自动变为雷区，不断炸掉我生活中光明的部分。前不久看了一个节目，再一次验证了治愈拖延症是件多么难的事情。主持人采访了一个拖延症女人，跟踪了她的一部分生活。

镜头下她的生活是这样的：已经一年时间没打开冰箱冷冻层，明知道里面的肉已经变质，还是不肯清理；好不容易兑换的积分，没来得及用，就过期了；在家里占了几年位置，确保可以轻松卖出去的家具，一直没有把出售信息放到网上去；车一直开到没油了……

心理专家帮助她解决了全部问题，并且算了一笔账，拖延症的代价很昂贵，浪费金钱，更浪费精力。这些事情，再一次让我反省自己的态度，生活是习惯的结果，我的习惯正在决定着我的生活。

我读了几本有关治疗拖延症的书，也试过网络帖子上写着的大大小小的方法：从最难的事情开始做，把即时贴粘在电脑屏幕旁，不在工作的时候刷手机……但是收获都微乎其微，一旦你已经为自己的生活设定某种模式，就很难逃离出去。

还是偶然间读到毛姆的话，启发了我，他说："为了使灵魂宁静，一个人每天要做两件他不喜欢的事。"为了治疗拖延，我把自己每天的任务设置为：今天我要完成一件我必须去做但特别不想去做的事。事实证明，这是我在治疗拖延症的过程中，尝试过的最有效的方法。

每天早上醒来后，我就会马上搜寻一个我在今天必须去做不能拖延的事情，通常是去给一张账单缴费，或者去见一直推托约会的朋友，或者写一篇马上到截稿日期的文章，再或者把冰箱中放了很久的食物扔出去……

我发现，一旦用"处理拖延事件"开始新的一天，那么接下来的时间内心便会轻松很多，而当我在做完一件拖延事件后，往往会自然而然地去处理下一件，因为我发现大多数事情如果真正地开始做起来，其实并不是毫无头绪的。不知道这其中有着怎样的原理，我的朋友格伦曾在治疗抑郁的时候用了一样的方法，每当他觉得生活无望，什么都不想做的时候，就会出门给车加满油，只需完成这一件事，就会让他重新燃起去做其他事情的欲望。近3个月来，我的拖延症状日渐好转，我还没有完全摆脱掉它，但已经可以控制一些珠子不再掉到地上了。今天突然想起这件事，是因为眼睛起了麦粒肿，又疼又痒，这是和拖延症一样的感受，我不得不来感慨一番。早在半年前，如果这样的事情发生，我一定焦头烂额，但今天早上，我先去做了"今天一定要完成的事"。

拜访一个将要回国的朋友，然后去药店买了一些药，又买了一套一直想试试的7天排毒保健品，之后顺便交了话费，去超市采购日常用品，回到家后写好文章，安排好明天的工作，这就要去跑5公里，那之后会把一场电影作为今天的结束。我比任何时候都确定，我的习惯正在决定着我的生活。

和"对手"合作，高考更易取胜

同班同学到了高三往往会进入敌对状态，仿佛同学都是敌人或对手。这是一种狭隘的做法。高考是严酷的竞争，可你的竞争对手并不是同班的同学，而是全国的考生。和身边的同学一起联手打拼，才能不断提高自己的能力。另外一定要重视别人的问题。他们的问题可能就是你潜在的知识漏洞，而解答别人的问题，其实是在最有效地为自己查缺补漏。

高中学习生活提示

科学合理的体育锻炼对增强体质、塑造体形、提高心理调节能力、培养良好的社会适应性等，具有积极的促进作用。因而，高中阶段的体育锻炼对我们的一生会产生深远影响。我们应该努力养成规律的运动习惯，勿让身体因静止不动而遭破坏。

加强锻炼，在运动中发现另一种风景

美国高校认为体育活动可以帮助孩子塑造良好的人格和品格。哈佛大学就曾提出过："一个完全由学术成绩顶尖的学生组成的群体是不健康的，它不利于学生个体充分、全面发展。"这一观点深刻影响了此后哈佛和其他顶尖大学的招生培养政策。他们认为体育精神一定程度上可以丰富校园文化生活，帮助学生培养对抗竞争的意识和追求卓越的精神，锻炼其在团队活动中的合作能力、领导能力及组织能力，对培养领导型人才和构建良好的校园氛围具有重要作用。

高中阶段是我们人生的一个重要阶段，我们平时不能只顾忙碌和紧张的学习，而忽略了体育锻炼的重要性，以致身体素质下降，学习状态也越来越差，形成恶性循环。所以，无论如何，高中阶段我们都要养成进行规律的体育运动的习惯。

其实，对许多同学而言，真正缺少的不是对体育运动重要性的认识，而是一种把体育锻炼变成习惯的机制。因此，我们可以建立一些机制，来保证我们进行规律的体育运动。

1.开个好头。万事开头难，刚开始的时候，你难免会觉得下午放学进行半小时左右的慢跑很不习惯，也极不情愿。但如果你战胜了这种感觉，把开头的那一段日子坚持下来，每天的锻炼就会成为你生活的一部分。

2.变换锻炼时间。你习惯晨跑吗？那么，试试把跑步的时间改在傍晚或者晚上。简单的时间变换，往往会令你的感觉和心境大不相同。有变化，才有乐趣。

3.调节运动速度。在单一的长跑中，你可以试着变换你的速度。充分热身以后，先用较快的速度跑完第一个800米，然后逐渐放慢脚步，用慢速轻松跑完第二个800米，如此交替，你会发现平时很艰巨的长跑开始变得轻松了。

4.找个"志同道合"者。心理专家认为，和许多人一起跑步比一个人单独跑更容易让人感到轻松和愉快。

5.记下自己的进步幅度。计步器、心率监控器和秒表能够帮助你详细记录运动结果，可以给你带来成就感。当你有成就感的时候，你就更能坚持下来。

6.不忘放松。锻炼不该是一件苦差事，适当地让自己放松一下，比如锻炼后听听音乐，欣赏一番户外的美景，做休整运动时与伙伴分享一下学习心得和生活琐事，这些都能令你收获锻炼之外的乐趣。

相信经过上述机制的陶冶，同学们都能养成进行体育运动的习惯。

美国高校：体育特长生的特殊光环

□ 尤蕾

一个东方人让美国人改变了"哈佛生不会运动"的刻板印象。他曾经率领哈佛篮球队大战"常春藤联盟"，刷新了球队在历史上的多项纪录，他就是球员林书豪。

林书豪从小成长在美国，对于篮球运动自幼就有着一种超乎寻常的痴迷，幸运的是，他也有着与生俱来的篮球天赋。高中时，林书豪所在的学校篮球队就

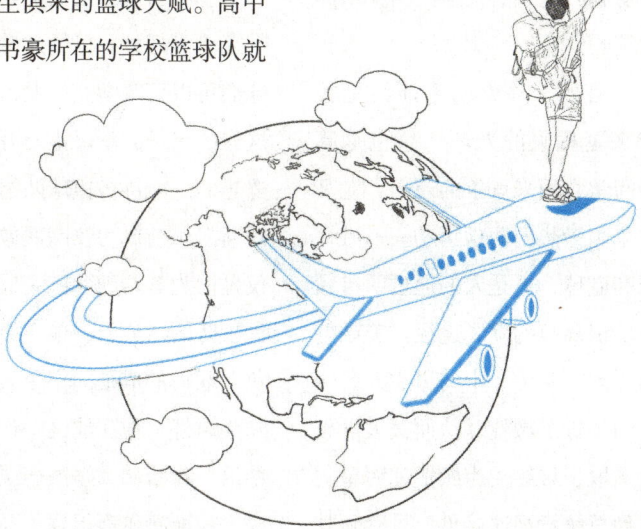

是加州中学联赛冠军，他也曾被评为最佳球员。少年时的林书豪梦想着进入斯坦福大学篮球队，然而命运跟他开了个玩笑，斯坦福篮球队的教练根本不考虑他，并拒绝了他的体育奖学金。

培养出8名美国总统但体育一直乏善可陈的"常春藤"名校哈佛却向林书豪递出了橄榄枝。在录取林书豪时，哈佛并未降低分数，他进入哈佛大学时的GPA（平均绩点）是4.2，GPA达不到哈佛录取要求，即便是再优秀的运动员也无法进入哈佛。按照美国高校的录取原则，所有申请学校的运动员都要达到学校特殊的GPA规定，并且在高中修读特定的课程，SAT（学术水平考试）或者ACT（美国大学入学考试）仍不能免除。

林书豪曾经上传过一段视频，以调侃的口吻介绍"我是怎么进哈佛的"：1.去配一副眼镜；2.要会演奏乐器，钢琴很多人都会弹，要会一些特别的乐器；3.提高考试技能；4.学中练，练中学；5.关心时事。虽然看起来林书豪的经验分享确有开玩笑的成分，但这也说明了，美国的高校即便在招收特长生时也绝不单单以特长论英雄，正像林书豪说过的那样，在学业和篮球之间，一定要先做完功课再去打篮球，记住，知识，总是第一位的。

[四肢发达头脑并不简单]

在林书豪的母校哈佛，总共出过3位NBA（美国职业男篮）球星，相比8位出身于此的美国总统而言，"难度"仿佛更大，以至于有人戏谑称，在哈佛想要进入NBA比进入白宫难得多。

这主要是因为，在美国，当然在欧洲也是一样，没有职业或业余体校之类的运动员培养学校，不少体育人才都是通过大学进行培养，不过也有部分运动员则是很早终止学业投身体育训练。正因如此，作为运动员培养"摇篮"的高等学府便争相依靠体育实力以及出身于此的知名运动员来建立自身品牌。

一篇题为《大学为何偏爱体育特长生》的文章中就曾介绍道，体育特长生是世界一流大学，特别是美国顶尖大学最重要和最偏爱的招生群体之一。无论在私立大学还是公立大学，体育特长生是唯一被冠以"特长生"称谓的特殊招生类型。

哈佛、普林斯顿、哥伦比亚、宾夕法尼亚、耶鲁、康奈尔、布朗和达特茅斯学院这八所高校组成"常春藤联盟"。实际上，"常春藤联盟"就是美国东

部高校的校级体育比赛联盟。

以最负盛名的哈佛为例，要想以体育特长生的身份被录取，就必须通过重重考验。在哈佛校队的官方网站上就有详细说明，从高中毕业时，在ACT或者SAT中必须达到为体育特长生划定的分数线。哈佛校队的"底线"是在满分为4.0的评定标准中得到2.0分。但同时也不能忽略GPA的成绩，正如林书豪一样，丝毫含糊不得。另外，还需要在NCAA选才中心获得注册资格，然后学校将根据申请学生在高中阶段的体育成绩及表现，考虑是否录取。

NCAA的全称是全国大学体育协会，在美国和加拿大有超过1200个成员协会，会员分为三个等级，前两个级别可以为体育特长生发放体育类奖学金。

体育特长生缘何抢手

招收体育特长生是美国名校招录工作中非常重要的一项，每个学校都设有专门主管招录体育特长生的主任，高校运动队的教练会亲自去各地选拔体育人才，并且参加体育特长生面试工作。对于一些炙手可热的体育特长生，他们会在正常的录取通知书发出前收到一份试探性的录取通知书以安抚他们。在体育特长生的经费上，美国也是采取国家拨款的方式。

为何在美国，体育特长生会如此抢手？恐怕全美的体育氛围是最大的背景。《大学为何偏爱体育特长生》一文中提到，1960年，哈佛大学招生办公室主任本德在他离任前的一份长篇报告中宣称，一个完全由学术成绩顶尖的学生组成的群体是不健康的，它不利于学生个体充分、全面发展。这一观点深刻地影响了此后哈佛和其他顶尖大学的招生培养政策。

另外，体育明星能给母校带来更耀眼的光环，这也是高校间常常用来竞争的筹码。尤其是全美最热的两项运动——橄榄球和篮球，更是人们通过明星履历认识高校的重要途径。美国电影《阿甘正传》中的男主人公阿甘因为进了橄榄球队而被大学破格录取，最终成为橄榄球明星，受到总统肯尼迪接见。虽然阿甘是杜撰出来的电影人物，但也由此佐证了大学校队的体育明星能够给学校带来的荣耀非同寻常。现实社会中，人们会通过迈克尔·乔丹认识他的母校北卡罗来纳大学，阿伦·艾弗森毕业于乔治敦大学，史蒂夫·纳什的母校则是圣塔克拉拉大学。加州大学洛杉矶分校更是因为体育明星而星光熠熠，该校学生在1928—2008年期间的奥运会上，获得了包括106枚金牌在内的214枚奥运会奖牌，迄今为止，已经为NBA输送了70多名球员。

体育运动给人带来的长期效应不言而喻，勇往直前、团队协作、不屈不挠等精神品质都会潜移默化地影响着学生的未来。除此之外，校际之间的商业比赛则是热衷招收体育特长生的利益驱动力。不仅比赛门票收入丰厚，赞助商的冠名费和广告费以及媒体转播费用等都使得校际比赛赚得盆满钵满。

体育特长生虽然能够给高校带来诸多好处，但是这并不表示他们可以荒废学业，尤其在哈佛这样的名校，学习是万万不能被遗忘的。哈佛橄榄球队担任跑卫的斯凯尔斯成为校园偶像绝不仅仅是因为其帮助球队完成了对耶鲁校队的六连胜，他在经济学专业上取得的成绩同样令人叹服，除英语外，他还能说一口流利的德语。在哈佛大学的德语戏剧课程上，斯凯尔斯得到了高分，并在校园内表演了一出德语剧。

而这恰恰就是这些知名高校培养人才的初衷，全面发展，并学有所长。

高中学习生活提示

安全是个人成长最重要的前提，而近年高中生频频遭受伤害，说明在我们的人生课程中，缺少了"安全教育"这一十分重要的环节。所以，培养良好的生活习惯，强化自身安全意识，对我们远离危险意义深远。别忘了，当安全没有保障，其他都属虚言。

近年来，每年都有大量关于高中生人身安全受到侵害的事件进入人们的视野，令人惋惜和痛心。一直以来，人们惯用"白色象牙塔"来形容学校，"象牙塔"中的同学们单纯、天真、不谙世事，正是这种黑与白的反差，引发了人们更多思考：作为天之骄子，为何一出家门与校园，很多同学就成了受伤害的对象？不少学者指出，这固然与社会状况复杂有关，但与很多同学安全意识不足更有直接联系。如果我们没有养成好的习惯，那我们就可能埋下隐患，让各种危险因素乘隙而入。

就近年发生的高中生遇害、失联等事件来看，尤其是对女同学来说，想要保证自身安全既需"自保"，也需"自重"。所谓的"自重"，包含两层意思，一是要自我珍重，不去偏僻危险的地方，不接触不三不四的人；二是要自我尊重，不为了外界的诱惑失去自我，比如，在一些女同学失联或遭遇不测的事件中，有些女生是去外地见网友，还有的女生则想去外地"挣大钱"，结果陷入传销组织无法脱身。

除了上面提到的一些生活细节，我们其实还有很多其他方面的生活细节需要注意。只有当我们养成良好的生活习惯，远离危险因素时，我们才能最大限度地避免受到伤害：

1.财产安全问题。避免随身

增强安全意识：
防患于未然是最好的避险

携带大量现金和露富。如遇特殊情况需要携带大量现金，注意举动如常，而且现金最好分开存放，规避风险。

2.饮食安全问题。在外就餐要重点考虑环境卫生。不要接受陌生人给予的食物或饮品，独自到公共场所喝东西，如果没有喝完就去上厕所或离开打电话，回来后最好不要再继续饮用。在外野餐或游玩时，也不要贪图尝鲜试吃野生食物。

3.交友安全问题。交友时切忌花钱大手大脚，不要一心追逐名牌与相互攀比，并尽量避免向他人透露自己的家庭经济状况。生活中要避免去酒吧、赌场等复杂场所，并尽量远离有不良生活习惯及背景复杂的人。

4.出行安全问题。外出时最好结伴而行，准备出发前要向朋友或家人报备，顺利到达目的地后应及时向他们报平安。外出时不仅要在手机里记下同行者的联系方式，最好再留一份纸质通讯录备份以防手机遗失。穿着应简单自然，切忌打扮花枝招展、过分裸露或外露钱财，引起不法分子注意。天黑后，无论身在何处，尽量避免一个人出行，并走人多及照明充足的街道。

5.校园暴力问题。面对校园暴力，最好的方法不是还击，而是平时就要注意自己是否可能成为校园暴力侵害的对象。交更多的朋友是避免陷入校园暴力事件的最好方法。因为当你和朋友"黏在一起"时，你会看上去没那么好欺负。

《红楼梦》里的"校园霸凌"

□ 戴荣袅

《红楼梦》第十回中，贾府的远亲金荣，在贾氏家塾里和人发生了纠纷，回家生闲气。他的姑妈嫁给了贾璜，人称"璜大奶奶"，听说了此事，认为金荣在学堂受到了霸凌，怒从心头起，气势汹汹地要上宁国府评理。

小小学堂的一场吵闹，形势却十分复杂。金荣的确是受了委屈，但也是他挑起的乱子。贾蓉的小舅子秦钟，和绰号叫"香怜"的同学互有好感，那天两人趁塾师早退，便溜出来聊天。羞怯的秦钟刚问了一句："家里的大人可管你交朋友不管？"好事者金荣便跳出来，好一番污言秽语。

和贾蓉交好的贾蔷，想为秦钟出头，但他和薛蟠关系不错，而金荣是薛蟠的相知，他不想为了小事伤和气，便调唆宝玉的心腹小厮茗烟，说金荣欺负了秦钟，还干连到宝玉。茗烟以恶制恶，回击金荣。

在"顽童闹学"一节中，秦钟、香怜无疑是受害者，茗烟则是保护者。金荣是霸凌者，他的朋友是协助者，扔砚台想打茗烟，结果砸坏了贾兰桌上的水壶。这一事件恰如芬兰学者萨尔米瓦利等人建立的霸凌参与者的角色模型，他们将霸凌者和受害者之外的人，分为四类：协助者、附和者、保护者和局外人。

机灵刁滑的贾蔷，既是秦钟的保护者，也是局外人。茗烟介入后，他便装模作样地请假离开，全身而退。贾宝玉的侄子贾兰，是典型的局外人。站在桌上拍手笑、喝声叫打的，则是附和者，他们没有主动参与霸凌，但无疑在给霸凌一方助威。

闹到最后，还是李贵等大仆人出面，终止了闹剧。茗烟却不肯善罢甘休，他骂金荣，又讽刺金荣的姑妈璜大奶奶，说她只会殷勤地讨好凤姐。

像璜大奶奶这样的豪门穷亲戚，还想着摆主子的款儿，自欺欺人，殊不知连茗烟这样的小厮，对她的底细都一清二楚。茗烟还公然宣称："我眼里就看不起他那样的主子奶奶！"

其实，璜大奶奶这般处境的主子阶层，中外文学作品里有不少。比如《飘》中的斯莱特里一家，本是贫穷的白人庄园主，家里一大群孩子常年饥肠辘辘，那些富家豪奴瞧不起他们。

小豪奴茗烟平时"无故就要欺压人"，自认为替主行道，压制金荣。而金荣发起霸凌的原因，似乎也不仅是出于恶趣味。近年来，社会网络理论大热，美国社会学家分析了青少年在社会网络中的地位，和其霸凌行为的关系，发现一些人际关系不错的青少年竟认为，通过攻击他人，可以帮助提高自己在学校的地位，也许金荣也有这种动机？

金荣霸凌同学，膘了一鼻子灰。秦钟虽然报了仇，让金荣给自己磕头赔礼，心中却依然闷闷不乐。在《红楼梦》中，坚强承受、摆脱霸凌的例子也有。俏丽灵巧的小红，屈居粗使丫鬟，难得为宝玉倒了次茶，还被啐脸辱骂。小红有野心，受挫后一度出现忧郁的症状。但后来她走出阴影，做事依然认真负责，说话简明得体，一次出色地替当家人凤姐办了差，一跃成为凤姐的得力丫鬟，打开了新局面。

走向生活，需要上好"**财商**"这一课

> 我们固然不该在读书的时候选择挣钱，但身处商业社会之中，没有一定的"财商"，势必影响我们未来的生活。所以，从高中开始，我们有必要改正不良的消费习惯和消费理念，培养理财能力。或许这将是我们实现财务自由的良好开端。

在一些发达国家和地区，人们十分重视青少年的理财教育，这种教育甚至渗透到了儿童与钱财发生关系的一切环节之中。

而对我们来说，从小学到高中，我们的所有精力基本被学业所淹没，很少接受系统的理财教育，这对我们理财观念的形成与发展必然产生制约。但实际上，身处商业社会，一个人对商业的敏感性直接决定着他未来的生活状况和谋生能力。因此，如何增强理财意识，认识理财，学习理财，就成了我们当下面临的重要问题。

在学习理财的过程中，我们必须解决的第一个问题，也是很多同学都存在的问题，那就是改变不好的消费习惯和消费理念。一些同学盲目追求所谓的潮流时尚，强调个性化，在消费过程中产生超前消费、情绪化消费、攀比、炫耀等，导致了严重的浪费。这是我们必须加以注意的问题。如今网络购物、电视购物等越发便捷，各类商家也纷纷开展活动，以各种名目促使人们掏腰包购买其商品和服务，很多同学对于此类诱惑往往难以抗拒，自我约束力较差，最后导致不合理消费。新闻报道中诸如"卖肾换手机"一类荒唐的事件之所以出现，正是没有正确的消费习惯和消费理念造成的。

另外，很多同学还有一个非常不良的理财习惯就是借钱。缺钱时向朋友、同学或老师借钱看似是一件很正常的事，但其中涉及的问题却很多，不仅仅是我们没有好的理财习惯的问题。很多原本融洽的人际关系，正是因为借钱而变得复杂的。

在矫正不良消费习惯和消费理念的基础上，我们可以通过一些正确的方法来强化我们的理财意识和理财能力：

1.培养"节流"的消费习惯。作为一名高中生，我们有必要改变"大手大脚"的消费观念，转换为"节流型""实用型"，不盲目追求奢侈品的消费方式。

2.学会记账和控制预算。记账是一种科学的理财行为，我们也可以将所有开支详细记录下来，并定期查看。而控制预算则是要做好消费规划，在日常购物中，养成对价格进行对比的习惯。

3.增强理财意识。很多同学常说"钱是身外之物""出手要潇洒大方"。确实，随着时代的变化，我们的家庭经济水平越来越高，但我们也不能做金钱上的"糊涂派"。作为从父母手上领取零花钱的我们，有必要在消费后算清每一笔账，清晰地知道哪些钱花得比较值得，哪些钱花得不应该。我们可以经常进行比较、总结，争取每周、每月能够有余留，从而存到一部分钱，有意识地为以后投资理财做准备。

不是穷，是缺乏变富的能力

□ 林子树

我有一个朋友，父母是地道的农民，家庭条件非常差，他虽然学习很好，但因为家庭原因却不得不辍学。由于大家都忙，我们很长一段时间不再联系。后来我送儿子去一所重点中学上学，却在那里遇到了他。

通过简单的寒暄，我才知道他现在是这所学校的化学老师，对于这所学校很多人做梦都想来任教，我不知道为什么他偏偏做到了。看出我的疑惑后，他说："刚辍学那会儿，我确实对整个世界都失望了，每天跟父母一起在田间劳作，整个人非常麻木，一段时间后我不想这样继续生活下去，于是选择了自考。"

后来他通过自考考上了大学，由于专业知识非常扎实，当这所重点中学招老师的时候他很自然地通过了。

我永远记得他对我说的话，他说："一个人可以做命运的奴隶，但也可以做它的主人，只要行动起来，我相信一切都会有所改变，即使短时间内达不到自己的要求，也一定会量变引起质

变，因为我有想变好的能力。"

对于他的这些话，我从心底表示认同，记得曾经有一位哲人说过，只要你行动起来，那么全世界都会为你让路。

记得以前看过一篇故事，说有个富人在田边行走，看到有一位年轻人非常贫穷，于是给了他一些钱让他买一头牛致富，穷人非常高兴，马上去买了一头牛。时间久了，穷人发现种田根本换不了多少钱，而且牛还要吃草，这种生活非常劳累。后期他索性把牛卖掉了，然后换了几只羊，在经过一段时间后，羊还剩下了一只，他还是发现这种生活很苦，于是把羊卖了换了几只鸡。他想让鸡下蛋换钱，但最后所有的鸡也被他吃光了。只剩下了几个鸡蛋。一年后，当富人来看他时，发现他依旧穷困潦倒，当穷人说完事情的经过后，富人说："你根本不是贫穷，而是缺少变富有的能力，在你的世界里一切都是理所当然，一切都困难重重，这一生你注定只能做一个穷困潦倒的人。"穷人羞愧地低下了头。

学习是穷人变成富人的唯一途径，但是很多穷人根本耐不住这种寂寞的煎熬，他们只想要光辉灿烂的结果而不想要困难重重的过程，甚至当富人想拉他们一把时，都不知道该怎么办。

有些人出身高贵，我们或许没法比，但是这个世界上大多数人的出身还是很卑微的，他们的成功是不停学习，忍受住生活带来的种种不如意，在自己的奋斗下终于拨开云雾见天晴了。比如华为董事长任正非，阿里巴巴集团总裁马云，他们的出身根本与高贵没有丝毫关系，但是他们一直坚持一种变富的信念，咬紧牙关才创造了现在的辉煌。

如果你现在拿起书本，认真学习，如果你能做行动的巨人，那么变富是早晚的事情，就怕你忍受不了这个痛苦的过程，丧失变富的能力，如果真是这样，那么应该是很可怕的一件事。

第四章
学习生活有信念：
你的内心，必须有点儿锋芒

高中阶段快节奏的学习和生活，注定充满了紧张感和各种压力。在这种情况下，良好的心态就显得异常重要了。没有人在成长的过程中不会遭遇压力，只要我们能坚持用正确的方法去处理学习和生活中的问题，我们的未来就是值得期待的。所以，我们的内心必须有点儿锋芒，让我们能始终以积极的心态面对学习和生活中遇到的所有问题。

所有成绩的提升，都仰赖一颗更积极的心

高中学习生活提示

人生的道路都是用心来描绘的。无论我们处于多么严酷的境遇之中，心头都不应为悲观的思想所萦绕。像人类的其他态度一样，悲观不但可以减轻，而且通过努力还能转变成一种新的态度——积极向上。这会让我们的成长更出色，更圆满。

实际上，我们每个人都有两个自我，一个是高尚的自我，一个是卑微的自我；一个是阳光的自我，一个是阴暗的自我；一个是坚强的自我，一个是脆弱的自我。人的内心的变化是迅速的，从积极的心理状态变为消极的心理状态往往是瞬间的事，即所谓"一念之差"。思想是行为的先导，我们把自己想象成什么样，就可能变成什么样。高中阶段，我们应该尽可能以积极心态应对我们的学习和生活，而不是相反，这会非常有利于我们的成长。其实积极心态不只是个令人感觉良好的词，它还会以不同的面貌改变我们，帮我们变得更好，感觉更快乐，甚至让我们成为一个各方面发展都很均衡的"高效能人"。

比如积极心态可以帮助我们减轻压力。高中阶段，压力无所不在，它觊觎、等待着我们。值得庆幸的是，积极心态可以帮助我们减轻形形色色的压力。心态积极的时候我们往往能从容应对考试，而我们考不好的时候可能就是内心灰暗的时候。当然，一个人不可能不遇到难解的问题，甚至这样的情况会经常发生，但当我们秉持积极心态的时候，我们就不会感到那么痛苦，并能头脑清醒地思考问题、解决问题，而不是忧心忡忡，束手无策。

再者，积极心态可以帮助我们改善人际关系。没人愿意找一个动辄生气，总是抱怨不休的人做朋友。正像负能量可以互相感染一样，正能量也会互相感染。有些人几乎每天都精力充沛，努力学习，乐观开朗，你仅仅和他们待在一起，就可以获得向上的力量。与这样的人相处，仿佛自己身上的潜能也得到了激发。如果我们怀抱积极心态，就会和他们一样，最后交到更多的朋友。这会让我们的成长更加顺遂而温暖。

至于高中阶段如何才能抱持积极心态，我们可以按照一定的方法进行培养。首先，我们不妨从一些小的改变做起，比如积极参加体育锻炼，比如改变自己不良的走路姿势，比如培养一项好的兴趣爱好，当我们感觉到向好的方向改变的时候，它就会成为一个引爆点，让我们越来越能感受到积极向上的心态给我们带来的变化。其次，我们可以多交一些积极向上的朋友，在和他们一起学习、聊天、参加活动的时候，我们会慢慢受到感染，自己也会变得乐观开朗起来。我们遇到困难或者心情不好的时候，可以多和他们进行交流，很多问题最后也就不成为问题了。当然，培养积极心态对我们来说最重要的，要看到我们所遇到的绝大多数问题不过是人生当中的小插曲罢了，没什么问题是不能解决的，只要我们积极努力，办法一定会比问题多。

青春不能用来哭泣

□ 苏 维

17岁那年，我在自己苍白重复的生活里，发现了一处世外桃源。

从学校后门往北，路过一座锈迹斑斑的铁桥，在一排杨树林后面是一片油菜花海，我是在一个逃课的下午发现它的。4月的油菜花，像被打翻的颜料盒，铺天盖地亮丽的黄色让周围的一切都变得黯淡。我拿着英语课本装模作样地在油菜花田里念了几个单词，消除内心对逃课的愧疚感。没有人知道，我逃课一下午只是换了一个地方学习。被老师找去谈话，他质问我是否去了网吧玩游戏，我低着头没有说一句话。

世上最让人惋惜的大概就是从优秀到堕落，我从老师眼神里看出了这些。17岁，我读高二，认识我的人会说，我是因为家庭的变故，成绩就这样从年级第一一落千丈。

但我唯一在意的是我内心的不快乐，我的青春好像从此停止了生长。

父母的离婚大战，从高一的冬天开始，在高二的春天爆发，我很感激这片油菜花田收留了我，我可以躺在花田中间，拿一本书盖在脸上，让眼泪落下，把身体里的悲伤带走，睁开眼就能看到充满活力的鲜艳的金黄。

我用叛逆的举止对父母提出无声的抗议，他们却在老师办公室里吵得不可开交，彼此埋怨。我变成了最渺小的存在，心里的最后一点儿希望慢慢破灭。

那是我人生最灰暗的日子，对现实愤怒却又无力改变，没有未来，明天摇摇欲坠。每个人都在为学习绞尽脑汁，我却用大把的时间睡觉、逃课，想快点儿毕业去闯荡社会。如果不是大余，我大概也就这样随波逐流了。

大余，叫余大洲，大家觉得他的名字反过来念似乎更朗朗上口，还谐音大鱼，简单又好记。大家都觉得大余傻，他也觉得自己IQ（智商）不达标。大余学习刻苦，但成绩常常倒数。虽然学习差，但班主任很喜欢他，大概是因为他对待学习锲而不舍的态度吧。

我本与大余毫无交集，即便是后来自甘堕落，在成绩上也是瘦死的骆驼比马大。有一天，我突然收到他递来的字条，上面用浅蓝水笔工整地写着：我知道你不是网瘾少女，你逃课是去了铁桥对面的田野里背书，好几次我都碰见了你，我没敢打扰你。但昨天我看到你在哭，是因为大家对你的评价吗？其实那些你完全不必在意，至少我一直都认为你是很优秀的人。

落款处，他画了一个很难看的笑脸。

我觉得有些难堪，就像是被人窥探到了隐秘，有点儿恼羞成怒。我已经习惯了叛逆、漠然的标签，突然有人说"其实我知道你不是那样子的"，这样的反转，我不适应。

我依旧我行我素，一张字条几句安慰，对我没有任何影响。

夏天来临，油菜花凋谢之后满世界的嫩绿开始疯长。我喜欢这充满生命力的季节，看书看累了就靠着一棵树睡觉，梦里全是小时候的光景。

大余是在一个午后突然拍醒我的，他抱着一个大西瓜，手里还握着两把勺子，全然不顾我的不耐烦。那一刻，我很想吼一声为什么要闯入我的地盘打扰我，但又觉得难以开口。

那是我们第一次聊天，谁也没有提那张字条。他告诉我，他从高一就发现了这里，也常常在压力大时来坐一会儿。大部分时候都是他说我听，一些小事被他描述出来就变得有趣，连他自己糟糕的成绩，都被说得很乐观。他自始至终没有问我为什么哭，为什么总逃课来这里。

大余就这样成了我高中时代唯一一个分享秘密的人。我依旧改不掉逃课的毛病，做题烦躁了，听课困倦了，我都会冲出教室，有时候大余会跟着我一起出来。我们坐在河堤上背诵，我问大余他这么努力是为什么，他沉默了半天说考大学。简简单单三个字，像是总结了我们所有人的17岁。

我问他想考哪里，他把目光从书本里抽离出来，坚定地看着远方，说了两个字——北京。那时的大余，按照通俗的说法是没有资格谈梦想的，他除了踏实努力，几乎没什么优点，而成绩却始终是倒数。都说认清现实并接受也是成长的一部分，可惜，17岁的我们，最不擅长的就是认命妥协。我从来没有怀疑过大余的未来，因为我看到过他眼睛里闪烁的坚定。就像在大余眼里，我始终是个本质不坏的女孩，我的颓废是因为我缺乏目标缺乏动力，只要我愿意，很容易就能成为班级第一名。

每当他这样说，我都想痛哭一场。我曾经痛恨父母无休止的争吵，自暴自弃，为自己戴上面具来抵御汹涌的流言蜚语。所有人都指责我堕落，只有大余看到了我的不快乐，也只有他坚信我依旧可以叱咤风云。

夏天结束时，父母终于离婚，我像那些大大小小的附属品一样被归到了母亲的列表里。我无数次想过这个场景，以为自己一定难以接受，会哭天喊地，但这一天来临时，我反而异常平静。大余陪我坐在瑟瑟秋风里，我笑着给他讲爸爸会有新家，妈妈也会有，从此我是一个没有家的人了。大余沉默良久，突然开始学着岳云鹏的腔调唱起了《五环之歌》，我那些还未来得及坠落的泪滴就这样随着他滑稽的歌声消散。

那一天像是我青春的一道分水岭。我像一个迷途知返的孩子，终于在未来号列车启动之前跳上了最后一节名为高三的车厢。最高兴的是大余，他打赌我会很快夺回第一名的宝座。为了不让他的赌注落空，我把两年来不曾释放过的努力刻苦全部奉献给了高三。

后来大余总是感慨，学习这件事原来也是要拼天赋的，他拼了三年却不及我一年的奋发。但我更相信，学习有好坏，但人生没有，因为他够努力，命运在此处亏欠他的，一定会让他在别处得到。

高考之后我们谁也没能去成北京，我听从了母亲的意见去墨尔本留学，大余在武汉上学。他在武汉的四年风风火火，用那股傻劲奋力考上了人大的研究生。到北京的那天，他举着他的通知书给我发了一张照片，附言：翻山越岭折腾来折腾去，其实也没什么不好，我们总要有一个满意的去处，如果在异国他乡快乐就尽情享受青春，如果不快乐就回到北京，我在。

看着他傻乐的样子一如高中时代，我在墨尔本的深夜忍不住哭出了声。大片的油菜花田在记忆里晕染，抱着西瓜的大余看起来笨拙又滑稽。他说苏维你要畅快大哭，哭完也要畅快大笑，总之你记得，不快乐是不对的。因为青春没有离线缓存，也不能重新下载，它只能在线直播，你若一直用来哭，多可惜。

这一年我们17岁。天地辽阔，鲜艳的油菜花田，和大余不厌其烦的安慰一起，成了我青春最怀念的场景，没有之一。

不要在该努力的时候，选择懒在舒适区

以倡导"白话文"，领导"新文化运动"闻名于世的胡适，曾有一段时间非常沉迷于打牌。他在留学日记里写道：7月14日，打牌；7月15日，打牌；7月16日，胡适之啊胡适之！你怎么能如此堕落！先前订下的学习计划你都忘了吗？子曰："吾日三省吾身。"不能再这样下去了！7月17日，打牌；7月18日，打牌……

之后在各种日常学习工作中依然夹杂着"打牌"二字，看来打牌当仁不让地成为这位刚刚年满20岁的青年人的舒适区。看到这里，待在舒适区里的同学们难免会心一笑，觉得自己也没那么可耻了。但对胡适而言，以上的痴迷并不是完结，神转折发生在这里：9月6日，与金涛君相戒不复打牌。在胡适之后的留学日记里，真的没有了"打牌"二字。人们往往只看到了待在舒适区里的胡适，却没能看到他从舒适区跳出来的毅力。

可以说拥有惰性是人的本能，人人都有惰性，主要表现为学习和生活上的懒散与消沉。长此以往，我们就会形成心理舒适区。庄子说"哀莫大于心死"，对于我们而言，在机会均等的情况下，能否有所为，主要看我们能否克服惰性，走出心理舒适区。

《一千零一夜》里有著名的辛巴达海上冒险的故事。主人公辛巴达多次出海游历，每当遭遇危险侥幸逃脱后，都决定不再冒险，然而回到家乡清闲一阵以后，又忍不住向往那种无拘无束、开阔眼界的冒险之旅，于是一次又一次地踏上未知的旅程。明明已经拥有舒适、平静的生活，为什么辛巴达仍旧愿意投身可能带来致命危险的旅程？这是因为，所有的获得，都需要付出。那些走出舒适区，义无反顾地踏进不安区的人，内心往往有着某些执着的渴望。而要实现这些渴望，就必须克服惰性，直面各种挑战和困难。

没有多少人不懒惰，而意志是克服惰性的一种有效力量。惰性的强弱跟意志力成反比，所以要克服惰性，必须先拥有较强的意志力。当然，意志力不是与生俱来的，它来源于我们对梦想和未来的执着。在这种感情基础上衍生出来的不惧困难、勇往直前的精神，可以帮助我们击退所有的拦路虎。

当然，想要克服惰性，走出心理舒适区，我们还有一些具体方法可以操作：1.自我刺激法——①回头看，当初的梦想是否打了一次又一次折扣；②向前看，距离理想我还差"几米阳光"；③向左向右看（横向对比）：与同学相比，我是否该痛定思痛！2.为生命赋予方向性，给原本处于发散状态的精神力以确定性和动机。3.停止自责，不要对你的未来表示怀疑，要不断进行自我激励，保持积极的心态。4.从外界寻求帮助，养成自律的习惯，找到愿意监督你执行计划的人，要相信始终有人在关注着你。5.学会休息和运动，保证身心健康，避免惰性趁虚而入。

> **高中学习生活提示**
> 高中阶段的生活注定需要"不安宁"的灵魂，懒惰和消极只会让我们的学习和成长大打折扣。任何时候都不要在"舒适区"里停留，不要因为取得一次好的成绩而沾沾自喜，不要因为一种兴趣爱好而乐不思蜀。懒惰没有牙齿，却可以吞噬我们的未来。

找寻十八岁留下的痕迹

□ 宁霜

今年夏季，我去了你曾待过三年的高中，那张你常坐的石凳已经蒙上一层厚厚的灰。自你走了之后，它好像也备受冷落。那个你坐过的位置仿佛还留下些许印迹，上面写着"坚持就是胜利"，不过那个印迹也被时光冲刷得浅了许多。

十八岁的你就在这个学校，像每个平凡至极的学生，成绩中等，模样一般，不会闯祸也不会有令人刮目相看的举动——每个学校最多的就是这样的"隐形人"。从来没有人知道在初中时你曾是老师眼中的好学生，同学眼中的"学霸"。

你在进入高中后的第一场考试中落败，并且还落个作弊的嫌疑。

那是高中的分班考试，重要性不言而喻。你在家复习好几天，想考个好成绩进入尖子班。最开始一切都很顺利，你自信满满，觉得自己会考一个好成绩，不料却在最后一科考试中遭到飞来横祸。一张来历不明的小纸条被扔到你桌上，你还没反应过来，监考老师就走了过来。你被带出考场。你一路解释说那纸条不是扔给你的，你说你在这个陌生的学校没有一个认识的人。

在休息室里，一个男生随后被带到，他就是那个把小纸条扔你桌上的人。那个人你根本不认识，却听到他说："我就是把纸条扔给她的。"他望着你，你震惊得说不出话，你不明白他为什么会说谎。你一个劲地向老师解释，却像是"垂死挣扎"。最后老师决定，你们两个人这科都被记零分。

走出去的时候，男生轻声向你说了句"对不起"。你狠狠地瞪了他一眼，已经不知道该说什么。你一个人漫无目的地走着。那天，是你和那棵大树的第一次邂逅。在如此不美好的情景下，你选择它不过是因为它树叶足够多，树干足够大，可以躲在那儿肆意地宣泄心中的委屈。

之后，你被分到一个"平行班"，老师似乎对你们这个班的人都没付出太多心血。有谁会关心一群难以考上大学、拉低学校升学率的人呢？而那个在分班考试中诬陷你的男生和你分到一个班，这让你觉得痛苦万分。他一出现在你眼前就会让你想起那时候的委屈，你恨不得他马上消失。他看见你似乎也很吃惊，依旧是说了一句"对不起"。你狠狠地看着他，说了一句特别老套却又是最能表达你愤怒的话："道歉有用，要警察干吗？"他还想说什么，却在你憎恶的眼神中放弃了。从此以后，你们谁也没理谁。

你似乎对这个班更加难以适应，班里都不是努力学习的同学，上课也是闹哄哄的。曾经，敏锐的听觉让你自豪，而现在却让你苦不堪言。你轻而易举就能听见周围同学讨论昨晚看的小说。听见他们对某个明星的喜爱。你恨不得把耳朵捂上，这样世界就会清净许多，可是如果这样做，也听不见老师说什么啊。

这一切和初中差距太大，那时老师会时时夸奖你，同学之间也相处愉快，大家一起努力的感觉真的特别好。而现在老师似乎只担负起教书的责任，同学之间的友谊似乎也不像以前那般单纯，这更是让你与大家格格不入。你不明白为什么作为学生，讨论的主题不是学习，而是其他。

晚自习下课后，寝室几乎无人看书，大家都在聊天，你拿着手上的课本难以看进一个字。终于在熄灯后，你忍不住说了一句："你们能不能安静点儿？我想看会儿书。"周围安静了几秒，继而传出一阵哄笑。有人说："还有人要看书呢，看来我们这个差班也要蹦出学霸了。"

都是极尽讽刺的口吻，仿佛一把尖刀狠狠刺在你并不坚硬的心上。你捏紧手中的书，什么话也没说。你的骄傲让你不屑与她们辩解，你忍住鼻头的酸意，却反复告诉自己不能哭，不能在这一群看不起自己的人面前哭。

如果是我，我一定用更加讽刺的语气告诉她们："是啊，学霸都在努力，你们这群差生还在叽叽喳喳。"可惜这时的我不是那时的你，甚至连个简单拥抱安慰你的动作也无法做出。

从那以后，寝室开始"泾渭分明"，你一个人，她们五个人。你不能在寝室看书，因为那些人的说话声音会很大，语气也总是充满嘲讽，甚至连笑声都那么刺耳。教室关门后，你坐在操场的路灯下，抬头就可以看见那棵容纳过你泪水的树。这里虽然没有屋顶遮风，但比寝室舒适太多。那时你的想法只有一个：考进"尖子班"，逃离这个充满你悲伤和泪水的班级。

高一第一学期的期末考试后，会按成绩再次进行分班，那是唯一的机会，你特别珍惜，即使平时再多不习惯再多委屈也都一一忍过。如果有了目标，那周围的一切阻碍都会化作对达成目标的动力。

你最喜欢去那棵树下，仿佛你们已然是老友，它不会说话，你可以放心地吐露你的心事——今天和谁相处不愉快，昨天谁又对你微笑，哪次考试又有进步……每次说完你都感觉心里那个大包袱又轻了许多。

你的努力没有白费。高一下学期开学时，老师一个一个念着名字和他们接下来两年半将去的班级。终于，你在那平淡无奇的声音中听到了自己的名字，那仿如天籁，你的名字和年级文科尖子班同时出现。终于忍不住了，你的脸上绽开大大的笑容。当你离开原来的班级时，你看到室友诧异的表情，看到了同学或嫉妒或祝福的神情，听到老师对你说"好好学习"。

那时你曾无数次想象过长大后的自己会是哪般模样，而我现在终于可以一一告诉你。

长大后的你啊，不再怨恨那时的老师同学，那些人仿佛都成了生命中的过客。哦，我想你一定记得那时诬陷你的男生，后来你们见过面，他说了那次诬陷你的原因，他向你道歉，你笑着说没事。是真的没事，那时男生准备外出打工，而你收拾包袱去上大学。

你看，每一个人都有自己的归宿。生命沿途景色缤纷，或好或坏都是经历。你不再埋怨，并且终于明白，是因为他们你才学会成长。

而现在的我慢慢找寻十八岁的你留下的痕迹，终于可以给你个拥抱，告诉你，别害怕，未来会很好。

沉淀后再反复有助

学习时可能都有这种情况：一种理论已经学了，却怎么也弄不透彻。这种情况下，就不要执着于它，暂时搁置，一段时间后再回头看，可能就领悟了。因为在这段时间里，其他领域知识经验的积累会令你对问题有更深入的理解。

克服自卑心理，要先学会与自己握手言和

高中学习生活提示

高中阶段是一个大家容易相互比较而深陷自卑之中难以自拔的阶段。其实这世上并没有完美的人，每个人都会以不同的状态自卑着。那些看上去不太受自卑影响的人，往往不是因为他们内心有多么强大，而是因为他们有抵抗自卑的资本。

其实每个人都有自卑的一面，这是我们在成长过程中，必然会遇到的问题。很多同学面对自己弱点的第一反应是掩盖，不让他人察觉，觉得唯有展现出完美、优秀的一面才能更好地应对其他同学的攻击、赢取朋友的信任。其实，越是遮遮掩掩的东西，大家就越会挖空心思去揣测。如此掩盖自身的弱点只会让别人越来越好奇，一旦弱点暴露，心理成本会变得特别高。所以，克服自卑，首先要学会如何与自己的弱点相处。

用自嘲的方法说出自己的弱点，往往会让别人再也无法用嘲弄我们弱点的方式来攻击我们。在奇幻小说《冰与火之歌》中，身为侏儒的"小恶魔"有一句名言："把你的弱点当作你的铠甲。"一旦我们接纳了自己的弱点，就没人可以再以此来伤害我们了。有一个连续创业者，始终没有成功。有人说他的能力言过其实，配不上他在圈内的名声。或许换作别人，就意志消沉了，不过这位创业者擅长自嘲。在一次论坛上，他说："我想主办方之所以邀请我，一定是因为像我这样能够巧妙避开一切成功的机会，也是一件挺难得的事。"他直接通过自嘲把弱点变成了铠甲，那些想借此嘲笑他的人从此失去了着力点。

其实认真分析一下我们感到自卑的因素，有很多是我们所

无法掌控的。比如，我们可能出身于贫困家境，于是自认无论穿着还是生活，都比不过有钱的同学，进而产生自卑心理。其实谁也无法选择自己的出身，无法选择自己究竟贫穷还是富有、身高还是身矮、生在农村还是城市……对于这样我们无法掌控的因素，我们更应该学会与自己和解。这是上帝为我们设定的成长背景，既然无法改变，不如欣然接受，并以此为起点，慢慢用其他方面的优势去弥补，去缝合。

我们应该真正在意的，是那些我们确实能够通过努力加以改变的"短板"，它们可能正是我们自卑的症结所在。比如性格因素。一般来说，性格内向的同学更容易夸大自己的不足和缺陷，进而产生挫败感，加上性格内向的同学不擅与同学、老师沟通交流，久而久之，就会被老师、同学忽略，从而产生"大家都看不起我"的想法，使自卑心理加重。对此，我们就应该注意培养更外向的性格，多与大家交流沟通、多参加集体活动，直到内向性格不再成为构成我们自卑心理的因素。

再比如，我们在学习的过程中成绩难免起起伏伏，完全没必要在学习遇到挫折时，就意志消沉、焦躁不安，觉得在老师和同学面前抬不起头来。成绩不好，应该做的是积极分析造成这种结果的原因。如果你努力了，成绩还是没提升，并不意味着你没什么天赋，最大的可能是你的学习方法有问题，又何必沉浸在自卑情绪中难以自拔呢？

没有不自卑的青春

□ 姬晓安

自卑的理由可能各种各样，但自卑的感受都是一样的。我自卑的心结是——身高，这个心结陪伴了我整个青春期，如影随形。

第一次感到自卑，是12岁。因为父母工作调动，我从一个小镇，转到城市上学。

怯怯地跟着老师走进教室以后，这个教室的气派和明亮把我镇住了。那么多陌生的孩子，都那么光鲜耀眼。因为个子小，老师给我在第一排找了个位置。第一天，我就收获了一个绰号，小不点。

第一节课刚下，一个大个子男生就把我的眼镜夺走，戴着玩。我不敢反抗，听之任之，好在上课铃一响，他就还给我了。

课间操时，我傻傻地站在第一排，一动不动，他们做的体操我不会。排队上楼的时候，体育委员问我，你怎么连做操都不会？要赶紧学，会影响我们班的分数的。

这里的一切，跟我原来的世界太不同了。在这个世界里，我就是小天鹅中的丑小鸭。

因为个子矮，从小学到初中，我一直坐在教室的第一排。同学们都把我当小孩儿，在别人光彩亮丽的青春面前，我只能满心酸楚地当一个旁观者。

我不怎么开朗，每天背着一个大书包，戴着眼镜，装作很忙的样子。那时候，做梦也想让自己突然长高10厘米，去奔跑着迎接青春灿烂的朝霞。

在16岁那年，身体好像终于接收到了生长的信号，突飞猛进地长了起来，我轻而易举地就收获了曾经梦寐以求的10厘米。增长10厘米之后，我还在些微长高，但此时对于长高的企盼已经不那么强烈了。因为我发现，生活并没有如我之前想的，在长高10厘米之后变得一片艳阳。该来的快乐还是会来，该在的烦恼依然还在。

我这时才明白，我早就应该伸出手，去迎接青春的朝霞和清凉的风，享受青春的喜悦。

青春只有一次，千万不要因为莫名其妙的理由自卑，模糊了年轻的快乐。现在令你觉得非常自卑的事情，回头再看，根本微不足道。

享誉文坛的张爱玲在她的少女时代就非常自卑，在她的一篇散文《弟弟》中可以清晰地看到她对漂亮的弟弟又爱又妒的心情。张爱玲也确实称不上是漂亮的人，但多年后，她的举手投足和那一身旗袍都被人拿来模仿。

获得罗马电影节"影后"桂冠的蒋雯丽，也有一个自卑的少女时代。她说自己是一个不团结同学的孤独且忧郁的少女。"被父母送去体校学体操，可教练一看我就预测我会长高个子，所以不培养我，这让我感觉更加自卑。"她在22岁的"高龄"考上北京电影学院，通过不懈的努力，终成一代"影后"。

青春期最大的一个特点，就是充满变数。很多东西，无论身高、样貌，还是心理都是在不断变化的，很多缺陷，经过时间小手的抚摸，就像青春痘一样，终会消失。所以为它们背上自卑的包袱，沉重地踽踽独行，实在是太不值得。

爱情固然美好，但别忘了你出发的目的

高中阶段，很多同学开始对爱情充满幻想，殊不知自己对爱情的所有想象都可能只是当下一些影视文艺作品灌输给我们的。当我们谈论爱情时，我们可能只是在沿着别人给我们设下的"圈套"一路向前。也就是说，我们对爱情的想象，可能是被误导的或有问题的。

实际上，对同学们影响极深的影视文艺作品，不过是描写了生活极为有限的方面而已，并不能被当成人生教科书。影视作品中的人似乎都不食人间烟火，不必工作，不必为生活奔忙，每天就是吃喝玩乐、谈情说爱。编导们极力编造的风花雪月、缠绵悱恻，很多时候不过是为了赚取关注率罢了。其实，现实生活并不是这样的，爱情永远不是生活的唯一目的，甚至算不上最重要的目的。对我们高中生而言更是如此。

如果我们把高中几年的生活看成一次旅行，沿途你会看到各种各样的风景，也许你会怦然心动，想要下车去看一看车窗外的风景，但最终还是忍住了，于是准时到达目的地，就能进入一所不错的大学。如果你对中途的风景流连忘返，忘记了自己出发的目的，甚至被人带去远方，那你就到不了目的地，就可能无法实现美好的梦想。

早恋就像车窗外的风景，它可能是我们高中阶段会遇到的最具诱惑力的"风景"之一，但永远不要忘记，这不是我们出发的目的。人生能有多少宝贵的时间，我们不该为自己不合时宜的所谓"真情"付出代价。另外，高中的我们尚处在不确定的人生旅途中，性格特征、道德面貌、社会生存能力，甚至未来职业工作地点，全部难以预测，又何必非在人生当中最重要的成长阶段埋下隐患呢？

许多同学都知道早恋"有毒"，也不想过早涉足这一领域，但不知不觉又身陷其中，不能自拔。

首先，我们要明白，当我们身心发育到一定程度，难免会对异性产生好感，不必太过畏惧或紧张。但当好感发生时，要克制自己的感情，不要放任自己。好感唯其朦胧才是美好，我们可以把自己的精力、注意力转移到学习和班级活动中去。

异性同学之间也是存在纯洁而真挚的友谊的，在与异性同学的交往中要注意把握好尺度——"自尊自爱"是处理好异性交往的前提，而"理智"与"自制"则是处理异性交往的关键。女同学尤其要避免流露出对异性同学的过分热情，要学会理智谢绝异性同学的爱慕与追求，并敢于反击异性同学的挑逗与侵害。

对于很多人来说，美好的爱情存在着，纯洁着，尽管也会夹杂着电视剧的套路、自我的需求和物质的满足，但这并不代表这种年少的懵懂就不是爱情。

每个人在年轻的时候往往需要爱情的力量，陪伴自己奋斗，激励自己成长。但永远不要相信自己就是那个不会被爱情迷乱了方向的人。

> **高中学习生活提示**
>
> 每一份情感都是值得尊重的，但对于高中生来说，过早恋爱，带来的却未必是快乐，更多的可能是不欢而散，前途未卜。如果我们觉得幸福仅仅在于爱情，那么我们的学习和生活可能会变成一片真正阴暗的荒原，变成一座可怕的地狱。

17岁的喜欢，只是"喜欢"而已

□ 曾 颖

那年，我17岁，读高二，我的同桌是一位长得很像山口百惠的女孩子。

我对她的关注和喜欢，最初是来自于这种相似。但随着同桌时间的增长，我渐渐发觉这种"相似"之外不一样的东西。比如她永远规整的正楷书写；还有她说话时不轻不重却总像在听者心上轻轻挠动的声音。

我承认，这是一种喜欢。17岁的喜欢，仅仅就是"喜欢"而已。但是，这种单纯的喜欢也是很折磨人的。它支配着人，干出许多奇奇怪怪甚至匪夷所思的事情。比如，我要讲的这段邂逅的故事。

我和她的家分别在学校的西面和北面，按常理，无论在上学还是放学的路上我们都不可能邂逅，更不要说同行。但我每天早晨提前半小时出门，跑步到她家附近，有时是在她常吃早餐的米线店，要一碗米线磨磨蹭蹭地吃；有时，则是蹲在茶馆门口看喝早茶的老人下棋；有时跑到家属院的洗衣台下去写没来得及写的作业；有时，则是坐在她必经的小巷子里踢石头玩。总之，我会在漫长而无趣的等待之后，迎来她清脆的脚步声和一个礼节性的微笑，傻呵呵地对她说声："真巧。"

这样的真巧还有很多。我们会"真巧"地偶遇在学校的文学社团；我们会"真巧"地看同一场电影……

就在我努力地制造着各种巧遇，并被这种巧遇暗示着，自以为与她很有缘地在得意和失落中百感交集，在天堂和地狱之间打转的时候，晴天传来一声霹雳，因为她爸爸工作调动，她要转学了，去数百公里外的重庆。

这不是偶尔一个早晨的错过，也不是一两个星期天或寒暑假的隔绝，而是一去千里从此不再回来的永绝。一想起这两个字，世界上所有凄苦悲凉的悲剧场景通通涌上心来，那天晚上，我在梦中送了她一程又一程，眼泪湿了半个枕头。

后来，她去了重庆。在疯魔了差不多20天之后，我决定去重庆看她。当我再次碰到她时，已是第三天的下午，那时，我已三天没洗脸了。当我蓬头垢面地冲到她面前时，她惊诧的表情，肯定以为我已改行当了乞丐。

我说："真巧啊！"像以往上学和放学路上的邂逅。她也说："真巧啊！"像是受了突如其来的惊吓。

我还想说点什么，但忍不住鼻子一酸，眼前的世界变得模糊。来之前所有的想象都变成了浮云，赶在眼泪落下之前，我把礼物塞到她手上，逃命似的跑了。嘴里说："我是跟我爸来出差的，想不到在这里碰到你，我走了，车在等我呢……"

这句没有人相信的谎言，是我对她说的最后一句话。

去重庆读大学的愿望，因成绩的关系最终没有实现。不知道是因为那天我的样子实在太糗，还是因为后来新电视剧为我带来了别的偶像。总之，从那天起，我就再也没见过她。

那之后，我明白了一个道理：世界上有很多邂逅，其实就是一场处心积虑的等待。而这等待，对被等待者来说，并没有多少意义。

学会管理压力，让压力成为前进的动力

高中学习生活提示

没有人在成长的过程中不会遭遇压力。当我们陷入学习或生活困境而焦虑万分时，我们没必要认为现实无法改变。压力对我们而言，是挑战，更是激励。当我们能理性面对各种问题，处理得当时，问题便不再是问题，而会是进步的阶梯。

对高中生的问卷调查显示，75%的同学存在心理压力，而压力来源主要是学习考试、师生关系、同学关系、家庭矛盾四个方面。其实，高中阶段有一定的心理压力是正常的，但长久地承受下去，就容易产生心理问题了。所以，我们要采取积极的态度，并使用有效的方法来缓解压力。那么，如何做到这一点呢？

1.查找压力起因。如果是前期复习太紧张导致状态不佳，那就放慢复习进度，做适当的调整；如果与同学闹矛盾了，那也不要灰心丧气，真正的友谊是经得住时间考验的……总之，一个人面对多件事，极易产生心理压力，而有计划、有步骤地安排学习和生活，才能使自己轻松地对待每一个环节。

2.学会自我排解。每个人都会遇到麻烦，经历这样或那样的挫折，而此时的你必须要面对外界的压力，学会自我排解。首先，你要认识到自己是一个凡人，不可能每件事都做到尽善尽美，如果达不到预期目标，那也没有关系，下次努力就是了。其次，你可以采取不影响社会和他人的方式，将内心的消极情绪发泄出来，比如大哭一场或在空旷的野外大喊。如果心结还未打开，那就先放一放，抑制自己不去想它，时间久了，那种郁闷的情绪也会消失。

3.不要过分苛求。很多同学之所以忧心忡忡，主要是因为家长期望过高，将焦虑直接辐射到了自己身上。其实，父母的"耳提面命"往往不利于我们调节应试心理。我们也不要钻牛角尖，而要正确评价自己。如果要求自己十全十美，甚至以己之短比人之长，必然会压力重重。我们要建立悦纳自己的人生态度，确立适度的目标，学会自我鼓励，从而增加战胜困难的勇气与决心。

4.找人倾诉烦恼。如果有了困惑、痛苦等压力，可以找亲朋好友或同学倾诉一下，听听他们的见解。有时候，自己想了一整天也没能从中走出来，而别人的一两句话就为你指点了迷津。交流是释放压力的有效途径之一，而交流的过程也是自我反思的过程，从中你既能获取心理支持，又能总结经验教训，使自己的内心变得更强大。

5.转移消极情绪。当在某件事上失败而短期内又无法改变时，你可以通过其他活动来弥补不能实现的愿望，或转移注意力，让压力在别的方面得以释放。比如敞开胃口大吃一顿。在这个过程中，你的压力得到转移或释放，回过头来再复习功课也就不会有什么心理负担了。

其实，所有的压力都是暂时的，就像肩膀上的担子，承载不动的时候就放一放，有什么大不了呢？

第四章

学习生活有信念：你的内心，必须有点儿锋芒
学会自控：让未来的你感谢现在的自己

滚蛋吧，主角病

□ 林了友

施特略夫注定不是主角。

在小说《月亮和六便士》中，思特里克兰德是绝对的主角——超凡脱俗的绘画大师。而施特略夫不过是一个有着泛滥的好心肠，却天分平庸、其貌不扬，最终还丢了自己老婆的配角。"一个可怜的衬托者。"我初中第一次翻阅这本书的时候，略过了有关施特略夫的大段内容，把思特里克兰德奉为人生目标。

小学上语文课，读到贝多芬创作《月光曲》的故事时，我就认定自己未来也会偶遇灵感，留下不朽名作。我读《月亮和六便士》时，更是笃定地认为"月亮"就挂在自己头上。形形色色的主角，不变的是光环和独特。我坚信自己也是其中一个。

上天多少关照了这份自信。从小学开始，我走得还算顺风顺水。到了中学，凭借写作斩获许多奖项后，我渐渐觉得，自己不仅受人关注，而且与众不同。在梦中，我像思特里克兰德一样，在塔希提岛肆意作画。几十年后，拿到我的画的人都发了大财，人们热议着我难遇的天赋。

但有时，我也会想起愚蠢的施特略夫。当他标志性的乐呵呵的表情出现在身边人的脸上时，总能激起我无端的鄙视。那是我对甘为配角这种行为的蔑视。

在虚荣、自信不断增长的同时，我发现自己染上了"主角病"，热衷于与他人比较。

暑假参加文学夏令营，我从小城市去了北京。和营员们相遇之后，我怯怯地掏出自己匆忙装订的作文集，却不小心被别人出版的精装书的封面晃了眼。偷偷上网查他们的作品，一个个又好读又精妙。老师们的夸赞，也很少落在我的头上。

这种感觉，就像你在自家挖到一颗珠子，骄傲得不行，带到城里鉴宝，人家冷冰冰地跟你说："我见得多了，你的这颗挺普通的，算不上上乘，更称不上是夜明珠。"

彼时我没意识到，其实什么也没变，变的只是我的想法。我自认从"主角"的身份跌落，沦为一介小"配角"。

我再次翻开《月亮和六便士》，我下意识地去找施特略夫的下场——挺惨，但我惊讶地发现，他的很多地方和我想的不一样。比如在离开巴黎去阿姆斯特丹之时，他说："艺术是世界上最伟大的东西。"他根本不像我这样"丧"，而是保持着自己的天真快乐，在艺术之路上坚定地走着。

世界上最可怕的，是没有思特里克兰德的才能，还是没有施特略夫的心态？

直到我再次来到北京，上了大学，我才发现自感平庸是一种常态。优秀的人太多了，如果对"主角"太执着，那每天都能给自己找出理由自怨自艾。但很多时候，人生不像我们想的那样，所有人在一个平台上竞技，非得拼出个高下。不同的人生，更像一个个独立的直播间，容我们在自己的小天地里发挥。就像施特略夫，别人"吐槽"他的画，他却很自得地觉得他的画能给居住在寒冷地区的人带来温暖与幸福。

后来，我又读了许多遍《月亮和六便士》，施特略夫开朗的红脸在我的脑海里总挥之不去。我终于醒悟，既然看不清命运的走向，更说不清自己到底是不是身怀绝技，那么与其争着做"主角"，还不如做好手头的事，坚持自己的为人准则。多么机智而澄澈的人啊！那些讽刺他是配角的人，被"主角病"束缚了一辈子，而他自己可能从未有过这样的烦恼。

厌学？你可能只是不知道如何才"会学"

高中学习生活提示

即便是厉害的学习高手，也往往有厌学的经历。厌学并不可怕，可怕的是在学习这件事上失败过的自己，再也没有站起来。其实只要我们能主动探索学习的规律，总结学习的经验，"会学"而不仅仅是"知道学"，就能战胜厌学这个讨厌鬼。

产生厌学情绪的原因有很多，比如：成绩很差自尊心受到伤害，遭到别人的歧视，以及报复心理等。那么，一旦患上"厌学症"，如何使自己走出来呢？

1.改善环境，愉悦心情。发现自己有厌学倾向，就要改变对学习的认识，以及所处的环境；也可以请老师和家长配合，消除因成绩不好而带来的被歧视的感觉。当无心学习时，不要强迫自己硬学，可以多参加户外运动，分散自己的注意力。过一段时间，你也许就能调整过来，从而融入新环境，投入新学习。

2.培养兴趣，树立信心。兴趣是最好的老师，而厌学的同学往往对学习失去了兴趣，觉得上学很枯燥。如此，学习就成了负担。而一旦成绩下滑，自信心就会受挫。这样陷入恶性循环，结果自然非常可怕。所以，要想重新投入学习，一定要树立自信心，哪怕成绩不理想，也不能自暴自弃。要知道，学习是一个循序渐进的过程，需要平时积累。培养兴趣点，使自己慢慢投入进去，才能拥有一个满意的结果。

3.严格要求，增强自控能力。当厌学情绪出现时，一定要沉着冷静，不要走极端，也不要破罐子破摔。处于青春期的我们，情绪易于波动，经常会出现不冷静的情况。老师批评了，心情自然不好，可过一段时间，或许会觉得老师说得有道理。有时候，要强制自己端正学习态度，激起内心深处对知识的欲望。

4.加强对基础知识的学习。很多同学厌学，是因为自己怎么努力成绩也不见提高。"一份耕耘，一份收获"，这符合"付出即得到"的道理。可凡事都有例外，学习更是反复无常。与其和分数纠结，不如改变学习方法，巩固基础知识。争取每次课前做好预习，以提高听课效率，课后及时完成作业，做好相关复习。

5.据调查，经常出入网吧或痴迷于"网游"的同学当中，有近七成的人存在厌学情绪。他们以另一方式宣泄，当然忽略了学习，甚至远离学习。所以，要摆脱厌学情绪，就必须远离"网游"。

6.建立融洽的师生关系。当下，因为师生关系紧张而产生厌学情绪的同学不在少数。有些同学抵触老师的批评，认为"父母都不管自己，他凭什么说三道四"。其实，这样的同学应该多和老师接触，与老师建立融洽的师生关系，使自己健康成长。

总之，厌学是一种不好的心理倾向，一旦发现应及时调整，以防事态严重化。

东"珊"再起记

□ 郑珊珊

俗话说：人生是一列没有回程的火车。但去年九月我却选择了复读高三。那一刻，"东山再起"这个雄赳赳的词语忽地闪现在脑海里。

去年高考我上了本科线，但没有被录取到理想的学校。我不甘心，暗自给自己打气：我可以的，再试一次，再拼一年！

置身于应届高三学生中，我显得有些另类。我知道自己与他们不同。那时，成绩一直在中等水平，我急得跳脚，却也没失去信心。我立马调整了学习时间，改变方法，决心一人安静地学习，有意无意地淡出大家的视野。晚自习下课后我常去操场跑步，寥寥数星和微弱蝉鸣陪伴了我整个夏季。

我相信自己的坚持一定会有收效，也明白自己没有资本再浪费一分一秒的学习时间。每个假期我都留校学习，在教室里待上整整一天——吃饭也在教室里解决，这种专注有时会引起同桌的惊呼："师姐，我觉得你这一次会考得很好的！"对师妹单纯的眼神和咋咋呼呼的语气，我只是报以一笑。或许这就是成熟，就是所谓的"沧桑"。

是啊，我也一直认为这一次我会考得更好，但随着高考的临近，自信之堤似乎在一层层崩溃，430、400、450……几次大考总分的起伏不定让我感

到害怕，起初的那一点儿本就不牢靠的淡定逐渐被击溃。我很清醒：还是物理在拉分。应届高三时，我对物理只是一知半解，一直企图通过别的优势科目来弥补，但高考中还是徒劳了。为了不重蹈覆辙，我从复读的第一天起，便开始强行消化物理公式，"高四"这一年我对物理产生了兴趣，那些蓄势待发的解题方法一直在我的脑海里盘旋，似乎要破茧成蝶。在周末，我甚至会花一天的时间来学物理。同班一个师弟物理学得好，于是，我常常"厚颜无耻"地缠着他请教，直搅得他说："你真是两耳不闻窗外事，一心只读物理书啊！"可尽管这样，学习效果还是不明显。一次测验，班里物理成绩最高分是75分，而我只有21分，面对老师的"理解之同情"，我红着眼眶无言以对。

下了课，我冲进厕所里失声痛哭，那种努力后得不到回报的痛感让我至今难忘。我甚至一度决定放弃物理，觉得应该是真的学不会了，可是，每当看到课堂上物理老师眉飞色舞的讲解，那种"虐"考题的气势，都让我舍不得放弃先前所做的努力。

我一直坚持着，从未松懈，直到高考的到来……高考那天，我暗自给自己加油，说不要紧张——毕竟多洒了一年的汗水。两天的考试一晃而过，我仍是遗憾，觉得没达到期许的目标。

高考成绩终于出来了，我的分数是412分，虽然相比去年要好很多，但与理想中的分数还是有段距离。得知成绩的那一刻，我还是十分失落。谁知"祸"不单行，参加正录还是没被录上。所幸我及时调整了心态，通过补录，幸运地被广东理工大学商务英语专业录取。

复读这一年，浓缩了年少炽热的想法，青春迷离的梦幻让位于更切实的努力。回顾当初的雄心壮志，虽然最终并未得一个完全相匹配的结果，但我对自己的选择无怨无悔。我希望继续带着这一年造就的不屈斗志，走入大学。

十年寒窗，背水一战。离高考只剩最后几十天的时候，周边的气氛似乎变得更紧张起来。高考不仅是一场知识的挑战，更是一场心理战，而且越到后面，心态因素越显重要。在这段时间内，有些同学可能会出现一些不良的心理反应，只要我们学会自我减压，做好积极的心理暗示，这一切并不会给我们造成重要的影响。

在距离高考还有几十天的时候，我们首先应对自己做一个回顾，总结自己哪些科目、哪些板块、哪些知识点是掌握得比较好的，哪些部分是需要加强的，这样才能真正做到有的放矢，提高备考效率。最后阶段的冲刺，重要的是夯实基础，不宜再在一些艰深的问题上下功夫。高考中难题仅是很少的一部分，而且考查什么知识点有一定的偶然性，我们最后能做的就是查缺补漏。

当然，除了在学习上掌握好节奏，避免心理慌乱，面对考前焦虑、紧张的心理状况，我们也可以采取一些必要的措施来调整我们的情绪。

1.做有氧运动。早晨若睡不着觉，可以起床适当地跳跳绳、跑跑步、骑骑车等，无论做什么运动，都要挺胸抬头、精神抖擞，显得非常自信，以获得一天的好心情。所谓"有氧运动"，我们运动后每分钟的心跳次数在120左右，它可以作为我们进行有氧运动的一个标准。

2.洗热水澡。有条件的同学每晚睡前可以洗个热水澡，一则可以消除疲劳，二则人的身体泡在温热的水中，是最放松的状态，有一种安全和温暖的感觉，可以净化心灵，更有助于睡眠，有利于第二天的学习。

3.适当地听音乐。如果学习感到累，什么也记不住，不妨听地走进考场。

当然，我们大都是第一次进入高考考场，心情紧张是难免的，其实适度的紧张更有利于我们的发挥。不过，为了避免考场上过度紧张，我们在考前20分钟可以尝试闭上眼睛，放空大脑，进行深呼吸。心无外物，别无所思，紧张的情绪得到舒缓，我们一定可以在考场上大放异彩。

百日冲刺，
学会劳逸结合更利超常发挥

> **高中学习生活提示**
> 高考固然重要，但它在我们的生命中也是自然而然到来的一件事情罢了。当我们以平常心对待它，反倒会更有超越自己的空间。在迎接复习和高考中，我们应该学会调适心情，保持阳光灿烂而不是愁云密布，这样更有可能赢得一个灿烂辉煌的高考。

听古典音乐，比如古琴曲、古筝曲、扬琴曲等。悠扬、舒缓、空灵的音乐，可以稳定情绪。音乐以听不懂为好，因为不需要记忆，最好是在休息时间听。但注意不要一边学习，一边听音乐，尤其是不能听摇滚和流行歌曲。

4.找人倾诉、聊天。要找能理解你的，同时又能给予你指导的乐观之人，比如同伴、老师、父母等，说出你内心的焦虑与烦躁，合理地宣泄一下自己的不良情绪，给自己的心理来一个清扫，这样会有利于你更轻松愉快

去成就最好的自己

□ 吴长海

高三下学期开学不久,我就开始为要不要参加高考而犹豫了。

我所在的学校是偏远农村中学,高考升学率比彩票中奖率还低。每次月考达到预估专科线的都寥寥无几,更不用说本科线了。每次考试过后,任课老师都只拿前十名的成绩计算平均分,甚至有几次考试,老师只批那前十名同学的试卷。班上七十二个同学,有将近一半很快主动放弃了参加高考。他们多数人在拿到高中毕业证后就将逃离家乡贫瘠的土地,拥进东南沿海的城市务工。

我是高三时理科转文科的学生,历史、政治比文科班同学少学一年,月考成绩"无排名",属升学无望的一类。由于我年龄偏小,做好了复读的准备。班主任担心我参加高考分数过低,影响平均分,就委婉地劝我说:"你最好复读一年再参加高考,以免自信心受损。"

对于我要不要参加高考,家人也意见不统一。母亲主张我放弃,理由是考学太累了。她怕我心理太脆弱,承受不了压力,因此多次对我说:"考不上大学的多了,种田饿不死人

家,还能饿死咱吗?"父亲倒是旗帜鲜明地支持我参加高考,理由是:"抱根竹竿来到了枣树下,不管有枣没枣,总要打两竿子吧。"

我真正下定决心参加高考,是在第二次模拟考试时。那时候,毕业会考已经结束,一些同学已经回家了,留下来的大多是要参加高考的。考完试,照例放假两天。自我感觉"二模"考得不错,就在回校后跟随班级两个成绩较好的同学去班主任那里看分数。结果班主任告知我:"你的试卷还没批。"当时我就羞得无地自容。临离开时,班主任对另两名同学说"祝你们成才",对我说的话竟是"祝你发财"。

虽然当时我只有16岁,但已把男子汉的尊严看得很重。老师的忽视、轻视,深深地刺痛了我。回宿舍后,我蒙着被子哭了一晚。第二天,我决定参加高考,而且要考出好成绩。此时距离高考还有不到两个月的时间,我在语文书的封面上写上励志的话:卖了孩子买笼屉,不蒸馒头争口气。我又在历史书扉页写下丘吉尔的名言:不能放弃!千万不能放弃!千万千万不能放弃!

我着手制订详细的复习计划,一天一单元、一周一试卷,课本不留死角、试题不留盲点。一个月下来,课本越翻越薄、试题越做越顺,底气也越来越足。穿着黑色T恤衫走进考场,我暗暗地想:我要力争做一匹黑马。因为心里憋着一口气,考试三天一直精神抖擞。待走出考场时,我笑了——高考也不过是个"纸老虎"。

那一年,我以班级第二名的成绩金榜题名。

多年以后,我做了高中老师。我对每一届学生都讲述了我的故事,告诉他们:不管起点如何,不管周遭的目光如何,坚持到底,去成就最好的自己。

把目光聚焦在事物的根本上

□ 韩大爷

有一次期中考试，我拿了年级第一名，欢喜程度自无须多言。母亲却问我："有什么值得高兴的呢？"我回答："我可是考了第一！"母亲反问："这等同于你以后每次都能拿第一，还是你真的就具备了拿第一的实力呢？"

我哑口无言，因为那次考试的确存在侥幸因素。考前没有进行系统的复习，偏偏老师把我会的题全出了，不会的一道也没出。

那学期期末，我的成绩回归正常水平，合理地掉回第三名，这让我非常沮丧。母亲见状，又问："有什么值得沮丧的呢？"我答道："别人抢走了我的第一……"母亲平静地安慰我："可这又有什么关系呢？别人抢走的是你的名次又不是你的实力！你这次考试前复习得很全面，要我看你应该已经具备了第一名的水平，那么既然已经提升了实力，就不必在乎那张纸上写着谁是第一。"感谢母亲，第一次让我懂得：要始终聚焦于根本性的问题。

我的一位写作培训班的学员，十分热衷于一日一更。说实话，文章质量一般，基本等同于流水账加日记。我问她："你每天空闲时间本身就不多，都花在输出上了，不输入也不学习，这不等于坐吃山空吗？"她却甩出一句很时髦的话："老师，我在做刻意练习，这让我感觉很充实。"

我打消了自己长篇大论的念头，只是简单地问："如果我愿意，我可以专门拿出一个星期的时间，每天更新三百篇文章，每篇文章只有两个字'呵呵'，然后把这篇文章的链接发到各大微信群，求关注，这一天我会忙得不亦乐乎，数据看起来也在稳步上升。但这一切有什么意义？"这个问题最关键的是：你会误以为自己如今的忙碌程度等同于自己的真实水平，这便是舍本逐末。

这个时代，很多人都说自己焦虑。其实焦虑的最大原因，来自于环境的不可控性。而聚焦于事物本质，瞄准根本性的问题，是使人缓解焦躁，变得沉稳坚定的有力武器。即将到来的一次考试，让你感到焦虑。为什么？因为你把目标定在了"务必要考到哪个名次"，但这个目标跟实力并不完全符合，有运气成分。在这条跑道上，你只会越跑越焦虑。考试的本质，是为了测试一个人的真实水平。所以是否考到那个名次，是次要的，真正的目标应当置换为：使自己具备那个名次相应的水平与实力。真正通过这次备考学到的东西，抢不走也摘不掉，名次好坏是虚无的，但这样的人永远是第一。反之，靠运气暂时通关，只能换来一时的志得意满。

克服焦虑最好的办法，就是看问题的本质，抛却浮华与缥缈，把目光聚焦于事物的根本。你永远不知道风会吹落几片叶子，更不知它们会飘向何方，过分在意这些，只会让你不停地增加不安全感，体会不可控性。但树根的生长，永远朝向地心。

决定你上限的不是**失眠**，而是硬实力

> **高中学习生活提示**
>
> 舒服的睡眠是自然给予我们的温柔的看护，即便是在高考前夕，我们也应抱着对明天的期望而入睡。即便我们在高考前夕似睡非睡，它也依然会带给我们精神的更新。没有人会因为失眠而遭遇滑铁卢，除非我们没有足够的实力取胜。

头天晚上没睡好，我们难免担心它会影响第二天的考试，实际上，偶尔失眠并不会影响到大脑皮层的活动，对注意力和记忆力等也没什么影响，除非是持续几个月的睡眠障碍，才会对智力产生大的影响。

针对高考前失眠，很多同学可能会想服用辅助睡眠的药物，这其实并不是很好的方法。帮助睡眠的药物大多含有镇定成分，可能造成我们白天考试时精神萎靡，因为助眠药物的原理大多是对大脑皮层活动起抑制作用，这对记忆力会有一定影响。想在高考前睡个安稳觉，我们可以先自查一下失眠的原因，然后"对症下药"。

1.睡前过度兴奋或过度思虑：睡眠是大脑休息的过程，睡前想太多事情，会让大脑皮层兴奋，不易进入睡眠状态。因此要尽量避免学习完马上就睡，中间可以用几分钟"休息"来过渡，或者放空大脑，放松身体，会有更好的睡眠。

2."失眠恐惧"是持续失眠的心理大敌：很多持续的失眠都来自于对失眠的"恐惧"，害怕失眠，所以不停告诉自己"一定要睡好"，甚至整天都把注意力集中在失眠上。对失眠"过度关注"了，反倒让自己紧张起来，更加难以入睡。最好的方法是"顺其自然"，睡不着可以再起来看看书，有睡意了就睡，睡不着的时候可以起来做些别的事情，不要在意一时的得失，等"失眠恐惧"消失了，失眠自然也会消失。

3.熬夜或提前睡觉导致生物钟紊乱：在考前的半个月到一个月就该开始有意识地调整生物钟了，每天晚上11点左右入睡即可，熬夜或提前睡觉会导致生物钟紊乱。

4.刺激性的饮食和饮品：如过咸过辣的食物会影响睡眠，考前应以清淡饮食为主。有些同学为了避免晚上学习犯困会喝咖啡来提神，但咖啡的起效时间和对不同人的影响是难以把握的，所以建议晚上不要喝刺激性饮品。

除了回避上面这些问题，还有一些缓解"失眠"的小技巧，我们可以采用。1.深呼吸法：睡前放松身体，想象一个美丽的场景，吸气4秒，让气体充满整个身体，憋3秒，再深深呼出去，

呼气时长也是4秒，一般是36组，可以达到很好的放松助眠效果。2.泡脚：热水泡脚10分钟，并按摩脚部穴位也有助于睡眠。3.食疗：睡前一小时可以喝杯牛奶，有助睡眠。香蕉可以镇定情绪，糖水也对助眠有帮助。4.按摩头部穴位：头面部穴位的按摩也有助于睡眠。5.白天进行适当体育运动：既能增强体质，又能缓解心理紧张。

给自己一个不一样的夏天

□ 慕楚歌

当我决定动笔的时候，蓦然惊醒：原来，一切竟然过去这么久了啊！那个埋在记忆最深处的词——高考，就这样猝不及防地又袭上心头。

记忆就像掉在地上的毛线球，一经拉起便无止境地滚落开去，一发不可收。

高考之后的日子，每天响在耳旁的无外乎"成绩是否出来"这些话语。对外人来说，总是怀着好奇与迫切的；对当事人而言，每一天却都是煎熬。时日渐长，我的内心就像温水里的青蛙，逐渐体会到水温的上升，热浪一波一波涌来，让人无法逃脱。说到底，尽管知道发挥不好，我对考试的结果亦是怀着期待与向往的。

想来，一锅神秘的菜品在未揭盖前，怎能知道它是美味佳肴还是黑暗料理呢？很遗憾，也很不幸，我就"堂而皇之"地成了那味黑暗料理——而且我的脸也很黑，在看到成绩的那一刻。哦，与重本线差十分，原来，也就差十分。

我决定回炉重造！

经过一个星期的思想斗争，我又背着重若千钧的教科书和辅导资料，坚定不移地踏进了校门。那是七月的第一天，也是彼时高二的期末，阳光正好，好到可以驱散科教楼前所有的阴影。大大的横幅悬在楼层正中间，"吃得苦，耐得烦，不怕死，霸得蛮"，字里行间透着湖南方言的韵味，换一句话说，就是只要学不死就往死里学。

我走到新教室门口，手却在推门的那刻迟疑了。新的征程，新的环境，新的开始，你是否准备就绪？心里犹豫，手却不听使唤地推开了门。然后，所有的疑问在那一刻都找到了答案——既然来了，难道还要灰溜溜地回去？

进门后，我连奔带跑地来到教室后门的角落，莽莽撞撞地扛着张小课桌，和一个男生拼到一起，就这样开启了复读生活。

也许，是因为一切都夹杂着新鲜的味道，给人总是非同一般的感觉。新的同学，新的老师，所有的一切都是那么与众不同。可是，当我翻开熟悉的课本时，一股油然而生的亲切感扑面而来，渐渐地，散了一个月的心收拢起来，一步一步垒成高考的模样。

日子不温不火，转眼到了期末。作为一名复读生，我心中总是忐忑的，一方面想看看多读一年能为自己补平多少差距，另一方面又会担心假如考得不好该如何面对满怀期待的父母与老师。我所能做的，就是按部就班，重新拾起课本，勤勤恳恳地刷题。当新的班长问我有没有辅导资料时，我一惊，因为仅有的几本都没有做完，而环视四方，每个人桌上或多或少都堆了几本，于是压力如潮水般淹没了我。那一刻，我渐渐明白，差距就是这样一点点被拉开的，若不奋起直追，离自己的目标只会越来越远。

第四章
学习生活有信念：你的内心，必须有点儿锋芒

放下重负：卓有成效地闯过高考最后关

期末最后一堂考试，我写下最后一个字，搁下笔，检查数次，然后收卷铃响起。这个学期就这样过去了。没几天，成绩如热气腾腾的包子新鲜出炉——我排在全校第十。

第一仗打得还算漂亮，然而，我知道，曾经的短板还是横亘在前方，我只不过是捡了比别人多读一年的便宜，若真这样扬扬得意终会败走麦城。当班上那些潜藏的狮虎露出狰狞的爪牙时，一切悔之晚矣。所以，在那个短暂的小假期，我还是坚持每天保证一定的时间学习。当然，我也会给自己玩耍的时间，正如那句谚语所言，"只学习不玩耍，聪明孩子也变傻"。空闲时间，我会看看喜欢的动漫，"高四"所带来的不安与困惑逐渐淡去。

假期结束后，我踏入三楼拐角那间教室，目光越过楼梯间的阴影，看到门口的明媚阳光，心想，这片梦想起航的地儿，一定会在那一天孕育出一簇向阳的花骨朵。在高考这个没有硝烟的战场，号角已响，旌旗飘飘，于是，我开始明了：在这片土地上，你不是一个人在战斗，你也不只是在和某一个人战斗。

试卷一张张发下来，直至铺满桌面。"高四"开始了，这是一场脑力的较量，这是一次你追我赶的比赛，这是一个关于坚持多久的论证。所有的结果都有待时间证明。这一天，我在全班"奋斗笺"上用马克笔郑重地写下自己的目标。后面的高考宣言令我迟疑了会儿，因为它需要铿锵有力又能振奋人心，而后我写下了著名企业家稻盛和夫的那句：不可能？不！可能！

"高四"的日子步入正轨，每天一小考，每周一大考，各种考试层出不穷，历年真题、各地模拟题、复习资料轮番轰炸，一拨拨地袭来。我想，如果硬要找一个词来形容，还是老调重弹，那就是烤熟，烤得外焦里嫩，味道鲜嫩可口。

年华似水，白驹过隙。各种短板问题开始暴露，数学选择填空做不好，应用题基本留白，英语听力惨不忍睹，生物遗传学计算题两眼一抹黑，物理选择及大题经常算错，化学推断时有卡壳……接下来就是查缺补漏，好好弥补。

学习是如此紧迫，每天早早起床洗漱，去操场上跑几圈，心情不好抑或激动时就吼那么两嗓子，胸中的郁结顿时尽去，豪情顿生！运动完后，踱着小碎步，重归三点一线的生活。每日的必修课不只这点，中午午睡醒来之际，班主任喜欢挑点儿激清的歌放放，记忆中最深刻的是那首《相信自己》，铿锵的鼓点，奋斗的色彩，如今，在记忆里开成一朵朵绚烂的风信子。他也会读一些励志的高考文，譬如贺舒婷的《我凭什么上北大》。他那不怎么标准的发音总是引起哄堂大笑，只是，当他一字一字地读下去，沸反盈天的教室便渐渐沉寂下来，胸中仿佛有什么东西裂开了。我想，那是梦想的种子在发芽吧。

也不是没有荒唐的时候。有一阵子心野了起来，最直接的体现就是成绩下滑，而排名是最能说明问题的。那天晚自习，班主任叫我去办公室交流。时至今日，我已经忘记当时谈了什么，只记得，当我走出办公室的时候，心像缺了块什么，而我要做的，就是把它捡回来。

时间转眼到了六月，连空气也似乎凝滞起来。走出考场的那刻，我在心里默默道了一声"再见"，跟那些艰辛却也色彩斑斓的时光，跟曾经迷茫却从未轻言放弃的自己。

得知成绩的那一刻，我并不是那么平静，因为与预想出现了偏差，超过重本线四十多分却离目标学校还有小小的一段距离。我有感慨，却谈不上再有遗憾。

那段岁月，如今细细品味，每一笔每一画都是那么美好，想想便会嘴角微扬。下一站，不是你又何妨？高考不是终点，在往后的岁月里也许连小打小闹都称不上。当然，该为梦想拼搏的时候自当竭尽全力，努力奋斗，毕竟，高考是提高自己的一个很好的平台。

制订预案，练就高分角斗士"考场心法"

过度紧张是高考考场上的大忌，有很多优秀的考生往往会在最后时刻因为过度紧张而发挥失常。对此，我们应该有自己的应急预案，一旦遇到过度紧张的情况，知道应该怎么做。这样，就可以很好地避免失误，拿到理想的成绩。

✓ 抑制心法

卷子发下来之后，同学们往往会先浏览试卷。有同学一下子看到不会做的难题，会瞬间紧张起来，以至于怯场。对此，我们可以用抑制法加以避免。具体步骤是：我们只须继续冷静地浏览试卷，思考那些简单的题目，不用再想之前看到的难题。用不了多久，那种怯场的心理干扰自然会被抑制。开始答题后，也可以先沉下心去解答那些容易的题目。随着简单题的一步步完成，对难题的畏惧慢慢就不那么明显了。

✓ 转移心法

我们或许都有过这样的体会：自己明明知道试题的答案，可由于紧张，一时没能把它写下来。事后，哪怕不假思索，正确的答案也会跃然纸上。这种现象在心理学上被称为"舌尖现象"。在考试中遇到这样的情况时，最好是暂时把记忆搁置起来，运用转移注意力的方法，先去解答其他会做的题目。一段时间过后，在平静的心态下，你需要的知识往往能自动浮现出来。

✓ 防扰心法

尽管高考的时候人们会注意保持考场周边和考场上的安静，但也不排除我们会遇到意想不到的情况。受到外界影响时，一定要及时向监考老师反映，如同场考生答题时自言自语，可以要求监考老师给对方以提醒，不要让自己的愤怒情绪积累和泛化，同时可以做几次深呼吸或简单微笑一下，不必担心花费一点儿时间会影响答题。如果自己抗干扰能力较差，一定要提前做适应性训练，让自己逐渐适应有些噪声的学习环境，同时练习运用深呼吸法和微笑法集中自己的注意力。

✓ 舍弃心法

高考题量大、题面广，而且有一定难度。以数学为例，时间只有两个小时，通常有90%的同学都难以完成全部题目。当准确、快速两者造成冲突时，我们理应以"准确"为主。由于时间上的紧迫，不少同学到最后已无法再检查，所以，对于自己会做的题目不妨控制做题的节奏——力求稳中求快。而对于填空题、选择题，要树立一步到位的观念，别再盼望最后能检查并纠正错误。

另外，我们要做到的是随机应变，如考英语时，如果阅读题做久了感到脑子有点儿"钝"，不妨先写作文题，这对脑力来说也是一种休息与调剂。

高考时我们的那一年 虚惊

□ 花大钱

1

高三一开学，我就被调到了第一排。这并不是因为我的成绩特别好，而是因为空话特别多。那时班主任对我说："把你调到第一排来，看你还怎么影响周围同学学习。"

我的新同桌是游戏少年刘能能，他因为被老师抓到逃了好几节晚自习去网吧打游戏，所以就被无情地"流放"到了第一排。原本为了杜绝早恋，我们班是没有异性同桌组合的。但基于我们俩都是重点监视对象，于是，空话少女和游戏少年就这么坐到了一起。

如果你觉得这样的开场很像偶像剧，那你可真是想多了。毕竟有高考把我们保护得如此严实，怎么可能有任何一种爱情能乘虚而入呢？

不过，我们患难与共的革命友谊倒是有几分情比金坚的意味。我们会在听写单词和默写古文的时候坦诚相见、互通有无，会在对方被老师突然叫起来回答问题时在下面小心提醒。我曾经一度以为，刘能能和我可能是铁打的孽缘不锈钢的情。可惜，男人嘛，总是无法从一而终。每次一到考试，他就对我"闭关锁国"。"最后一道选择题选什么？""我也没做出来。""我明明看你写了。""蒙的。""真的吗？"

人和人之间的信任啊，全都是泡沫，你所有的承诺，全部都太脆弱。

不过，这也不能全怪刘能能。刚进入高三，我们明显就察觉到了一股无形的压力。这股压力不仅来自老师每天一遍遍在你耳边吹响的冲锋号角，还来自每次考试后老师把你叫进小黑屋进行的深入灵魂的交谈，更来自身边同学突然之间的转变。

渐渐地，我发现，后桌那个曾经每天在课堂上拿着播放器看言情小说看得肝肠寸断、动不动就要对着天空许下1001个愿望的"文艺妹"好像已经很久没看小说了；就连邻排那个品行端正得像是按照《中学生日常行为规范》打造出来的"好人姐"，也不太愿意花很长时间给别人解答难题了。

这种改变是悄无声息的，表面上波澜不惊，可内里暗潮涌动。大家郑重其事地改变，却又不想让别人察觉到这种改变的痕迹。于是，所有人就这么心照不宣，任由这场带有强大传染性的风潮席卷自己。

十八九岁的时候，其实很少有人真正清楚自己在干什么，大部分人只是单纯地被人潮裹挟着前进。我们和置身于火车站大厅的旅客根本无甚差别，心里怀揣远方，双脚却因为周遭密不透风而只能缓慢移动，身不由己，但也无法停止。

这种无力的感觉在进入高考"倒计时"阶段之后越发强烈，突然之间，教室的黑板上就凭空多了一块由某保健品赞助的计时

牌。每天，我们就像生命垂危的病人一样，一边绝望地屈指数着自己所剩无多的时日，一边心心念念地等待着命运的眷顾和奇迹的降临。

听起来真的好委屈、好心酸，可我的高三就是这样过来的。经常有学弟、学妹问我："你觉得高考可怕吗？"我都会轻描淡写地回一句"还好吧"。可我心里比谁都清楚，那年夏天，自己所经历的那些像雷阵雨般突然蹦出的巨大慌乱，那些像在烈日下奔跑了很久之后的浑身乏力，那些像漫长午睡过后无法消除的怏怏不安。

有一次晚自习课间，我跟刘能能趴在桌子上休息，他突然偏过头问我："要是考砸了，你会选择复读吗？"其实在刘能能问我之前，我一直刻意把这个问题屏蔽在脑后，不是没想过，而是不敢去想。"是啊，我会选择复读吗？"我没有回答他，只是自己在心里暗暗发誓：不复读了，考得再差都不复读了，死都不复读了。

不想重来一次，不仅仅是因为拖拽不动自己的胆怯，更是因为不想再当一次自私的人。还清楚地记得，有一天放学后，我没有直接回妈妈在学校外面租的出租屋吃饭，而是先去了办公室找数学老师答疑。等我回去的时候，天色已经很晚了，屋里没开灯，借着幽暗的天光，我看到妈妈竟然坐在饭桌边的藤椅上睡着了，以一种极其别扭的姿势。

这种感觉太让人难过了，原来在我浴血奋战的高考路上，父母一直像个卑微稚拙的孩子般跟在身后，捡拾起我所有的苦痛，心甘情愿成为我所有淤塞情绪的出口，成为擦干我眼泪的纸巾。但我想，我再也不要重来一次了，再也不想当一个如此自私的人了。

说来遗憾，高考的磨炼并没有让我从此改头换面、所向披靡，那些青春片里矫饰出来的热血与感动我也统统没有感受过。如果非要找出这场盛大而荒诞的考试对我而言真正的意义，我想可能是爱吧——它让我深切地领受到了自己在人生的前十几年从未注视过的爱。

我的高考已经过去整4年了，那些我曾以为自己会铭记一生的经历也已经忘得差不多了，就跟忘记生命中其他平平淡淡的记忆一样。高考留给我的模糊背影也只是在考完最后一门的那个下午，操场上重新穿起裙子的女孩子们流畅的肌肉线条，被抛掷到半空中的数学课本，看起来很像扑棱着翅膀的白鸽。我站在楼道里，从迎面走来的那股兴高采烈的人流中，看到了刘能能。他背着单肩包，换上了少年的面孔，经过我时依旧像往常一样打招呼："我去网吧了，再见啊。""嗯，再见。"很快，他又融入了黄昏的背景中，暮色中他的背影有我看不清的怅惘。在那一瞬间，我突然感到了一阵失落，哦，原来这就是我想要的自由。

原来高考过后，只是把原本就该属于我们的生活还给了我们，那些我曾以为熬过高考就能获得的足以照亮我整个生命的自由，也不过就是生命中普普通通的自由。反倒是那些自己曾拼了命想要摆脱的束缚，那些从压顶的乌云间隙偶然泄出的隐秘而微妙的快乐，当我不再常新，它们也不再常有。

不过，当我意识到这些时，早已是时过境迁。而我之所以能在这里云淡风轻地谈论高考，也仅仅是因为它已经过去了而已。只有那些一步步踏着泥泞走过来的人，才有资格轻轻地吐出一句："也不过是一场虚惊。"

第五章

高中交际关键期：
提高情商，别让不好意思害了你

情商，或者说人际交往能力，是一个人更好地适应社会与环境的基础，自然也是我们高中阶段必须要注意培养的重要方面。人际交往能力不仅是我们维持真正友谊的前提，也是我们成就一番事业的基础。从高中开始有意识地培养自己的人际交往能力，能够让我们更有信心地面对未来，让自己的生活多些阳光，少些阴霾。

秉持双赢原则，高中不做"独行侠"

高中学习生活提示

在高中阶段交往中处处碰壁的同学，进入青年阶段，可能就会存在或隐或显的交际障碍，这会直接影响我们的未来发展。而想要在高中及未来获得良好的人际关系，就必须牢固树立一个重要的人际交往原则——双赢。这会非常有助于我们情商的提高。

在我们的生活中，人与人的关系其实很大一部分都不是竞争关系。我们不需要每天和我们的同学、老师、朋友争个你死我活。在我们的家庭关系中，谁是胜利者？这是一个很荒谬的问题。如果不能双方都赢，那么二者皆败。大多数同学都习惯于二分法的思维：强或弱、赢或输。但这种思维是完全错误的。很多时候，我们在与同学、老师或朋友的交往中，能获得积极的能量，不仅能获得温暖，而且能获得他们的积极指导。

只有抱持"匮乏心态"的人才会处处与人无法相容。他们认为世界如同一块大饼，并非人人得而食之，而是有你没我。抱持这种心态的人，甚至希望与自己有利害关系的人小灾不断，疲于应付，无法安心竞争。他们时时不忘与人比较，认定别人的成功等于自身的失败，唯独占有能使他们肯定自己。但正如英国诗人约翰·多恩所说，"没有人是一座孤岛"，我们需要与人建立亲密关系，如果我们始终抱持你死我活的"匮乏心态"，那么最终你要成为这种心态的受害者——没有朋友、没有合伙人、没有支持者。其实世界那么大，人人都有足够的立足空间，他人之得不必就视为自己之失。

双赢不是一种技巧，而是一种人际交往哲学，这种模式会促使我们不断地在所有的人际交往中寻求双边利益。你对双赢的态度越坚持、越真诚、越投入，你对他人的影响力就越大。有了双赢理念做支撑，我们做到下面几点就顺理成章了，它们会帮助我们在人际交往中获得优势。

1. 主动。在和谐的人际关系中，我们往往能获得对我们成长和学习非常有益的东西。我们想要获得双赢的红利，就要主动与他人建立良好的人际关系。被动的人常常等待他人来关怀自己，或不敢去和他人接触，只能体会到较多的孤独感。

2. 互惠。良好的人际关系之所以能够长久健康地维持下去，需要彼此相互支持。任何单方面受益的人际关系，都不会健康地发展下去。一个总是想向他人索取的人，久而久之，大家会逐渐疏远他。

3. 平等。一个个不同的人，必然会有不同的性格特点：行为风格、兴趣爱好、思维方式……面对种种差异，是要分出优劣高下，还是为这些参差多样而欣喜呢？显而易见，如果你抱着平等尊重的心态，会有更多的收获。

4. 真诚。真诚恐怕是一个人治学修身的根本出发点。当一个人内在充满真诚的时候，会通过外在表现出来。在学校中，一个人根本无法长久地掩饰自己。调查中也发现，人们在交往中最讨厌虚伪的人。

那段被孤立的少年时光

□阿杜

上初中那年，爷爷生重病，花掉了家中所有的积蓄还借了外债，最后还是走了。爸爸因为长时间照顾爷爷，精神状态不佳，工作中出了差错，给单位造成损失，要赔偿不少钱。妈妈只是个服装厂的女工，收入也不高。原本并不富裕的家一夜间更是一贫如洗。

为了谋生和还债，父母合计了一下，决定在菜市场开一家专门杀鸡鸭的小店。为了节省开支，增加收入，父母和我商量，把原来的住房出租了，一家人就住在店铺里。店铺很长，父母专门隔了一间给我住，他们就在外间铺了张大床。

我很不愿意，但我明白生活的艰辛和父母的无奈，不得不同意。菜市场里总是弥漫着一股怪怪的味道，很难闻。而我家的杀鸡鸭的小店，更是充斥着让人恶心的味道。刚开始时，我一直想吐，但强忍着，久而久之，倒也习惯。

在学校里，同学们不习惯我身上的味道，他们看见我后都避得远远的，仿佛我是一个传染病患者。

上课时，周围的同学都用手捂着鼻子，一脸嫌弃。我知道，是那股难闻的鸡鸭腥味。我也不喜欢，可我每天都洗澡了，还用香皂一遍遍洗遍全身。我不知道我要怎么做才能彻底让自己身上清清爽爽的没有让人嫌弃的味道。

我不可能不住在店铺里，不可能不在空闲时帮父母的忙。看父母每天早起晚睡，一双手被烫水泡得苍白变形，我不忍心。家里欠着外债，他们不得不经营这种没人爱干的低成本投入只要靠勤劳就可以挣钱的小生意。市场里人来人往，买鸡鸭的人很多，但纯粹用开水杀鸡鸭的只有我们一家，生意很好，但父母也累得连腰都直不起来。

我知晓父母的艰难，从不敢告诉他们，我在学校被大家孤立。我的成绩还不错，特别是作文，每次都能够得到很高的分数。我把自己的孤独和对生活的理解都化成文字，写在日记里充实自己寂寞的少年时光。

我并不是孤僻的人，也不是不爱说话，只是大家因为我身上的味道排斥我，孤立我，我没有了朋友。

同学们对我是避之不及，用同桌男生的话说是，他和我同桌，倒了八辈子的霉。我听后，很难受，但不知道如何回应。只能常常在放学后，一个人回家的路上偷偷抹眼泪。回到市场里，面对父母时，我还要尽量地掩饰，强颜欢笑，我觉得只有这样，父母才不会担心我。父母已经很累了，我不想他们再为我担心。

那段被孤立的时光里，我每天一个人来来去去，表面装作云淡风轻，其实很受伤。青春年少的我和大家一样，喜欢热闹，珍惜朋友，并不喜欢这种形单影只的生活。我很渴望和大家打成一片，渴望她们三三两两地玩耍时能够邀上我，渴望放学后和她们勾肩搭背一起回家。只是所有简单的渴望在当时都只是一种奢望。没有一个同学愿意接受我，更没有一个人把我当成朋友。我主动想融入她们的世界时，她们集体对我抛"白眼"，用一种少年尖利的冷漠横起了让我无法逾越的鸿沟。

我孤单地坐在教室里就像一个"恶臭物"，我害怕那些嫌弃的眼神，害怕这种孤立无援的校园生活，我一次次想过退学，一次次想过结束生命，这样活着，真是痛苦不堪。

班上的同学早就把我"浑身发臭"的事情告诉老师，希望老师能把我转到其他班去。

我猜想，那时老师也是从我身上闻到了点儿什么，她虽然没有明说，但后来有一次，我去办公室送作业时，她还是提醒了我要注意个人卫生。我听后，心里异常气愤，凛然地应了一句："我是交了钱来上学的，至于我身上的味道，和你们有关系吗？"丢下这句话，我走了。忍了很久的泪，终是在我走出办公室时倾泄而出。

我逃了一天课，一个人躲在公园里，坐在树荫下，看着眼前绿意盎然的花花草草，泪湿眼眶。我憎恨可恶的上天为什么这样折磨我们一家人？憎恨班上的每个同学还有不关心我的老师，他们凭什么嫌弃我呢？我那么想和大家成为朋友，他们却都孤立我。我的父母有什么错，他们只是为了谋生，为了挣钱还债，那些恶臭味是我们喜欢的吗？我们也不喜欢，但生活那么艰难，我们有什么选择的余地？越想越伤心，我又禁不住哭泣起来。

我没想到，在斜阳铺满整个公园时，我的老师会和我的父母一起出现在眼前。我以为是幻觉，直到父母扑过来抱住我哭时，我才知道是真的。老师连连向我道歉，说她无意间伤害了我，希望我能原谅。

原来老师见我一天没在学校，找了几个学生问到我家的住址，然后她去了菜市场找到我的父母，了解了我家的情况。

"希望你能原谅我，老师真的错了。我伤害了你，对不起！"老师又一次向我道歉。

她说话时，眼圈红了。

我能够感受到老师的真诚，在她并不了解事情真相时，她确实以为我是不注意个人卫生，她只是想好心提醒我，没想到无意中伤害了我年少的自尊。当她得知我在班上被大家集体孤立时，她才感到她的失职。

我不知道老师和班上的同学都说了什么，在我回到学校上课时，我感觉到一切都改变了。班上的同学再也没有人故意躲避我，也没有人嫌弃我，特别是同桌男生，他还真诚地向我道歉。

我在班上渐渐有了朋友，我和大家和平共处。老师也时常关注我，表扬我的作文写得好，夸我懂事和体贴父母。我的父母终是收回了出租掉的房子，让我住回家里。

一切似乎都回到了最初，只是只有我自己知道，这段被孤立的少年时光是一场寂寞的欢颜。我已经学着长大了，学会了坚强和忍让，也学会了原谅和包容。谁的年少不曾犯过错，我又怎么可以耿耿于怀拒绝掉自己需要的友谊呢？我不想孤单地生活。

我并没有因为那段被孤立的少年时光就不再相信人与人之间的真情和温暖，相反的是，在以后的人生中，我遇见不一样的人与事时，我会用心去观察和了解，始终保持尊重。我知道再卑微的生命个体也是需要尊重的。

> 从另一个人的诤言中所得来的光明,往往比从自己判断中得来的更纯粹。这就是友谊的价值。但现实生活中,建立真正强有力的友谊并非易事,也需要我们用心来经营,用"实力"去交换。某种程度上,没有更优秀的自己,便没有更优秀的朋友。

想要优秀的友谊,先让自己变优秀

为什么"友谊"会"无疾而终"?实际上,从某种意义上说"友谊"也是一种"交换"关系,只是交换物不仅仅是物质的,还有理解、赞同、尊重等。可是,如果我们拥有的"资源"不够多不够好,那么我们就更可能变成"索取者",一再从对方身上拿取,却给不了对方需要的东西,那么最终我们只会成为对方的负担。这样,所谓的"友谊"自然会无疾而终。

可以想象,"资源"多的同学更喜欢,也更可能与另外一个"资源"对等的人进行交换。因为在这种情况下,"公平"更容易实现。事实上,生活里随处可见这样的例子。比如,某班公认的才子,会与另一班公认的才子"机缘巧合"地邂逅,而后成为"死党"。俗话说"英雄所见略同",他们之间的交流及处事方式,往往都会让他们觉得非常"投机"。

很多人都知道"友谊"对我们而言异常重要。不过,针对某个同学来说的话,更重要的是他所拥有的"资源"。有些"资源"很难瞬间获得,比如地位、名誉、财富,然而有些"资源"却可以很容易从零开始,比如一个人的才华学识、兴趣爱好、积极心态、同理心等,是可以通过努力获得的。只要你正常地努力,并且有耐心和时间做朋友,很容易通过它们赢得一些不错的朋友。

如果有一天,你成了一个积极向上、很有学识、兴趣爱好广泛的人,你会惊喜于真正意义上有价值的"友谊"会破门而入。你所遇到的朋友将来自完全不同的层面,来自各种各样意想不到的方向。而你自己也不再是过去一无是处的你,你可以不再是一个"索取者",而可以成为一个乐于助人的"付出者"。生活的智慧就在于,集中精力改变那些能够改变的,而把那些不能改变的暂时忽略掉。专心打造自己,把自己打造成一个优秀的人、一个有用的人、一个独立的人,比什么都重要。打造自己,就等于变相经营"友谊"。

当然,善于与人交往也是一种需要直接学习,并且需要耗费大量时间实践的技能。事实上,对一人真正的关心最终只有一个表现:为之心甘情愿地花费时间。因为当你把时间花费到一个人身上的时候,相当于在他的身上倾注了你生命的一段时光。

如何赢得"友谊"实在是一个重要也复杂的问题,简单总结来说,有些是我们应该做也必须做的事:做一个积极向上的人;专心做可以提升自己的事;学习并拥有更多更好的技能;学会独善其身,以不给他人制造麻烦为美德;有同情心,不吝惜自己的付出……最后要记住,要用你的独立赢得尊重,因为一个人的优秀,往往取决于他多大程度上可以脱离对外部世界的依附。

从孤立去向独立

□ 陈蔚文

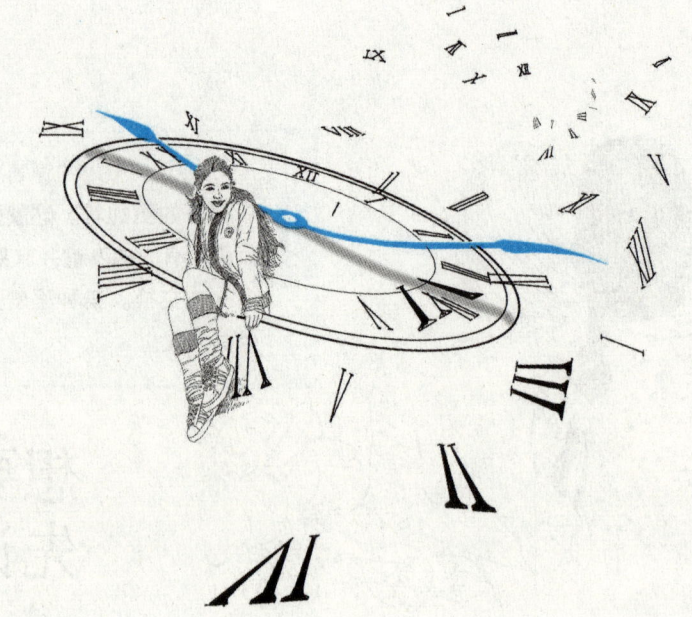

1

小学五年，我换了三所学校。刚满六岁时，我被外公外婆提前送进一所街道小学。学校的教学质量糟糕，班长的父亲是派出所的所长，老师常让她表演跳舞，但考起试来，她连大于号和小于号都分不清。我的成绩也好不到哪儿去。二年级下学期，我回到母亲身边，转进一所重点小学。至今我还记得，教数学的班主任站在操场上，告知我次日要测验，测试我是否有资格进这个班。她高大的身影如乌云般压下来，使数学成为我一生的噩梦。

我留在了这个班，而且很惶恐。陌生的同学，严厉的班主任，从街道小学到重点小学的成绩压力……

四年级，因为搬家，我再次转学。第一天上学，课间休息，一个样貌粗鲁的男生过来问我是从哪儿转来的。他的神情有些奇怪，不知是在表达友善还是在流露敌意。很快，我知道了，"他"姓方，是女生，但从不穿裙子。

这个班的同学中有一半以上是附近一个工厂的子弟，都是划片进来的，包括方。她有若干好友，她们总是凑在一起叽叽喳喳，吃着方买的零食。她们议论其他男女生，下课后会分几拨热闹地跳皮筋——这是我不擅长的。有时为凑人数，她们也叫上我，但我很快就会被淘汰，她们便不再叫我。成绩好的女生也有自己的小团体，我当然也进入不了。所幸，有个叫李元洪的女孩与我亲近，她有一头黑亮的长发，身材苗条，性情温良。放学后，我常去她家写作业，她会找出各种零食和我分享。在她家的时光是我那几年最轻松的一段时间。升入初中，她去了另一所中学，我们见面少了。再后来，她搬家了，我们彻底失去了联系。

我的大部分小学同学与我升入了同一所初中，有些还与我同班。其中有五六个工厂子弟仍旧集结在一块，都是女生，有个瘦高个儿的是她们的头儿，姓贺，大我两三岁，比班上其他同学成熟得多。她成绩极差，常议论些是非。有一回，几个工厂子弟对我指手画脚。"她擦了口红。"贺下定论道。我完全摸不着头脑，要知道，我母亲从不许我和姐姐有打扮之念，在我家，一个少女使用口红完全可以等同于道德不良。

但贺的定论是不容争辩的。然后，有一些莫名其妙的流言传开，不只是涂口红，还有其他杜撰的事。因此我越发寡言，成绩下滑。有一次春游，母亲因加班，未给我准备零食，午餐时，老师见我独坐一旁，了解情况后，便领我到一排女生前，让她们匀些食物给我。恰巧此时有人叫她，老师急忙走了。老师走后，那排女生看我一眼，没有一个拿出食物。

这种糟糕的感觉要很久才能消化掉，或者永远也消化不了，转而出现逃避集体及自我评价过低等症状。

2

亲戚的孩子和我说，他们班上有个同学，成绩总垫底，同学们都不喜欢他。有一次期末考试前，老师说，如果这次他能考及格，不拖全班的后腿，就让班上的女生替他写一次作文，全体男生都欢呼起来——老师或许是想以开玩笑的方式激励他，可这种"激励"不如说是对他的逼迫，一旦他这次仍没考好，要面对的是全班男生的奚落。

我对亲戚的孩子说："当其他同学嘲笑那个男生时，你要伸出友谊的手。"

"可他好皮啊，成绩又差，我们都不爱跟他玩。"

如果"皮"就是他自我保护的方式呢？他要装作满不在乎，才能减弱他因为成绩垫底而遭受嘲笑与被孤立的尴尬。

回想过去，如果你也有过一段无助的经历，一定想隔着时空拥抱一下过去的自己吧——那个无助的孩子，因为经历过无助，他（她）对人性才会有更多体察，才会意识到，任何时候，都不要畏惧孤立——成年人的世界里同样充满圈子以及各种理由的孤立。

越怯弱，越敏感，越在乎，往往越被孤立困扰和压迫。

老实说，有多少未成年人能做到对被孤立这件事满不在乎呢？毕竟在孤立的身后，还有一个庞大的阴影——孤独，这是未成年的孩子难以处理的，因为处理孤独的能力与心灵、体格的发育是相匹配的，必须走过这个阶段，身心才会逐步强大起来。

这段路无疑是艰辛的，它可能通向两条岔路：一条是学会选择和自爱，变孤立为独立的成长之路；另一条是被孤立所扰，从此太在意他人，害怕冲突，不懂拒绝，宁肯委屈乃至伤害自己，也要去维系一些虚幻的友好。

如何让自己的情商稳步提升

1. 要学会划定恰当的心理界限，这对每个人都有好处。你必须明白什么是你可以和不可以对别人做的。如果总是划不清心理界限，那么你就需要提高自己的认知水平。

2. 找一个适合自己的方法，在感觉快要失去理智时使自己平静下来，从而使血液留在大脑里，做出理智的行动。要知道，在文明社会中，表现得像个原始动物会带来大麻烦。

3. 想抱怨时，停一下先自问："我是想继续忍受这看起来无法改变的情形呢，还是想改变它呢？"抱怨会消耗能量而又不会有任何结果，对问题的解决毫无用处。

4. 找一个生活中鲜活的榜样。你也许不能成为大英雄，但你可以成为一个快乐的常人，比如你的某个朋友，他可能精力充沛、大方、聪明、有趣。你会在追赶他的过程中自然地提高自己的情商。

5. 从难以相处的人身上学到东西。你可以从多嘴多舌的人身上学会沉默，从脾气暴躁的人身上学会忍耐，从恶人身上学到善良，而且你不用对这些"老师"感激涕零。

6. 时不时尝试另一种完全不同的方式，你会拓宽视野，提高情商。如果你总是热衷于在班级中做中心人物，这次改改吧，试着让那些平日毫不起眼儿的人出出风头。这可能会让你有新的发现。

你可以不合群，但不能不成长

高中学习生活提示

不要说我们永远不需要别人的帮助。在当下陌生人社会中，我们是否善于与自己不喜欢的人交往，是否善于在一个自己不喜欢的环境中折腾，是衡量我们成熟度的标志。当我们想要在学习或事业上有所发展时，我们往往需要一个更合群的自己。

哲学家叔本华说，人应该学会"在人群中保持一定程度上的孤独"。在行为上，人固然有其作为社会人的需求和价值，然而，若因独处而惶惶不安，并将实现自我价值的需求过度寄托在社会或群体上，放弃了独处，放弃了思考，是无法作为一个拥有独立人格的人存在的。

就此而言，不合群对一个人来说并不是多么可怕的事，相反还有重要的积极意义。但关键问题是，我们不合群时，是出于主动选择还是被动接受——当我们选择不合群时，是否还有合群的意愿与能力。

按照社会学的观点，我们生存的社会正在由熟人社会向陌生人社会转变，你每天遇见的，对你生活产生重大影响的，会有越来越多的陌生人。因此，我们想在未来有好的发展，收获更多友谊，获得更多帮助，从高中阶段开始，就必须有意识地完善自己的性格，提升人际交往的能力。合不合群是一回事，是否具备合群的素质和能力则是另外一回事，对此我们应该有清醒的认识。

那么，当我们意识到自己是不合群"易感人群"，怎样才能改变不合群的性格呢？我们不妨从以下方面努力：

1.学会关心别人。如果你期望被人关心和喜爱，你首先得关心别人和喜爱别人。关心别人，帮助别人克服了困难，就可以赢得别人的尊重。

2.学会正确评价自己。在人际交往中，你对自己的认识越正确，你的行为就越自然，表现也越得体，对于帮助你克服自卑和自傲两种不利于合群的心理障碍是十分有利的。

3.学会一些交际技能。如果你在与人交往时总是失败，由此引起的消极情绪当然会影响你的合群性格。如果你能多学习一点儿交往的艺术，自当有助于交往的成功。例如，多掌握几种文体技能，你会发现自己在许多场合都会成为受欢迎的人。

4.保持人格的完整性。保持人格完整的最好办法，是把自己的处事原则和态度明白地表现出来。这样，别人就不会勉为其难地要你做不愿意做的事，而你也不会因经常要拒绝别人而影响彼此间的关系了。

5.学会和别人交换意见。合群性格的形成有赖于良好的人际关系，而良好的人际关系始于相互了解。因此，经常找机会与别人谈话聊天，讨论某些问题，交换一些意见是十分必要的。

友情是在相互的施与爱中生长的。孟子说："爱人者人恒爱之"。你只有主动伸出善意的手，它才会被无数友情的手握住。

跟有趣的人相处

□ 巫小诗

有人问我，你最喜欢跟哪一类人相处？看似简单的问题，非要给个形容词来当答案的话，好像有点儿难。于是我开始回忆，那些我欣赏的、乐于打交道的人，他们的身上有没有什么共同点。是优秀吗？好像不全是。是热情吗？好像也不太对。琢磨了一会儿，一个词在我脑海中蹦了出来，对，是"有趣"。

感觉跟有趣的人相处，像是拥有一张永不过期的游乐园套票，靠近他们就会踏上一段奇妙旅程，时而浪漫，时而惊喜。

读大学的时候，我跟一位学妹的关系非常要好，她活脱脱像是一个有趣的大龄儿童。

跟学妹逛商场，她喜欢买童装，此处不打引号，因为是真正的童装。学妹个子比较小，只有一米五几，去商场买童装是她的一大乐趣，许多品牌的童装，款式美，质量优，价格比成人服装便宜一半，价廉物美、童趣爆棚又不容易撞衫，别提多棒了。

学妹学的是新媒体专业，偏偏对古代文化感兴趣，周末的时候，会去博物馆当讲解员。我问她："是怎样的情怀让你甘愿当这义务劳动的文化传承者？"我以为她会说出多么感慨的话语，她却说："因为博物馆的工作餐非常好吃！"

一次讲解中，学妹因为讲得好，被某位慷慨的游客奖励了100元小费，她不要，游客硬是塞给了她。事后她紧张地给我打电话："学姐，怎么办？"得知缘由后，我说："人家奖励你的，就收下呗，这是你正常劳动所得。"她却觉得收游客小费不对，最后她用这笔钱买了饮料，分享给了其他讲解员。

学妹前不久被保送了她喜欢的专业的研究生，真是替她高兴，耿直有趣如她，值得拥有一切的美好。

我从来都不是一个多么热爱学习的学生，自然也很难热爱老师。在台湾当交换生的时候，我却特别喜欢我的美学老师，五六十岁的年纪，一个儒雅又风趣的小老头儿，本来只是选他的课凑学分，谁知成了我的意外之喜。

他的课从不点到，但是到课率依旧很高。他说："如果你不喜欢上我的课，没有关系的，你可以跟我请假，用上课的时间去爬爬山，尼采的许多哲学理论，都是爬山爬出来的。"

他布置的作业一点儿也不枯燥，比如他布置过一个课题"发现美的采风"，让你图文并茂讲讲最近生活中的小确幸，想到啥就写啥，跟美有关就行。

上他的课，会让人觉得，啊，原来上课可以这么有趣。他上课时的板书，像小人画似的，美学那么高深、抽象的东西，愣是被他讲得好玩又通俗。

老师不仅教学有趣，课堂中，他还会"一不留神"地蹦出一些金句，让人立马想记录到小本子上的那种："自我的孤岛，是他人的迷宫。""寂寞的人总会去打扰他人，孤独的人会好好享受自己。"

跟有趣的人相处，像拥有一张永不过期的游乐园套票，他们也许不美貌、不富有，但是靠近他们，生活似乎就多了一抹色彩，明天也多了一丝未知的期待。

> 好的人际关系有各种开端，但往往终结于怒气。生活中每个人都会有想要爆发的时刻。然而，愤怒爆发，必然会伤害到周围的人，进而伤害到自己。在人际交往的过程中，学会情绪管理是最重要的性格修养之一，做到这一点我们才及格。

人际交往，学会情绪管理才及格

公元前200年，一位屠夫拦住了韩信。那时的韩信穷困潦倒，唯一能让他挺起腰杆的是他的剑。屠夫拦住他说："你拿着把剑，挺嘚瑟啊。但我看你是个胆小鬼，有本事，你拔出剑，刺我，不敢的话，就从我的裤裆底下爬过去。"其实不只韩信遇到过这样的挑战。

过了一千年，有个叫郭威的人也被一个屠夫拦住。屠夫拉开衣服，露出肥腻的肚皮说："有本事，你就捅一刀。"郭威真的拿起刀，捅死了屠夫。韩信则选择了从屠夫的胯下爬过去。当这个集市上的人再听到他的名字，他成了刘邦的将军。郭威被抓了起来，打进了死牢。军头李继韬欣赏他，将他从牢里私放了出来。数十年后，郭威成了后周的开国皇帝。

不同的应对，似乎并没影响他们的结局。但真是如此吗？实际上郭威把自己放到了一个巨大的不确定上，如果不是碰上伯乐李继韬，他可能早已被处死。而韩信避免了在最无聊的事情上把自己置身于最大的不确定。每一个选择都会决定我们的未来。我们要避免把最好的自己押给最不值的对象。

其实他们的故事对我们来说很有启示性，那就是在人际交往中不要随意挥霍我们的愤怒。韩信能从底层一步步崛起，多少源于他内心的一种东西：心态。

当我们心态不好的时候，我们往往会因为不当的情绪发泄而影响我们的人际交往，并因此办砸很多事。我们做任何事必然有自己的目的和初心，可不良情绪会让我们在与别人打交道的过程中忘记自己最初的决定，只图一时之快。情绪发泄完了，事情却变得不可收拾。因此，学着化愤怒为淡然是很重要的，甚至是一个人成功的标志之一。

在我们学习情绪掌控的过程中，我们不妨尝试下面这些方法，或许会对我们有很大帮助：

1.努力从内心冷静。与别人谈话时，放慢语速，并仔细考虑你正在说什么。如果紧张气氛越来越严重，则考虑先停止讨论，等双方都冷静下来时再重新开始。随着时间推移，你会变得更客观。不要使用强烈的语气或侮辱性的词语。或者在说话时重复别人的话，这不是干扰他们，而是表示你确实在听并且理解他们。最后，不要迁怒于别人。

2.尝试从对方的角度考虑问题。如果你发现自己对某个人很愤怒，或者成为他们愤怒的对象，最好花一点儿时间从对方的角度考虑问题。当你能够将对方视作容易犯错的正常人，像你一样在努力完成这一天应该做的事，你就更容易冷静下来，并找到开始解决问题的共同点。

3.不要当面发泄怒气，不要立刻反击。如果有人抨击你，立刻反击只会让事情更糟。冷静的反应，可使怒火更快燃尽，就像失脱氧气的火。

你的寝室有几个微信群

□ 韦祎

年初，星辰搬出了寝室租房，导火索是件小事。一堂分组讨论课上，3位室友不同意她进入小组。"你在别的班不是有很要好的朋友吗？你去找她吧，我们已经和别人组队了！"在室友微笑的回答中，她感到前所未有的失落。"我只觉得全世界都把我遗弃了，那一刻是那样绝望。"后来，星辰得知，3个室友一直在另一个"3人微信群"里打得火热，甚至拉进了班级其他同学，却在寝室微信群不发一语。

最让星辰绝望的是，"孤立"她的3个室友，其中有她最要好的闺蜜。而那位闺蜜通过"站队"进入3人小团体，以寻找自己的归属感。寝室微信群除了带来欢声笑语，有时也会成为信息时代校园冷暴力的抽象施暴点。人都具有社会性和趋同性，当人群中大多数人做出一个选择，他人也会不由自主地默认这个结果，这就进一步增加了"孤立"的可能性。

杉月坦然回忆学生时代4人寝室的5个微信群，"一开始是对一人不满，后来寝室关系变得扑朔迷离，第2、第3甚至第5群一一出现了。这也无甚不可，只是很怀念大一只有一个群的时光。"每次新群的出现，都牵动着每一个人的心。她不在寝室时，室友会不会说她坏话？她在寝室时，室友又会不会在微信群里讨论些什么呢？人与人之间的

基本信任被打破。

这令人联想到朋友圈一个昙花一现的App（手机软件），名叫"秘密"。主打熟人匿名社交。这个App为人们制造了一个完全匿名的朋友圈。即言论匿名，不必负责。很多人就会分享一些好友的秘密在里面，"反正别人不知道我在说他"。当你看到别人或讽刺或诉说你的秘密，就会怀疑身边人，所有人互相揣测，陷入死循环。

大学生灰原的寝室4人3群。不过与前面剑拔弩张的微信群关系不同，寝室的3个微信群是公开化的，并且大家都默认且尊重这种群关系。一开始，灰原偶然听到寝室的两人谈论她看不到的群里的事情。总是说者无心，听者有意。后来熟了，发现全然不是这样。每个人都有自己的小团体，尊重他人及其朋友之间的隐秘交流，也是一个人的基本素养。

寝室有几个群并不重要，关键是你有没有一个开放、坦诚的心。对于他人的关系，保持一种尊重的心态，而非探究、怀疑、猜忌。就像灰原的寝室，室友毫不介意告知她其他群的存在，她也选择尊重。这并不是一个被动接受的结果，而是人与人长期相处后建立的信任。

寝室多个微信群，只不过是电子通信发展下复杂人际关系的具象化展现。这就像有人为小说、游戏画的"人物关系图"，指示箭头众多，令人眼花缭乱。

这个信息化时代，每天我们都被灌入了太多的东西。也许有人说人心不古，但每个人都希望自己的寝室只有一个群，每个人都在心底呼唤着单纯、质朴的灵魂，每个人都渴望着真挚、坦诚的同窗情谊。曾记同窗日月酣，未忘分道梦魂憨。对现实的妥协未尝不是以退为进，退一步进两步，对待寝室群的"大智若愚"莫过于此。

所谓情商高，就是懂得好好说话

高中学习生活提示

情商是一个人更好适应社会与环境的基础，人们常说"智商决定你的下限，情商决定你的上限"。所谓情商高，很多时候就是懂得好好说话。从高中开始，我们想要维系良好的人际关系，应该有意识地锻炼说话的技能，因为它影响着我们的未来。

三国著名史学家陈寿自幼聪明好学，但他有一个缺点，就是喜欢与人争辩。对于这个毛病，陈寿的老师曾告诫过他："你与人斗智激辩，丝毫不懂得收敛，将来肯定会遭遇挫折。"事实证明，老师所言不虚。

蜀国灭亡后，由于晋朝司马张华非常欣赏陈寿的才学，便有意提携陈寿担任官职。这天，张华约陈寿前来面谈。经历过官场落寞的陈寿依然不知谦让，自顾畅谈。张华偶尔插话，但只要他的意见与陈寿不同，陈寿便会立刻反驳。陈寿走后，张华评论道："陈寿才华过人不假，可惜此人过于傲气、好为人师。如果让他入朝为官，必将独断专行，刚愎自用。"实际上，正是这个缺点让陈寿终生不得志，最终郁郁而终。

人与人的交流，最直接的就是语言。我们未来能做什么样的事，能在成功之路上走多远，能不能在激烈的冲突中全身而退，很多时候都与自己的说话方式有关。所以，我们要想维系良好的人际关系，平时就必须注意自己的说法方式。当然，当我们还缺乏一定的说话技巧时，我们不妨从一些基础的"套路"出发，一点点练习，随着我们有意识的训练和积累，一定能养成好的说话方式，更智慧地处理用语言就可以解决的很多事情，比如：

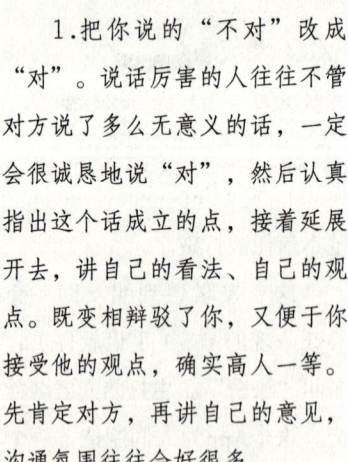

1.把你说的"不对"改成"对"。说话厉害的人往往不管对方说了多么无意义的话，一定会很诚恳地说"对"，然后认真指出这个话成立的点，接着延展开去，讲自己的看法、自己的观点。既变相辩驳了你，又便于你接受他的观点，确实高人一等。先肯定对方，再讲自己的意见，沟通氛围往往会好很多。

2.赞美别人的时候，要赞美具体细节。比如一个女孩非常美，而她已经听腻了别人夸她美，当有人夸她下巴一侧的一点红痣非常与众不同，有古典美女的韵味时，她一定印象深刻。

3.社交场合中，要考虑少数派的感受。如果一场聚会，你们有10个人，哪怕9个人都是同学，也最好不要讲只有你们才关注的话题。照顾一下少数派，讲一些别人也能参与的话题，让别人不要被冷落。

4.如果一定要炫耀，请加上你的糗事中和一下。比如你想炫耀自己的成功，一定要附送你的糗事，以化解你的成功给别人带来的尴尬，同时预防嫉妒。如果你一定要讲"我买了部上万块钱的手机"，请加上"刚背出门，朋友问我这山寨手机做得挺像啊"……

尽管这些在我们生活中都是小事，但你说话时击中别人的点，恰恰就在细枝末节当中。

别再把不爱说话当成一种美德

□ 陈思呈

常听朋友埋怨男友或者先生不爱表达不爱沟通。有朋友说，如果想让他们跟自己多交流，他们倒理直气壮了，说"你应该懂我的，不必要总是说啊"。这倒也成为很多男人的自我定位，仿佛如果致力于语言沟通，倒显得娘娘腔。慢慢地，"男人来自火星，女人来自金星"这种二元化思维似乎被默默接受。

男人都是这样的吗？似也未必。英国哲学家以赛亚伯林，二战后在列宁格勒遇到阿赫玛托娃，两人就彻夜长谈14个小时。也因为这14小时他爱上了她。14小时的纯粹交谈，需多么浩瀚的内心和多么充沛的元气！

如果用我们曾经接受过的某种观念，这种滔滔不绝的话痨何等浅薄。但表达，以及激发对方表达，以及表达之后达成的相知，它的魅力，慢慢地征服了我这颗中老年的心。

关于这个问题，有一部我常常提到的小说《万物的签名》讲得尤其好。

阿尔玛的妈妈，比阿特丽克斯，重视语言交流。而且她的要求是：不是说话，而是交谈。她对大女儿，其貌不扬而犀利的阿尔玛的要求是："谈话不该是一场拼命奔向终点的比赛，要让你的交谈者说完他的想法。"对二女儿，美貌而沉默的普鲁登丝，她的要求是："你不参与闲言碎语固然令我赞赏，但避开交谈又是另一回事。羞涩，只是另一种虚荣。只是乖巧是不够的，普鲁登丝，你还得让自己变得聪明。"

所以，基于这样的教育，阿尔玛从开始学会说话起，就无法把争论搁在一旁。与安布罗斯熟识之后，安布罗斯坦言了自己曾经发疯的事。对此，阿尔玛不安，她需要了解他，所以需要了解这发疯之事——既然这是他的一部分。她阅读神秘主义者波墨的著作，翻阅白亩庄园藏书室里所有的老科学家以及已经绝迹的古怪术士们的作品。安布罗斯发现她的这些研读后，问：你为什么不直接来问我？那是长达几个页码的交谈，最后，安布罗斯问："阿尔玛，我们是不是在争吵？"阿尔玛说："我生来就爱争论，争论是我的第一个保姆，争论是通往事实最坚定的道路，因为唯有如此，才能对抗迷信的思考或是懒散的定律。"

看到这些细节我很感动，因为我们听多了"成书三十卷，劝人缄默"的教诲，也听多了对心照不宣、此处无声胜有声、不着一言尽得风流的相处形式的赞美。可是若真有这么两个人，若不是经过很多的"有声"的了解，那"无声"就不是默契，而是空洞。

也有一些语言，只是为说话而说话。有时是为了填补社交中的空白，有时是炫技式的语言公关。那不在我们讨论的范畴内。

前不久参加了一次名为"见信如晤"的活动，活动上有人阅读了茨维塔耶娃写给里尔克的最后一封信（因为当时里尔克重病，收到信不久就去世了），信中倒数第二句话是："莱纳，给我写信！"这是催人泪下的一个请求，因为是面临永别的事实，但那沟通永被隔绝的绝望，何等痛切。这让我想到，"信"这种形式的迷人之处，就在于那悠长的沟通。我们怀念写信的日子，怀念的大概就是：在语言中，无穷无尽往深处走的悠长。

"好话"千言，不如适时幽它一默

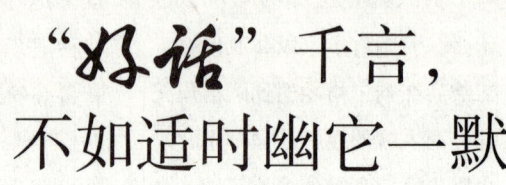

> 幽默的语言常常令人难忘，既可以给人以友爱和宽容，又可以化解矛盾和冲突，帮我们打开交流沟通的大门。幽默是一种有价值的思维品质，源于一个人对事物的深刻洞察和敏锐反应。我们想要维系良好的人际关系，学会幽默可谓终南捷径。

英国人用幽默增加风度和开展外交，美国西点军校可以凭幽默录取新生，美国总统则靠幽默赢得选票……幽默既是智慧的表现，也是一种生活态度。可以说，幽默是一个人不可或缺的素质之一，它在很多时候、很多场合是我们维系良好人际关系的法宝。

幽默可以帮助我们缩短彼此之间的距离。如果我们在讲话时枯燥无味，毫无风趣可言，不难想象听我们说话的人会有怎样的反应。相反，如果我们语言幽默诙谐，就能很快拉近彼此之间的心理距离，沟通效果自然大不一样。

幽默的语言还能缓和矛盾，消除彼此之间的对抗心理。这时，幽默的语言就如同润滑剂，可以有效地降低彼此之间的"摩擦系数"，使对抗性减弱，甚至变对抗为兼容，使我们的交流从容地摆脱沟通中可能遇到的困境。

幽默的语言还能帮我们轻松地说服别人。深刻的道理固然可以通过庄重严肃的逻辑论证来阐明，但通过幽默的语言来晓之以理，往往效果会更好。一位画家对批评家批评其画作非常不满，便对批评家说："要想公正地评论一幅画，批评家本人必须会画画才成。"面对这样的指责，批评家并没大发雷霆，而是轻松地说道："我亲爱的艺术家，我有生以来没有下过一个蛋，可请你相信，我比任何一只母鸡都更清楚鸡蛋的味道。"简洁幽默的语言明确地表明了批评家的观点。

另外，幽默的语言还可以反击无理的提问。一位美国记者来华，周总理接见了他。会谈中，他见周总理用的是一支美国生产的帕克钢笔，便用讽刺的口气问："总理先生，堂堂中国人，为什么用我们美国的笔？"面对这样明显带有敌意的问话，周总理笑着说："这是一位朝鲜友人在抗美战场上缴获的战利品，他把它作为礼物送给了我，我觉得很有意义，就留下了这支笔。"那位美国记者听后哑口无言。

总之，幽默的语言在我们的日常交流活动中有着重要的作用，运用得当，将会给我们增添无限光彩。不过很多人说自己就是幽默不起来，这其实只是我们没有注意观察、学习和积累的缘故。想要让自己变得更加幽默机智，就非下一番苦功不可，为此，我们也可以从最简单的地方起步：

首先，我们要树立积极、乐观的人生态度，热爱身边的人，深入生活，从不同角度去发现事物有趣的一面。其次，不妨从大众传播媒介中收集幽默语言并创造性地运用，随时在生活中加以使用，根据不同的情况进行调整和创新。另外，不要对自己太过在意，适当的时候不妨来点儿自嘲，这也是很好的幽默手段和态度。

这样说话更有趣

□ 西叉七

美国语言哲学家格莱斯认为，人们为了保证交流顺利进行，会互相合作以便达到目的。比如说话的"量"要不多不少、能刚好满足信息需求；"质"是真实可信的，内容要有关联；说话的方式要简单明了、没有歧义：这就是语言上的"合作原则"。

当然现实是不会这么高效的，有时候，一些幽默和搞笑恰恰是因为违背了这种"合作原则"而产生的。做一个有趣的人，就要和语言学家"对着干"，话只说一半或者超出所需要的信息量，有趣又幽默的话就一定能从你的嘴里说出来。

鲁迅《秋夜》有一个著名的开头："在我的后园，可以看见墙外有两株树，一株是枣树，还有一株也是枣树。"他这样的写法刚好违反了"量的原则"，给人一种"一本正经地胡说八道"的感觉，神坛上的鲁迅先生原来也有幽默人性的一面。

格莱斯"合作原则"第二条是"质的原则"。如果真想让交谈顺利进行下去，就应该说真话，说有根据的话。但如果你故意"对着干"，故意说一些违背常理和事实的话，就形成了无厘头的效果。

比如周星驰的《唐伯虎点秋香》火了一只叫"小强"的蟑螂。唐伯虎随手拍死了一只蟑螂，开始饱含深情地即兴演出："小强呀！我与你相依为命，同甘共苦了那么多年……"不过是一只蟑螂，但是说得这么严重，这是无厘头。

格莱斯还强调了"说话要相关"，故意反着来，你"说东"，我偏偏要"道西"，给牛头安上马嘴，轻轻松松套路别人。举个"栗子"："梦想还是要有的，万一实现了呢？能去清华大学的路也是很多的，不管是331、365路，还是498、508路公交都能到，要不要打开百度地图帮你查查呀？"

这种方法并不需要开多人的脑洞，话说着说着顺道拐个弯，再扯上点儿别的东西就行了，套路在手，幽默生活你有。

"合作原则"最后的"方式准则"强调表达要清楚无歧义、简练有条理。如果我们换一种表达方式，故意让自己的话听起来更晦涩、更奇怪，有更多的弦外之音，快感和幽默就随之而来了。

还是在《唐伯虎点秋香》中，华夫人和唐伯虎明明是仇人相见，剑拔弩张地互相攻击、下毒、比凶、比狠、比谁家毒药天下第一，然后画风一变，两人开始和颜悦色地进行"广告推销"……一部好好的古装剧，非得有"居家旅行必备良药"这种现代广告推销套话，很违和，也很无厘头。

类似的，像甄嬛体一样有着强烈古装、侠客风的小说书面语，在电视剧里可能不突兀，但要是在实际生活中运用，就是专门来搞笑的了，让我们来感受一下：

"亲，今儿上新的这件衣衫款型是极好的。我愿多买几件，虽会荷包骤然消瘦，倒也不负恩泽。""说人话！""衣服真好看，能便宜不？包邮不？"

爱自黑的人，人缘都不会太差

□ 大将军郭

有人说喜欢自黑的人自信又内心开阔，我觉得确有这样的可能。有人因自卑担心暴露自己的缺点，更倾向于展现自己好的方面，而自信的人不会因为某一个特质的瑕疵而改变对自己的看法，即便是主动向别人坦露，也能轻松处之，从这个角度来说自黑的人更有可能来自自信的群体。

但这并不是全部。

从某种程度上来说，这种自爆"黑点"的行为是一种坦露，但这种坦露有时也是一种自我保护。担心被他人戳中痛处，不如先自我揭露，既然已经公之于众，就是在说明"我有自知之明"，而他人便不忍心再次揭短，对自黑过的人大家总是会更多包容和怜爱，哪怕心中有千言万语，也是没办法对一个"自我检讨"过的人不依不饶了。

再则，这种保护还体现在它帮我们躲避了糟糕结果所带来的心理压力和内疚感。有个身材微胖的姑娘总是自黑说自己是个大胖子，不会有人要，注孤生，朋友要帮她介绍相亲对象，她不问对方是个什么样的人就先自黑，论调依旧，"我太胖，对方如果不是唐明皇，没戏"。相亲无果，想必跟微胖姑娘料想的一样，因为在见面前就已经合理化了相亲失败这件事，并为之找到了"确凿"的理由——胖，当真面对如此结果的时候，内心便不会有那么多波澜起伏。在糟糕结果出现之前自黑，是为自己的失败提前解围。

自黑是一种讨巧的自我保护，但如果自黑成为了一种自动化的习惯，也会潜移默化影响着你的行为风格和自我认知。

有人会担心如果不能用自黑式幽默来让朋友开心，那么朋友可能便会不喜欢你。那些在聚会时故意唱歌跑调夸张舞蹈让你捧腹的，那些扮丑拍照发朋友圈让你吐槽的，那些在饭局酒局上用各种时兴的段子嘲弄自己的，总是会在某时某刻博人一笑，当朋友们想起你，或许第一个就会想到你出色的自黑。

自黑的人总是自以为清楚地知道自己在做什么：不过是夸张放大自己的某个不算优秀的特质，再说上几句俏皮笑话而已，算不得什么了不得的大事。但渐渐地，不断重复的自黑部分像是逐渐融进了血液里，你对自己的认知会开始摇摆，对自己的评价一路走低，谎话说多了自己会信以为真，自黑多了会看不起自己。你以为自己很清醒，但你会渐渐看不清。

比起评价自黑的人是自信的，我觉得他们更有可能是羞赧的、不愿显山露水的，也是脆弱的，因为害怕登高跌重，也担忧赞誉背后充斥诋毁，那不如就放低自己，用自黑降低别人对自己的期待，亦不再高看自己，甚至在一声比一声高的自黑当中渐渐失掉了再搏一把的勇气，不如就这样吧，不如就接受这个远不及完美的自己吧。

谈及此处，不免觉得习惯自黑的人有几分可怜。

第六章

生涯规划与志愿填报：
知己知彼，筑梦未来不迷茫

随着新高考改革的到来，人生规划和人生设计变得越来越重要。它要求我们从高中一年级开始就有意识地思考自己的志愿，选好大学与专业，与未来衔接。面对新高考改革，我们必须提前做好准备工作，了解自己，更要了解社会。只有知己知彼，我们的高中学习和生活才能有的放矢，才不至于在面对选择时误入歧途。

当下的大部分同学都存在这样的问题：只是想着读书上大学，却没想过读什么专业，未来想从事什么职业，想过怎样的生活，想成为一个什么样的人。我们习惯埋头苦读的同时，有没有思考过这些生涯问题呢？

其实，造成这一现象的原因除了生涯教育的长期缺位，还与很多同学一直以来面临的选择机会不多有很大关系。小升初、初升高，我们已经经历过的升学过程，基本上都是尽力提高学业成绩即可。对于高考，长期以来给予学生的选择空间也不大。过去，高中生在高考填报志愿前，只是在选择文理科时会初步考虑将来的专业志趣，大多数同学对大学专业的认知很模糊，对专业的了解不深入，也不需要深入。

高考规则使他们可以把专业方面的困惑暂且放下，将全部精力投入高考中，等高考结束后填报志愿时再详细了解，而同学们面临的新高考则不然。新高考改革，被形容为"最全面、最系统、最重要、最复杂"，其最大的亮点就在于选择性教育思想贯穿其中，给了同学们更多选择的空间。

为了能够满足相应大学专业的选考科目要求，我们必须尽早考虑自己未来的专业志趣，在高一阶段就要开始考虑选考科目的情况，以尽早确定主攻科目，这是我们面临的一道重要的人生选

> **高中学习生活提示**
>
> 新高考的考录方式，从原来的"选学校"变为"选专业+选学校"。考录方式与未来专业和职业息息相关，这也使得原先只作为心理课一隅的职业生涯规划，一跃成为迫在眉睫的重要事情。所以，我们从进入高中开始，就应该树立生涯规划意识。

新高考让高中成 生涯规划最佳时机

择题。新高考给予同学们前所未有的选择权的同时，也会使一些还没有学会选择的同学感到无所适从。但同学们应该感到幸运，它让我们在本就应该思考生涯发展问题的年龄，获得了学会做人生选择题的机会，并且通过做这道人生选择题，唤醒生涯规划意识，掌握生涯规划方法，提升生涯规划能力，为走出一个更幸福、更精彩的人生做好更充分的准备。

那何谓生涯规划呢？所谓生涯规划就是我们根据社会发展的需要和个人发展的志向，对自己未来的发展道路做出一种预先的设计。生涯规划从内容上包括职业规划和学业规划。生涯规划能使我们在规划人生的同时可以更理性地思考自己的未来，尝试性地选择未来适合自己从事的职业，并从学生时代培养自己适应未来职业需要的综合能力和素质。

同时，生涯规划可以帮助我们确定人生目标，制订行动的措施，增强责任感和学习动力。一艘没有方向的船，任何方向吹来的风都是逆风。有了合理的生涯规划，我们才可以采取切实可行的措施，有的放矢地增强自身的素质与竞争力，从而最终实现自己的人生理想。

新高考方案让我们有了更多选择，而且把专业的选择提到了前面，这自然也把我们的职业生涯规划提到了新高度。

高三是我人生中最骄傲的时光

□ 胡歌

我一直认为，中学是人生至关重要的阶段，它是每一个人走向成熟的起点。尤其进入高三之后，学习的意义和目的更加清晰。而那个目标，绝不仅仅是为了高考。我告诉自己，一旦走出了中学的校门，我就成为了一个真正意义上的成年人，我要对自己，父母，对社会和国家负责。我常对自己说："不要让十年后的胡歌瞧不起你。"那种感觉会让我莫明地兴奋，也会有一丝紧张。它让我重新审视自己，重新定义未来。

现在回想起来，高三第一学期是我最值得骄傲的时光。我们的高考是"3+1"模式，高二结束，要从物理、化学、政治、历史、地理选一门作为"+1"学科。我最终没有选择最喜爱的物理，而是选了完全不擅长的政治，完全是出于"哥们儿义气"，我要和我的一个好兄弟并肩战斗。所以我俩就一起投身陆军老师的政治课堂了（此处略微"拍个马屁"，事后证明和谁学不重要，跟哪位老师学非常重要）。

说实话，我高中前两年的成绩并不是很理想，始终在中游偏下徘徊。高三第一学期我非常用功，用"头悬梁，锥刺股"形容也并不为过。第一学期结束，我成绩跃升至班级前三。我想说的是：任何时候开始努力都不算晚，关键是恒心、毅力和有效的方法。要结合自己各门学科的学习基础，制订不同的迎考方案，比如政治和英语，必须花大量的时间和精力才能牢记所有的知识点。当然，一定要理解了再去背，才会事半功倍。这也成为我日后演戏背台词的时候屡试不爽的经验。

其实，当时我并没有打算报考艺术类院校，目标是本市某数一数二的大学。一个寒假之后，或许由于前几个月用力过猛，我当了"逃兵"，选择了一条对自己而言要轻松许多的道路——报考艺术类院校。由于我提前两个多月就通过了专业考试，并且得知表演系的高考录取分数线相对较低，所以在大家齐头并进、奋力冲刺的阶段，我提前放慢了脚步，没有和同学们一起拼到最后一刻。这至今仍是我人生中莫大的遗憾。后来我又参加了上海戏剧学院表演系考试，最后选择留在上海。

作为一个"艺考过来人"，我也有几句肺腑之言想与那些怀揣艺术梦想的考生们分享：首先，不是每一个"逃兵"都有我的好运气。如果你没有基础，没有天赋，更没有对艺术的热爱或者兴趣，那么，我真心劝你不要浪费父母的金钱和自己的青春。今年我亲历了上戏表演系的专业考试，从很多考生身上，看不到上述几项条件的一点儿影子。

对大部分人而言，艺考绝对不是捷径，虽然近些年影视行业飞速发展，但是并非每个学校都有良好的师资，就算考上了，毕业后也将面临残酷的就业问题。愿每个考生都能在高三这一年，学会思考，学会联结过去与未来。

你想成为怎样的人

□ 大鹏

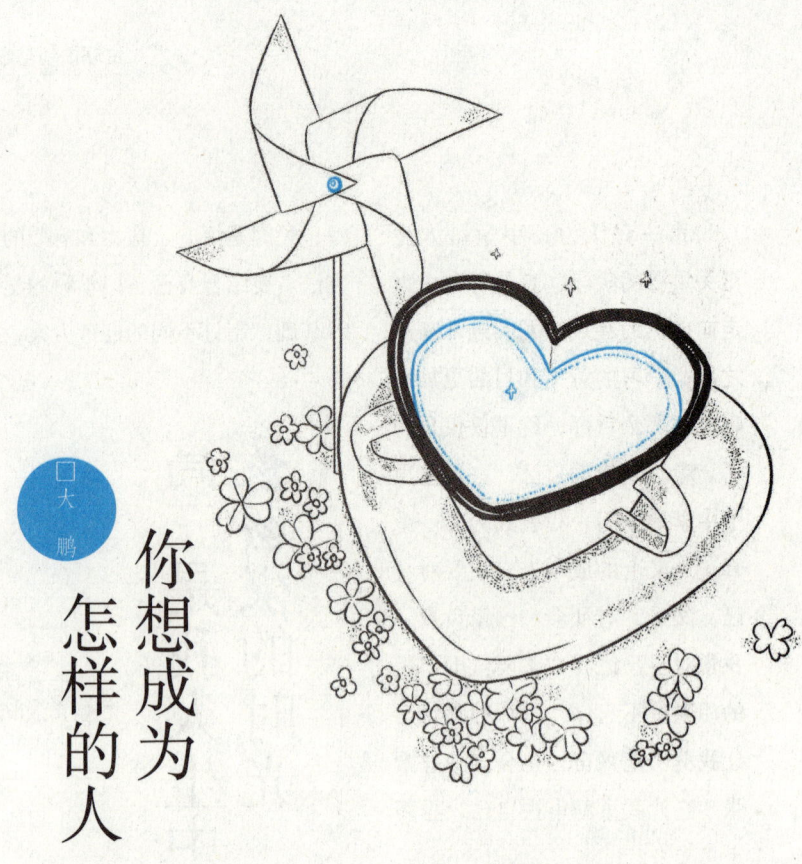

小时候老师经常会问:"长大后你想成为怎样的人?"当时的标准答案是警察、医生、科学家等。我最初的回答是:"和尚。"和尚在我幼小心灵里的形象实在太高大了,主要是因为电影《少林寺》。

所以,我的第一个爱好是武术。那时候有一本杂志叫《武林》,我经常去报刊亭翻看,默默记下里面的招式,然后回家自己练。我还参加过一个武术班。教练是一个光头,他很厉害。我因为底子好,练得勤快,很快就当上了副班长。有一天教练生病,由另外的老师代课。他让我们自由练习,我和一个大个子交手,他打不过我就哭。代课老师觉得是我出手太重,狠狠地批评了我一顿,这让我这个副班长感到很委屈,一怒之下退出了江湖。

小学的时候,几乎每个同学都选择了一样乐器去学。我爸想让我学二胡,但是二胡老师无情地拒绝了我,他说我的手指太短,学不了二胡。后来我就转而学小提琴。在学校的兴趣班里,有十几个学生,用的都是学校里的小提琴。因为无法在家练习,很快我就只能滥竽充数了。

于是,有一次放学前小提琴老师把我留下,语重心长地对我说:"大鹏啊,你不太适合学音乐,以后可以试试去报别的班。"我一直忍到走出少年宫才哭,回家跟我妈说:"我不喜欢学小提琴,以后不要学了。"

那句"你不太适合学音乐"对我的影响很大,我觉得自己适不适合做一件事不应该由别人去评价。但是,你认为我会立刻用实际行动证明他们的评价是错误的吗?并没有,我很听话地报了绘画班。学画画的根本原因,是成本比较低,而且我也还算有天分,后来还拿过很多次奖——那时候少年宫的内部比赛中,所有的孩子都有奖。

初中的时候我还画过漫画,模仿蔡志忠的画风,自己编剧情,强迫同学们看,同学们新鲜过一阵之后,都去看原版的蔡志忠漫画了,我失去了动力,也就没再继续这个爱好了。

我最开始对唱歌感兴趣是在小学五年级。班级的大合唱,老师挑我站在最前面。我以为是因为自己唱得最好,后来才知道,是因为我的个子最矮。

我还有很多爱好,比如写文章、打篮球、做饭什么的,但不是所有的这些爱好最后都能够成为特长;甚至不是所有的爱好,在一开始就是爱好。

电影《蜘蛛侠》里有一句台词让我印象深刻:"你是什么样的人,取决于你选择成为什么样的人。"这里面提到的"选择",我认为并不全部是主动的,就好像我们读书的学校、我们成长的环境,甚至我们的爱好,也许很多人都是被动做出的选择。面对这种情况,我让自己接受、适应,然后尝试改变,或者被改变。

有时,顺其自然,平静地面对并热爱当下的生活,机会与成功也许就找上门来了。

关键六大步做好高中生涯规划

新高考新的考录方式，使生涯规划成了我们在高中阶段必须认真思考的问题。生涯规划如此重要，我们该如何提高生涯规划的能力，规划好自己的人生呢？

Step 1：正确认识和了解自己。 我们在确定职业目标前，首先要认识自己，把个人兴趣爱好及个人才智优势与社会、家庭所提供的发展机会有机结合，定位职业。认识自我可以采用自我反思的方式，还可以在自我分析评价的基础上采用他评法，通过与父母、朋友、老师、同学的沟通，了解他们对自己的看法与期望。

Step 2：了解职业与大学专业。 除了认识自我，我们还要充分认识环境，了解职业与大学专业。我们需要了解不同职业的工作内容、对从业者综合素质及学历的要求等。我们还需要了解各大学专业培养的目标、主要课程，相应大学该专业有何特点与优势，以及它们的就业情况等。

Step 3：确立初步的职业目标。 通过自我剖析认识自己，通过职业与大学专业的调研与体验，我们能初步确立自己的职业目标，并着手绘制人生规划蓝图。在目标的指引下，我们会更有方向感，学习的动力也会更足。

> **高中学习生活提示**
>
> "增加选择权"和"全面发展"是新高考改革的主要特征。可见，在新高考改革背景下，我们亟须认识自我，了解专业，关注社会人才需求，进行科学合理的职业生涯规划。这不仅直接影响着我们的学业，也直接影响着我们的未来。

Step 4：科学规划高中这几年。 首先我们要进行学业规划，学业规划包括学业管理和学业决策两部分。学业管理涉及如何优化学习方法，科学进行时间管理，提高学习效率，提升学业成绩。这些是作为一名学习者需要培养的重要部分。而学业决策是同学们面临的新挑战，简单讲就是如何进行"7选3"。

简单来说，第一门课程最好选自己最感兴趣的；第二门课程可以选择与自己能力倾向最匹配的；第三门课程可以选择与你未来的职业、专业、高校意向最匹配的。若这时有两门学科势均力敌，难以取舍时，建议优先考虑文理搭配，这样有利于全面发展、可持续发展。

Step 5：行动与执行。 各位同学在高中阶段必须培养坚定的意志力，战胜懒惰与拖延，让自己成长为一位行动的巨人。

Step 6：不断评估与修正规划。 我们在朝目标奋进的过程中，要不断去审视与反思自己，持续关注变化的外部环境，评估计划实施的有效性。根据变化了的各种因素，及时进行调整，做出更适合自己的计划与选择。

最火的人生设计课

□ 易明

"你什么时候看起来最有活力？最投入？""……研究数学的时候。"这是斯坦福大学设计学院一个天井里最常见的对话，别以为它只是同学间的闲聊，其实它是斯坦福大学设计人生课程中讨论最多的话题。美国杂志报道说，这是斯坦福大学"最热门的课程"。

斯坦福大学设计学院的天井

上面回答"研究数学时最有活力"的学生，其实来自斯坦福艺术史专业，她是校内有名的学霸，已经完成了超过230个学分，但始终不知道自己毕业后要做什么。

她的这种迷茫是斯坦福无数学生共同的烦恼，他们擅长考高分，多才多艺，但对自己的未来却始终说不出个所以然。几年前，这门设计人生课程一经推出就迅速爆满，直到今天，它依然是斯坦福最热门的课程之一。

其实中国孩子在挖掘自身潜能上的"坑"更多更大。多数人受制于应试教育的压力，从小不知道自己的兴趣究竟是什么，于是到大学选专业、毕业找工作的时候非常迷茫。他们更可能要用10年时间，去弥补自己小时候3年就可以填补的沟壑。

非常有意思的是，斯坦福大学这门课程的两位主讲教授都是苹果公司前员工，他们希望通过这门课将设计苹果手机的方法运用在教会学生"设计自己的人生"上。

像设计师一样思考人生

这门课的萌芽要追溯到近十年前，当时还是苹果公司员工的比尔·伯内特和戴维·埃文斯两人，经常受邀为谷歌公司的产品经理和硅谷创业天才等传授"设计"的秘诀，但他们渐渐发现，他们精通的设计理念可以让他们做出世界上最有创意的产品，但他们的生活却依然索然无趣。

而纵观自己的人生，他们所做的每一个决定——去哪个学校、去哪个公司……看上去都是"最好"的选择，但如果冷静反问自己，他们也不知道自己到底为什么要做什么。他们开始意识到——为什么不把设计的理念应用到生活上？并拿自己做起了"实验"。

设计讲究"定义问题"，即在众多需求中只关注最核心的痛点——他们用来给生活做减法。每天有各种琐事缠身，但自己到底想要怎样的未来？那样的未来又需要从现在开始做什么准备呢？

设计讲究"原型设计"，即有了想法就要做出来接受检验——他们用来检验计划的可行度。有了计划，不求完美但求完成，先做出个简单成果，找专业人士提建议会比一个人在角落钻牛角尖强100倍……

实验的效果立竿见影，他们开始意识到，自己其实不喜欢电脑，只是擅长电脑，并离开了苹果公司，回到母校，把这些人生经验整理成了这门课，让学生们能在20岁左右就解决困扰了他们多年的人生难题。

但两位教授也强调，这门课不专属于设计师，更不专属于大学生，像设计师一样思考，任何时候都可以。他们课上就有一位特殊的学生，是即将从斯坦福大学工学系退休的一位教授，他上课的初衷是："我就快退休了，但我完全不知道我该去做些什么。"而这个课程上更有一些年轻人以及一些中小学阶段的教师，这些教师觉得，应该让孩子从小就能找到自己真正的兴趣，充分发挥自己主动支配、而非被动接受自己人生的潜能。

设计人生的重要五步骤

这两位教授分享了很多经验、案例和方法，其实我们在日常生活中也能运用。

1.保持好奇心：问"什么"不如问"为什么"。我们习惯于接受摆在我们面前的问题——最近要完成的作业、下个商业项目……不过设计师更习惯在这个问题上笨一点儿，他们甚至会问：为什么要问这个问题？因为他们深知，把自己的创造力倾注到对错误问题的回答上非常"二"。

2.不断尝试：不求完美但求完成，然后不断修正。前面提到了"原型设计"，其实设计的经典模式就是建造一大堆东西，尝试一大堆东西……但都还不是最后的产品。但这并不能说明"失败了"，而是说，我们的想法正在不断趋近于最完美的方向。所以，当你对未来的事业感到迷茫，或者工作后考虑改变自己的职业，有了具体想法后，可以去拜访某些正在做你想做的工作的人。更好的办法是跟着他们工作一天，或者周末去实地做这项工作。如果感觉很好，那就继续向前一步；如果感觉不好，那就忘了这回事吧。

3.重构问题：思考陷入停滞，就换个问法。还记得文章最前面的那个问题吗——"你什么时候看起来最充满活力？"这就是教授重新定义"你将来要做什么"后的结果，比起原来的版本，具象了不止一点两点。"将来做什么"是一个一辈子都不会停止的追问，是最基本的哲学问题，但我们可以跳出来，换一个角度看待它，就能很快走出死胡同，想到更多更好的解决方法。

4.记录整个过程：随时反思人生。设计人生并没有真正的终点，去寻求答案的过程比结果更重要，这将会使你最终必有收获。而设计最让人满意的地方就在于，它的结果是可以看得见摸得着的，如果你把这种思维方式应用到生活中去，记得把整个过程记录下来。它将是无价之宝，不仅可以用在枯燥的绩效考核和工作面试中，也可以用来反思人生。

5.主动寻找导师：设计和发明是一个日益协同的过程，设计你的人生也一样。对学生来说，自组互助读书会来讨论某些主题，写信给某些领域学有专精的人，向其请教学习上遭遇的难题，在网络上分享自己的学习成果，或向网络达人请教学习上遭遇到的难处……都是不错的方法。

实际上，设计人生这门课所倡导的理念——像设计师一样思考永不嫌早，与斯坦福大学设计学院的撒手锏——设计思维殊途同归。

设计思维由斯坦福大学设计学院创办人大卫·凯利教授提出，非常巧合的是，他当年帮乔布斯设计出了苹果公司第一款鼠标。设计思维现在已风靡全球，从斯坦福大学到哈佛大学，非常多的美国名校和中小学也开始开设设计思维课，并将之视为激发孩子创造力的法宝。

设计思维并不是大众认为的"设计"本身，而是一门实践课，它强调的是：比创意本身更重要的，是发现根本问题并真正解决问题的能力。

每年各大高校都会提前发布招生章程，方便人们了解该校招生信息。招生章程是高等院校依据我国相关法律和教育部要求制订的，是高校开展招生工作的重要依据。报考之前，我们应该认真研读目标学校的招生章程，早日为高考志愿填报做准备。

了解高校专业，十个方面不可少

1.专业区别。弄懂专业的真正含义很重要，包括专业开设的课程、特殊要求以及可以从事的职业等，切不可盲目地望文生义。尤其是一些名称相近的专业，更要搞清楚它们之间的区别。

2.重点专业。并非重点院校的专业都是重点专业，也并不是非重点院校的专业都是普通专业。相反，一些普通院校的重点专业在全国也处于领先地位。所以，我们在选择专业时，在分数不够重点院校的情况下，报考普通院校的重点专业是明智的选择。

3.横向比较。我们明确自己选择志愿的方向后，要做两个方面的专业比较。一是同类性质院校比较，衡量选择拟报考专业的院校实力；二是不同类性质院校但有同类专业的比较，衡量选择不同院校的专业实力。

4.冷热处理。人们根据现实的就业难易、就业收入和工作环境等情况，把专业分为"冷专业"和"热专业"。其实专业本身并无"温度"。我们选择专业时要有长远目标，结合自身兴趣和爱好，避免时过境迁而供大于求。

5.限制条件。一些专业有自己独特的限制条件，如语种、身高、形象、性格、性别以及单科成绩等。这就要求我们认真阅读招生简章，了解招生院校报考要求，结合具体情况，科学报考。

6.专业服从。填报专业志愿时，是否服从调剂要因人而异。填报专业时既不可为了上某所院校而一味服从，结果使自己进入极不喜欢甚至直接影响未来就业的专业；亦不可一味不服从，过分挑剔专业，因没有回旋的余地而丧失录取机会。

7.体检结果。每年填报高考志愿之前都有一次高招体检，我们要根据自己的体检结果选报志愿，避开那些限报的学校和专业。

8.相关科目。各院校录取考生时，在考生总分达到学校要求的情况下，还会考虑相关科目成绩。有的院校或专业有明确的要求，我们在选择院校和专业时，要考虑自己相关学科平时成绩是否能达到所报专业的要求。

9.就业领域。报考志愿的专业和将来从事的行业是密不可分的，也可以说，专业就是未来的行业，专业是决定将来工作岗位的重要因素之一。而一些专业名称的术语色彩较浓，很多考生不甚了解其含义及将来的就业领域，稀里糊涂地就填报了，等到入校学习后或就业时才明白，那时悔之晚矣。所以，我们要清醒地认识到志愿专业将来所面临的就业难易、工作条件、待遇水平、区域环境等。

10.专业类别。专业类别很多，我们可根据自己的实际情况，明确自己的兴趣、爱好和志向，先从大类入手选择，这样可很好地降低填报的难度和缩小选择的范围。因为不同的类别专业，对未来的深造程度、学习深度、就业方向都有不同程度的要求。

那些年盲目选专业的我们

□ 马拉拉

1

现在还记得，小学老师总让我们写想象作文，以后要干什么。那时候，连盒大大卷都吃不完，哪里知道要干吗。中学时候忙着高考，忙完后就被推到了大学的门槛，选专业的书有三厘米那么厚。我上网查资料，每一个头条都是计算机、金融和管理。

我妈总喜欢在我看电脑的时候怼我橘子吃，"你选那个赚钱多的哈"。我说好的，然后把金融写在了最前面，只是半夜偷偷把专业顺序调换了一下，把新闻专业放在了第一位。

第二天在讲台上，老师盯着我的专业条儿，和我说："你读这个可不好找工作哦。"我不知道哪里来的骄傲，把它按实了放在他手里，心想，你们这群庸人是不能理解我的。

进入大学，写了一年校园新闻之后，我觉得自己可以去当一个真正的记者了。有一次，我火急火燎地跑去了周围一个建筑工地，穿得和凤凰卫视《社会能见度》主持人曾子墨一样，白衬衫黑西裤，配上一双漆皮鞋，还带上了花120大洋买的录音笔。

"你为什么要做这份工作？"我找到一个正在卸水管的农民工，堆着不谙世事的笑脸，把录音笔凑了上去。他白了我一眼说："瞧不起咋的，也不是所有人都能做这份工作的！"

气氛有点儿尴尬，他拿着水管走到另一边，剩下我怅然若失地站在一堆砖头边。我低头看到皮鞋上全都是灰，连忙蹲下身，掏出湿纸巾擦干净。

我曾经以为，当记者就是坐在宽敞明亮现代化的办公室里，拿着高额年薪漂亮体面地惩凶除恶，对着全国人民和嘉宾侃侃而谈。但我没有想到，办公室是要钱的，稿子是要卖钱的，万事俱备也要有遇见伯乐的运气。原来一直以来我所做的，不过是满足自己对记者这个身份的想象。

这似乎也是现在许多高中生和大学生正在干的事情，凭借自己的想象来选择专业、寻找工作，不断纠结于自己的对口岗位或者企业，而没有好好了解过这个行业里的大多数人在干什么。

于我而言，读新闻的人那么多，中国又有几家媒体在真正做新闻呢？每年又有多少个人真正能进去这些媒体呢？毕业之后，我才认真思考这些问题，然后开始接受现实。

2

平时，我很少和朋友探讨这些问题。新闻班也只有才子文彦同学和我比较聊得来。毕业之后，他去当了记者，而我一直在准备出国读研，想着一个更好的文凭可以帮我过上更好的生活（是的，我又在想象）。后来，因为家庭的原因，我最终没有去读研。

那段时间我很失落，于是又找到了文彦，想和他痛哭流涕地聊聊天。然而刚坐到一起，他就来了一句:"我现在在给一家养猪场写软文。"我哈哈大笑,惊讶地调侃他:"天哪,你的理想呢?"

含糊不清的句子从他嘴里冒了出来:"我写调查报道,一篇稿子跑大半个月,也就挣个千八百块钱,动不动还被毙稿。现在偶尔兼职写写软文,三千块钱就到手了。"

我数了数,毕业后我们六十一个人的新闻班,最后只有十个人去做了记者。想象变成现实之后,大多数人还在寻找着自己的平衡,只是再也没有人谈论"理想"了。

新闻专业的人在毕业后感受到的落差和幻灭,大概在很多专业的大学生身上都会出现吧,建筑、医学、法律、中文……从我作为过来人的经历来,这些似乎都是重灾区。

伍迪·艾伦在《午夜巴塞罗那》里借约翰逊·斯嘉丽的口说了一句:"我不知道自己喜欢干什么,只知道自己不喜欢做什么。"

这也是每次朋友聚会,聊得最多的一个话题。上大学的时候不喜欢自己的专业,工作之后又嫌弃工作太无聊。很多人因而对成年之后的生活感到失望。

只是,我认为并不是我们做错了什么大事,而是在十几年的读书生涯里面,太少去接触真实的社会。

很多时候,我们想做的事情也深刻地被家庭环境所影响。我还有一个朋友嘉怡,她的妈妈是三甲医院的医生。小时候,她就被妈妈锁在医院的办公室里,长大一点儿,就穿着无菌服跟着实习医生进手术室旁听。

虽然妈妈一站就是好几个小时,连擦汗的纸巾都会用掉半桶,但是治好之后,病人家属总是会握着她的手良久。从那时候开始,她就决定了要做一名医生。

在我们抓耳挠腮和爸妈斗嘴选专业的时候,她花了五分钟填完志愿,之后就跑去旅游了。

学医就是另一个加强版的高三,实验室里总是摆着折叠床,凌晨回宿舍也是常有的事。坚持了两年,她大三就拿到了一个国家级的科研项目。

"课程紧张其实还没什么,最难的是要连读五年本科,五年硕博。今年政策变动,想当临床医生还得规培三年,没有工资,生活补助费一个月三千。其实这些都不是问题,我妈当年也是这么穷过来的。但是现在的人,开个抗生素都感觉医院在坑他。"嘉怡说。

幸运的是,即便如此,她因为真的喜欢这件事,还是选择了一直做下去。虽然还在规培阶段,已经有人点名要她做手术了。她就是那种手术台上遇到大出血,一撸袖子,安慰大家怕什么,边输血边干的人。

我很羡慕她,因为在真正喜欢一件事的时候,总能无视所谓困难,而能更为长远地规划自己,而且不会觉得痛苦。但许多同龄人的问题在于,在"幻想的喜欢"崩塌后,即使抛开一切包袱,也无法回答自己真正喜欢的是什么。

不知道自己喜欢什么,又做着不喜欢的工作,这大概就是痛苦的真正原因。

我看过现在的高考网站,头条上都还是那些薪酬和录取的排行榜,和我18岁的时候一模一样。报纸上,关于红灯和绿灯专业的专题重重复复。

首富的新闻几乎每天都占据着头条,似乎在时刻宣扬赚钱和名誉的重要。而每个人的理想,都和电视剧没有什么区别。

在这样的环境里,让一个18岁刚出学校的年轻人,用几天参考这些资料就决定未来的人生,未免太过残忍。但好在,我们才刚刚开始,有的是试错的力气。早点儿醒过来,一定比沉浸在把南墙撞翻了还在往南走的执着里,好太多。

基础学科与应用学科，深造就业大不同

> 我国高等院校本科专业分为十几个学科门类，下属数百个专业，大致分为基础学科和应用学科。在志愿填报时，考生多愿选择应用学科，基础学科常是被调剂的。但我们在选择基础学科还是应用学科时，切不可一概而论，结合实际才合理。

以专业和学科知识本身为研究对象的，偏学术性的大体归于基础学科。数学、逻辑学、天文学和天体物理学、地球科学和空间科学、物理学、化学、生命科学并称为自然科学的七大基础学科，而哲学、文学、历史学通常被认为是人文科学的基础学科。实际上，应用性学科都是在基础学科上的衍生学科。

在很多人眼中，基础学科"只可远观不可亵玩"，出于应用、就业等方面的考虑，大家追逐的多是应用学科。很多高校，基础学科招生难成为了普遍问题。

实际上，传统的基础学科专业，虽然看似冷门，但在许多重点高校中，却往往是历史最悠久、师资力量最强的。唯一不足的是，基础学科是一种长线投资才能获得回报的专业，常常需要读研，甚至读博，从业者常常需要忍受长期的中低收入。

如果我们将来希望考研、留学或者从事研究相关的工作，本科时攻读基础学科更合适一些。就国内院校而言，基础学科专业是众多综合类高校的"标配"，硕博点众多。加之基础学科多偏向理论研究，本科期间所学知识有限，整个专业的读研氛围浓厚，这些专业的本科毕业生对学校不是特别挑剔，那么他们不仅保研的机会多，而且成功率也会更高。

另外，基础学科的毕业生申请出国留学，也更容易一些。由于国外高校的基础学科一般以科研项目为支撑，给予国际学生的奖学金也非常充足，很多毕业生拿到了博士学位之后留在国外任教，继续从事相关的研究工作。

那么，什么样的人更适合基础学科呢？一是兴趣，过于功利的人不适合学，因为基础学科本身并不过分强调应用性，研究型的学科离开个人兴趣，很难学好；二是要有一定的基础，需要学生具备基本的逻辑推理和思辨能力，甚至是一点儿天分；三是对于考生的家庭条件也有一定的考虑，例如父母是知识分子或者经济条件较为宽裕的，毕竟基础学科在专业对口上尚处于弱势，需要看你的个人能力较多；四是需要考生有执着于学术的勇气与毅力。

当然，无论基础性学科还是应用性学科，都要学以致用。如果选择了基础性学科，却没能力学好，最终也只能从一个庞大而深厚的学科中摘取一点儿皮毛罢了。所以，在志愿选择上，大家一定要综合多方面因素，理性填报。

我读的就是那个以后挣不到钱的基础学科

□ 极旦仔

[1]

前段时间,高考报名,面对人生的又一次重大抉择,迷茫的毕业生和焦虑的家长,在报考咨询群里面炸开了锅。

走入大学的学长和学姐们一面耐心回答各种询问、陈其利弊,又一面后悔自己当初报了这个专业,学得多、累成狗、就业难、待遇低,等等,最后得出结论:慎选!

家长们似乎相对冷静一点儿。他们打着精明的小算盘,总希望考过的分数一分也不要浪费,最好是读个"好大学""好专业",出来工作能对口,而且还高薪厚禄,一跃成为中产阶级。

有一位家长专门加私聊,问我什么专业的,专业排名怎么样,学什么,就业都是什么方向。我无奈,只能凭借自己的那一点儿认知如实回答。

然后那个家长又拿出个链接:《赶紧看!各个专业就业平均薪资排名》,然后问:读这个基础学科会有前途吗,这个专业工资水平倒数……

我回了句:不好意思,关于哪个专业比较有前途这个问题,我帮不到您,不好意思。然后毫不犹豫地删掉了他。

没错,我在这所大学学的就是基础学科,又枯燥又难学,学出来还不能做点儿实际的,又不好就业,你们都不要读。

可是那又意味着什么呢?

当阿甘被世俗猜疑,被疯狂询问跑步的意义的时候,他也只能无奈地说:他们始终不相信,有些人跑步,什么都不为。

[2]

其实我认为考虑专业选择的时候,以前途和未来的职业发展作为最重要的参考标准,是一件很短视的事情。

大学的使命是什么?把十八岁的青少年变为成人。有多少人能在进入大学之前认识到,大学四年是人生走向成熟的黄金时间,而毕业时的职业并不是我们要特意考虑的对象。选择的时候,应该更加关注自身成长,不是吗?

然而一年前我走入大学,有相当长一段时间,周围的人都在讨论"你所学的专业以后能做什么"和"专业前景怎么样"这两大问题。浮躁、短视充斥着我们周围的空气,无时无刻、无处不在。那时候刚好开完了几场"职业规划"的动员会,辅导员要求我写几份职业发展规划报告。

之后的几个晚上,我几乎都是彻夜不眠,整晚整晚都在焦灼:我这专业好像真的干不了什么吧。以后不就是做做研究和分析吗,哪个企业会想要一个学力学的学生?

想着想着,却发现我早已忘掉了报考这一专业时的初心:打好基础,训练思维,以后再谈就业。

可是整个大环境都在抽打着

我的脸。那些拥挤在珠江新城地铁站的高级白领、那些忙于解决贷款、买房、逼婚等一系列人生重大问题的工薪阶层和那些焦虑地忙于接送孩子的中产阶级告诉你：年轻人，不要再这么理想主义了，你会后悔的。

[3]

不知道我们从什么时候开始变得如此浮躁。为了"热门领域"，所有人削尖了脑袋往里面钻；为了"就业十佳"，不惜一切代价都要读上这样的"好专业"。

如果教育是一项投资的话，那么也就不难理解人们要以"回报"作为评价标准了。"投资与回报"直截了当地概括了人们对大学教育的认知和态度。

大学的回报是否仅仅是金钱？言外之意，受高等教育的唯一目的是就业吗？金钱固然重要，但是完整的人不应该只关注金钱。

在《优秀的绵羊》里有这样一段话非常精彩："个人的生活不仅限于工作，而工作不仅限于收入；国家不仅限于它的财富，而教育也不仅限于培养职场能力。追求大学的使命是什么，无异于追寻生命的目的，即社会存在的意义以及人存在的意义。"

每阅至此，都会感慨居然会有如此清醒的文字。确实，包括我在内，都曾有大段的迷茫，难以看清一个专业、一所学校能真正为个人带来什么。

我们所关注的未来，可能只是寄托在职业本身，只看重地位、资产的跃迁与增长。我们以为一次恰如其分的选择就意味着正好能赶上时代的潮流，从此发家致富，走向人生巅峰。但鲜有人静心关注，教育能给一个人带来的真正价值。

[4]

事实上，要让一位刚刚从高中毕业的学生，在几天之内找到自己存在的价值和前进的方向，也是一件挺不容易的事情。

曾和一个考生聊专业报考的事情。我跟他说，其实以后的变数真的很大，没有必要在这个时候、在你都不知道自己到底想学什么的情况下去纠结哪个专业会产出更多。过了很久，他回我：对，但是我不想放弃这一次选择的机会，也不想以后会后悔现在的选择。

这本无可厚非。但是如果因一时选了个"好专业"而沾沾自喜，那是短视而粗鄙。谁也不知道什么时候行情大变，也许在不久的未来，人工智能会代替大量金融民工，机器人会依照大数据代替繁冗复杂的就诊工作，而写程序这种纯体力活也会被聪明的算法框架代替。到了那时，当年完全为了职业而上的大学就变成了一个不堪一击的彩色泡泡。

也许在那时，又会有一批人抱怨自己当初的选择是错误的，然后呼吁后来的青少年，一定要审慎，不要选择"没有前景"的专业方向。可是这口锅，大学的专业不背。

在最容易被塑造和改变的年纪，过分看重培养自己的职业技能，而不注重思维的培养和创造的体验，很可能导致毕业后的工作就是把一件事情重复几十年还在原地踏步。

能怪谁呢？怪罪于教育吗？怪罪于社会的不公吗？只能说，这种人上的不是大学，而是一所职业技校。

在选择专业时，你选择的不是未来的职业，而是知识，更是一种思维和习惯。它能告诉你用怎样的视角看待世界、解决问题。至少在这充满理想主义的年纪里，我愿意选择穷极真理，以最本原的思考去探明，这个世界到底是怎么回事。

这才是我最希望我的大学、我的专业能带来的财富。

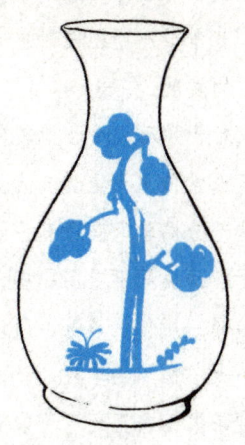

志愿填报，专业和学校究竟谁优先

高中学习生活提示

志愿填报主要涉及三大要素，选大学、选专业以及往年参考分数。在参考分数已知的情况下，确定另外两项的先后顺序就显得异常重要了。其实，这不仅是我们参加完高考之后要思考的事。我们对这个问题思考得越早，就会做得越好。

填报志愿时，该选好的专业还是好的学校，对于很多同学而言难度直逼三角函数或英文语法，反正是扯不清。面对这个"天问"，一味罗列双方的优缺点或者听信别人的经验都容易演变成口水仗，只有经过自己的思考，才能明白到底需要什么。

以下四种情况应先选学校

1.学习成绩优秀，在省级重点中学年级排名位于前列的同学，应首选名牌综合大学，在此前提下选择自己相对喜欢的专业，切忌以专业定学校。因为在名牌综合大学里，即使同学对专业不满意，在入学后仍有很多转系、转专业、修第二学位、第二专业等二次选择的机会。

2.学习成绩中等的同学，似乎可选择的学校数量多。但事实上是，由于这部分同学为数众多，高攀不上去，低又不肯屈就，可选择的余地就变得很小了。对于这部分同学的志愿，应选择地理位置相对较偏远的名牌学校，这样可选择的余地会变得更大，竞争会小些，同时也有益于今后的发展。

3.对于学习成绩相对较差的同学，选学校更为重要。应当承认，这部分同学的高考竞争能力相对于前两类同学要弱一些，所以，选择一所位置较偏、所设专业又不太"热"的学校，就很有可能被录取，甚至还有可能提高一个批次录取。

4.如果你大学毕业后打算直接就业，可以考虑优先选学校。因为大学毕业后直接就业，应聘时学校的牌子相对而言显得更重要。

对于首选院校的同学来说，一定要仔细查询自己所处分数段能够报考的学校有哪些。如果只是简单地查询了一个分数线就报考最保险的院校和专业，可能会造成分数的浪费，也会影响自己以后的职业发展。

以下四种情况应先选专业

1.成绩不太理想的同学，可供选择的学校层次相差不大时，应该将报考的重心、重点转向选择专业上。

2.在所报专业和就读学校发生矛盾时，应该优先考虑专业。因为升学最终是为了就业，选择一个毕业后能用得上、更容易就业的专业，比选择学校更重要。

3.学校各方面情况差不多时，优先考虑专业。现在有的高校实行按大类招生，入校后到大二或大三才选专业，在这种情况下可优先选择学校。

4.如果大学毕业后想继续深造，则应该打好专业基础，选好专业为今后的长远发展目标做好规划。

在大学，学理与学文究竟啥体验

□ 史阿史

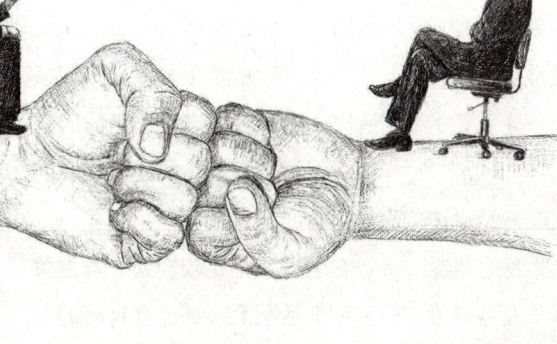

经常有人感慨：要是我大学的时候读了文科就好了，就不至于死这么多脑细胞了！要是我大学读了理科就好了，就不至于毕业后这么难找工作了！于是，我常常反思两个都读读会怎么样。于是，我就试着读了文理两个专业。事实证明，除了很累很累以外，还常常遭遇人格分裂以及怀疑人生。好处呢就是你累死累活，花四年的时间可以拿两个学位，不过后来证明在找工作的时候也没多大用。

好了，首先说一下，我读的两个专业一个是资源环境与城乡规划管理，为理科类专业；另一个是汉语言文学，属于文科类，就是传统意义上的中文系。我的本专业是前者，中文是我在大二的时候选择的第二学位。就像找对象一样，对第一个不是十分中意才会选择第二个，而选择了第二个呢，第一个又常常无法甩开，然后就持续着脚踏两只船的尴尬境地，到毕业方才解脱。

刚开始读"资环"的时候其实也并没有质疑它的前景，毕竟这么长的专业名字，听起来总有几分令人敬畏。不过拿到人才培养计划的时候，我也确实翻了几个白眼，学习的课程之庞杂、之高深简直是我没有预料到的，我自认为以我的智商，肯定学不好这个专业。方案中我们要学经济学、测绘学、土地学、环境学、规划学、建筑学、园林学、房地产学、地理学、水文学，另外还要学高数、学C语言、学地理信息系统……抱歉，你确定四年能把这些鬼东西都一下子教完？事实证明，我们后来成了这个短命专业的倒数第二届。

大一的时候我晃晃悠悠地上着课，还参加了学生会啊社团之类，专业课基本就是上课随便听听，听不懂就看会儿小说。最头痛的就是高数和C语言，学一元微积分的时候还好一点儿，到了多元微积分的时候整个人都不好了，死了好多脑细胞，依然搞不懂那些定理。而事实证明，大一的时候才是最幸福的。到了大二，开始了辅修，课程量一下子多了一倍。一想到再也不能开心地睡懒觉、在床上躺着刷电视剧，心里就很难过。

刚开始上两个专业，遇到最大的问题就是课程冲突，因为一个礼拜只有五天上课，一天五节大课完全排不开两个专业的课程，后来学校突发奇想，说我们要向国外模式学习，进行全天排课，也就是中午12点和傍晚六点也加了上课时间，这样一天就有七节大课。虽然如此，我的课程还是排不开，因为很多开课时间还是凑在一起了呀！

我深深地记得，在一个冰天雪地的早晨，我拿着涂改了十八遍的课表跑到了文学院的教学办，我对着教学办的老师软磨硬泡："老师，我的古代文学和我的经济学冲突了，您就把我的课调到戴建业老师的课堂吧，因为其他课堂我实在抽不开身呀！"

教学办的老师说："戴老师的课堂人已经很多很多了，调不进去啦！""老师，想想办法呀！我真的很喜欢很喜欢文学哦！不来上课我会很难过的！"于是，老师最终心软，把我这门课排开了，而且调到了大名鼎鼎的戴老师的课堂。当然，这样的事每学期都要上演几次，后来文学院教学办的老师都认识我了。

不过大多数情况下，课程冲突是难免的。于是我都是两边的课各上一小节，要是在同一栋楼还好一点儿，但大多数情况下都距离很远。现在回忆起来，我都是拼命奔跑在两栋教学楼之间，手里常常还拿着包子、烧饼之类的。

我和中国地理课的老师说："老师，我那边有辅修课要上，所以您的课我有时候会迟到，还请多多包涵。"不说还好，说了以后，每次中国地理课老师都要点我的名，然后说："那个叫史什么的今天来了没？别又跑别的地方去上课吧？"我敢保证，我是那个课堂，老师第一个认识的学生，唉。

繁重的课程量其实倒也能承受，中午、傍晚没饭吃也总是会有可爱的学弟学妹帮我从食堂带。而现在回忆起来最最不堪回首的就是期末。因为，除了一大堆论文以外，还有大批量的考试。我曾经创下的纪录是一个礼拜考了十门课，平均每天两门。刚背完柯布西埃的建筑理论，又要换脑子去想古希腊的埃斯库罗斯、索福克勒斯的悲剧作品；通宵画完详细规划小区建筑图，次日一大早又要参加文学院的当代文学考试……在人格分裂与怀疑人生中彷徨前进，这样的生活造成了我现在对任何事都不觉得痛苦的心境。

因为修读的是双学位，所以毕业的时候两个专业都要写论文并参与答辩。

因为时间紧迫，两篇论文我是交替着写的。文学论文讲究感性分析、文本细读；"资环"论文讲究数据调查、说明问题。我一般都是先处理处理数据，写写分析说明文，继而转到文学论文，用点儿散文句式发表几句感慨。花了几个月把两篇论文写完的时候，我基本离精神分裂不远了。

在学文又学理的日子中，我倒是确实觉出了这两个专业同学们的不一样。

文学院的学生普遍比较积极活泼，各种各样奇奇怪怪的问题也多，画个重点啥的还喜欢和老师卖萌。

上课氛围比较轻松，常常关于一个话题大家都会有自己的看法，也是因为文学本身就比较感性，没有所谓的标准答案，一节课结束收获最多的不是积累了多少知识，而是如何去思辨性地想问题。我印象最深的是文学批评老师说过：文学里很多东西是你无法证实也无法证伪的，这也是文学的魅力所在。你不需要去证明什么，你只需要用心去感受。

"资环"的同学们很显然就要理性很多。大多数时候都处于老师讲，学生听的状态，因为有些东西是什么就是什么，要理解那些庞杂的数理公式尚且有难度，更何况去探讨去深究。因此"资环"出了很多"学霸"，他们都是属于那种对学科知识学得特别扎实的一类，当然还有一类就是"差生"，上课人到心不到，大家都会抢后排的座位坐。

还记得读研的时候，在城市文学课上，我用图表以及数理分析的方法把新加坡的《南洋儿童画报》分析了一遍，还做了课堂汇报，老师看后一直问我："天哪，你以前学什么专业的啊？"然后我就比较神秘地说"一个理科专业"。

学文又学理给我的最大感受是什么呢？除了那两张纸，带给我更多的是一种求而不得、左右两难却偏要勉强的惜福心理。一种深觉痛苦又乐在其中的心甘情愿之感。这些，在完成以后都会带来一种胜利感。学理，觉得自己是个差生。学文，觉得自己是一个空有热情的半吊子。这就是我的学文学理的体验。

分数不理想如何读到好大学

高中学习生活提示

高考无疑是一场智力与毅力的比拼,但由于种种原因,每年难免有平时成绩优秀的同学,最后成绩却不理想。此时,如何用较低的分数考取较好的大学,就成了对我们智慧的考验。实际上,只要我们能正确填报志愿,就能最大限度地挽回遗憾。

第一,报考好大学的冷门专业。冷门专业其实有很多途径转到别的专业。

第二,报考好大学的专科。在校期间勤奋学习,两年或三年毕业后考取本校的专升本,被录取后直接上本科三年级。

第三,报考排名靠前的非重点大学。由于中国重点大学的评比并没有定量、公开的标准,地域差异、院校认同度等各方面因素,使得各院校的学术水平处于动态的发展中,一些非重点大学的师资力量、重点学科、学术水平等方面已超过了一些重点大学,而判断一所大学的水平主要看其科研能力和科研成果。

第四,报考排名靠后的重点大学实力较强的专业。在志愿选报中,大多数人还是停留在对院校认同度的选择上,对深层次的专业问题探究较少,特别是各大学的专业学术水平、科研实力、设有国家或省级重点实验室及高校特色专业的知识知道得并不多。如果考生能避开热门,选综合排名靠后但学科排名靠前的专业,录取的概率就大大增加。

第五,报考非重点大学排名靠前的专业。

第六,报考重点大学第一志愿招生缺档或录取分数偏低的院校。因地域关系、院校层次和我们认识上的偏差,某些重点大学第一志愿报考的人数相对较少,出现缺档现象,不得不录取二志愿考生。

第七,报考名校的分校。如哈尔滨工业大学威海分校、大连理工大学盘锦校区等。

第八,上中外合作办学的院校,此种方式适合家庭条件相对宽裕的家庭。这类学校由于学费偏高,报考人数少,相应的录取分数偏低。

第九,上就业相对好的全国唯一的特色院校,如北京印刷学院、北京服装学院、北京物资学院、中国劳动关系学院、防灾科技学院、上海海关学院、上海立信会计学院、南京审计学院、中国计量学院。

第十,报考地域相对偏远的院校。如重点大学中的石河子大学、海南大学、西藏大学、云南大学等,此类院校如有考生喜欢的专业并对院校地理位置不是特别挑剔的话,也可作为目标院校。

你该读一所什么样的大学

□ [美] 斯蒂夫·布莱克伍德

常有人为了上大学的事情向我寻求建议。一部分原因是,我有九个兄弟姐妹,从他们申请大学直到毕业,我都为他们提供了一些帮助;而另一部分原因是,我把半辈子时间都花在了大学里——首先是作为学生(我拿到了学士、硕士和博士学位),然后是作为老师以及校园管理者,所以我对大学可说是非常了解。

如果我猜得没错的话,你——我这篇文章的读者,是个聪明、勤奋的青年,你对学习有浓厚的兴趣,并且不需要马上挣钱养活自己。简单来说,你是个念大学的绝佳人选。也许你已经参观了许多顶尖学府,而且你很可能已经根据自己的教育背景和经济能力为自己择定了几所准备报考的知名院校。

现在的你面对着生命中一个激动人心的时刻——你将要独自踏上人生之旅,去进行冒险和独立;你将在大学里学习和生活,并且在不久的将来,走向职业生涯。而你首先要做的,是选择一所大学。这将会是你到目前为止所做出的最重大的决定;不仅如此,这也会是你一生中所做出的最重要的决定之一。那么,你准备怎样选大学呢?

我首先要告诉你一个坏消息:大学学位可并不是你获得高等教育和工作的保证。

最近有一位知名的风险投资家跟我说,在过去20年里,他曾聘用过几十名常青藤院校的毕业生,而其中只有半数人能够完成一些简单的任务,比如进行网上调查,或者写一封措辞得体、校对正确的电子邮件。这位投资家的抱怨绝非偶然——美国商界每年都要花费数十亿美元让员工进行补救性学习,以弥补之前大学学习的漏洞。

所以,不管宣传手册、大学网站和大学一日游告诉了你什么,你很可能在花费了四年青春,投资了大笔金钱之后仍然收获寥寥。怎样才能阻止这种情况的发生呢?有什么方法可以让你在上大学之前,就能判断出是否能在那所大学里获得你所期盼的高等教育?

别对花哨的宣传太动心

首先,你要注意观察各大学宣传自己的方式。

在纽约附近某常青藤院校为预备生举办的一次导览活动上,我观看了一个Glee(欢乐合唱团)风格的音乐短片。片中展示了大学宿舍和各种社交活动,但却丝毫没有提及课程和学业。这片子与其说是展现了大学生活,不如说是一次度假巡礼。除此之外,还有些学校大力宣传它们提供了"可以养宠物的宿舍",或者"公寓式的"住宿条件。

如果你被这些宣传手段所吸引,那么你也许就该扪心自问:我究竟想要从大学得到什么?很显然,上面提到的一切都不是高等教育。

确实，也有很多大学和文理学院采取了更为明智的宣传策略。它们会给你展示些漂亮的照片，上面有精致的书本、明亮的教室和微笑的学生；它们还会提到如"人文教育"和"辩证思维"这样的漂亮词语。但是你真的打算仅凭着大学宣传材料的一面之词，就投资四年光阴吗？我对这一点表示怀疑。到这时候，也许你就要抛开官方宣传，对大学本身进行更深入的了解了。

选择可以独立思考的学校

但是要怎样做才能发掘更多信息呢？我接下来的说法可能会让你惊讶：选择大学的标准，并不是它的排名、就业统计或者其毕业生的平均收入；唯一的判断标准是：它是否将你当作一个成年人来对待。如果大学连这一点都做不到，你怎么能期盼它帮助你成为一个有知识的成年人，成为一个有责任感的公民？

但是，很多高等学府并不将你看成是有独立思考和行为能力的成年人。恰恰相反，它们还把你当成一个需要训导和督责的孩子。它们会严重地限制你的思想和言行。

如果一所大学对思想自由和与之相应的言论自由都支吾不清，你怎么能够期盼从它那里学到辩证思维？要知道，所谓辩证思维，就是要仔细考量不同的观点，分析其各自的优缺点啊。

思考本身不应受限于任何既定的观念。人的逻辑推理能力也不应当为规则所束缚，而只应为追求真理而存在。

所以，一所真正优秀的大学的标志是其思想上的兼容并蓄——但是在大多数大学里，却只有对权威的盲从。学生看似彼此不同，却都相信同样的东西；与众不同的观念则被边缘化了，甚至为人嘲笑。

如果你的大学反对"思考"，你又怎么能学会思考？

课程设置如何

除此之外，你还能通过大学提供的课程来了解它。比方说，要警惕那些不鼓励学生阅读原始文本的课程——在课上，你会直接阅读柏拉图、莎士比亚、简·奥斯汀的著作，还是只能看其他人的评论分析？要知道，你需要接触的，是那些可能会影响你一生的书籍，而不是别人得出的结论。

如果你不太清楚某一门课到底能教给你什么，就写封电邮问问这门课的教授吧。你可以恳切地向他要一份教学大纲。这也是你作为成年人，对自己的决定负责的表现。

校园氛围是否还像高中

在网上调查结束之后，你就需要放下电脑，亲赴大学去看看了。除了亲自步入校园、走进教室之外，再也没有更好的办法能让你了解这所大学了。

课堂人数有多少？课堂氛围怎么样？学生看起来是真的在认真思考和学习吗？或者他们只是歪在椅子上刷微博、发短信？而最重要的是，在一节课结束之后，你是否被深深吸引，还想要来？如果答案是不，那么就别再来了。

再就是选择大学的终极问题：这所大学给你的感觉像不像是高中？一所大学越不像高中，就越不可能试图控制你，也就越有可能将你当作成年人来对待，为你提供真正的高等教育。

真正的高等教育什么样

那么，真正的高等教育是什么？

真正的高等教育，会教给你学习、分析和寻求事物本质的能力，而这种能力是可以用于处理任何事情的。

真正的高等教育，会通过艺术、文学和科学的历史来带你领略真、善、美的本质，会指引你进行大胆的实践，让你获得持续一生的友谊和幸福；真正的高等教育，会把你当作一个有灵魂、有知识、有人格的人；真正的高等教育，会唤醒你内在的某种精神，这种精神的名字是自由。

最后请记得，不要屈从。

打好"二本"仗，为志愿填报垫好底

一直以来，一本线至二本线之间的考生人数最多，竞争较为激烈。加上近年二本三本合并成为趋势，这个批次院校的选择变得更为困难，只有善于挖掘，才能"吃饱并且吃好"——不仅为志愿填报垫好底，而且不会错失一所好大学。

带着目的定志愿

如果你想在本科毕业后就业，强烈建议你充分考虑地域因素的影响——选择北上广以及其他经济发达地区读大学，对将来的就业更有利。如果本科只是你的跳板，你已把读研作为下一步的中心任务，那么学风好、重基础、考研氛围浓郁的二本院校则是上上之选。

二本更要拉梯度

之所以强调志愿梯度，终极目的是增加你的被录取概率。志愿填报讲究稳中求胜，本科二批和三批大面积合并后，原来本科三批次中实力较强的院校与实力较弱的二批次院校之间的排名和招生分数，将打破原来批次设置带来的界限，形成交叉和融合，反复研究目标院校最近3至5年的录取分数线、录取位次就显得异常重要。

如何选择二本院校

二本三本合并导致二本院校大大增加，可选的院校多了，怎样才能选到比较好的学校也变难了。我们可以多了解一些学校的办学和招生情况，综合考量目标院校。通常情况下，硕博点、重点实验室、特色专业、师资结构、校友力量等数据都能直观反映学校的学科实力、人才培养质量。

如果你计划报考省内学校，"多打听"和"实地考察"是最稳妥的甄别方法：本省学校因为大家通常比较熟悉，你的老师、邻居、上届学长学姐或父母的熟人中可能就有其校友，认真打听一番对该校的口碑也就大致心中有数了。

只选对的，不选贵的

社会上有种比较主流的说法是"一本选学校；二本选专业"，有一定道理。关于专业的选择，我们应该从行业大势来考虑——那些与中国国家发展战略相符合，服务于国民经济主战场的专业，有时在就业上会小有波动，但长远看却是坚挺的，比如化工、机械、电子、材料、能源等专业。

其实，有些所谓的"冷门"或"热门"只是社会舆论强贴的标签：都说采矿工程、石油工程等专业"冷"，可此类毕业生的就业率和薪水并不低；相反，一些专业虽然看起来热门，但"含金量"很低，例如高烧不退的法学专业，开设院校太泛太多，毕业生就业形势其实很不好，二本院校尤甚。

判定一个专业的"含金量"，还可以从录取分数来看：如果连续几年录取分数较高，且相对平稳，那么这个专业的质量还是有一定保障的。

以上这些都是从就业角度来考虑，如果你打定主意要读研，则要重点考虑学校的重点专业——这些重点专业的师资和实验设备都能为你的学习带来更大的便利，甚至你还可以得到其他专业没有的保研机会。

读一所好大学，到底多重要

□ 李柘远

为什么一定要上一所好大学？当今很多商界精英、行业领袖都没镶过顶尖大学的金边：马云，马化腾，董明珠……更别提文艺圈的一众人生赢家了。暂且抛开"学历无用论"，我们不妨认真想一下：读一所好大学，到底对一个人有什么实实在在的好处？

好大学不只教你知识

在名牌大学读书几乎没有不累的。这个累，是苦心志，是劳筋骨。其实，名牌大学和普通大学用的教材很多时候大同小异，这也意味着所学知识的内容与难度并不存在天壤之别。优秀大学和普通学校在学习上的关键性差异，不在于"学什么"，而在于"怎么学"。学知识的方法和过程，有时真的很不一样。

同一个知识点，普通学校的学生可能只掌握了皮毛，背一背概念，练几道习题，浅尝辄止；顶尖大学的学生却可能通过教授讲解、小班讨论、课外研究、文献阅读、论文撰写等多种方法，很深刻立体地消化一个知识点。

在耶鲁，每篇论文都可以写得艰苦卓绝。为了理出一篇论文的论据，你经常要干掉几本书、跑上几次图书馆、查过几回期刊数据库，有时还需要和教授面对面交流观点。写的过程更是丝毫不能马虎，文章逻辑、遣词造句等方面都需要"庄严"对待，引用别人的观点和数据时，必须仔细做好注释，否则就算抄袭。

有些大四学生甚至会用一整学期来"憋"一篇论文。但学习之后的成就感和长进，就像品过好茶后的无限回甘。知识学得很扎实自不用说，更重要的收获，还是通过深度学习所提高的各种能力：阅读力，写作力，分析力，批判性思维，等等。这些能力综合在一起，就加强了一个人的自学力。而好的自学力不但在读书时有帮助，在未来几十年的职场摸爬滚打中，也会使一个人获益无穷。

好大学，好在气场

二十岁出头的年轻人，三观尚未完全形成，性格也仍有可塑性。在三观稳固的过程中，每个人都或多或少受到身边人潜移默化的影响。若想当一个优秀的人，就最好多和比自己优秀的人在一起。好大学，关键的"好"在于"人"好。没有一所好大学不是人文荟萃、牛人辈出的。

在人才济济的校园里待四年，你会接触到各式各样的人才，通过和他们一起上课、写作业、运动、聊天、旅行，你将一直被他们的正能量气场笼罩，不知不觉汲取到他们的优点，逐渐变成更好的自己。

耶鲁四年，让我倍感荣幸的一大收获，就是与一群"超级厉害"的人成为师徒、同窗和校友。我和这些厉害的同学一起揉着惺忪睡眼去赶清晨第一堂课，在图书馆啃书到天亮，在周末乘火车去纽约逛博物馆和艺术馆……我们探讨生物实验与伦理道德等深奥话题，更会一起在星空下畅想人生未来。

每个耶鲁学生都在释放着积极上进的气场，在友好和谐的气氛里你追我赶。和这样一群人在一起，压根不敢偷懒，更不可能颓废。那些家世显赫的学生，也丝毫没有纨绔子弟之气。从他们身上，我感受到了低调、谦逊、彬彬有礼。耶鲁的教授们，是一群实力引领学术界，影响力延伸至政商、文艺等各个领域的牛人。

因为四年的同学情谊美好而难忘，大家在毕业以后仍旧保持着密切联系，以耶鲁校友身份为傲。不夸张地说，地球的每个角落都有耶鲁人在积极改变着这个世界，哪怕是一座只有两个耶鲁毕业生的小镇，也可以成立一个校友会。而纽约、旧金山、伦敦等欧美大城市，更是有成千上万耶鲁人，从近百岁的老翁到二十多岁的小伙都活跃在校友活动中。

总之，若想在青春最好的几年里，结识一群高智商、高情商的人，和这群人成为朋友、事业伙伴、爱人，让他们给你带去源源不断的积极影响和改变，你就应该努把力，考上一所好学校。

更好的平台，更多的资源

如果使人受益一生的学习能力和出类拔萃的师生这两点"好"，还不能说服你下决心为名牌大学的入场券拼一把，那么我们再聊一点儿实际的"好"。好大学带给学生的机会和资源往往是顶尖的。而抓住一个好机遇，你的起点就可能比别人高一截，毕业后直接进入人生发展的快车道。

好大学，好平台，好机遇……这点其实不言而喻，但我还是想分享一个在耶鲁的小故事。

每年夏天，华尔街的几大投行都会录取一些大三升大四的实习生，把他们分配到投资银行部、股票销售与交易部、研究部等部门实习8到10周。实习生最多能拿到一笔相当于人民币八九万元的薪水，表现优秀的还能提前获得全职录用。这么好的香饽饽，自然受到一众大三学生的争抢。

实习生面试开始前，几大投行的招聘团队通常会举办宣讲会，跟申请者"亲切见面"，告诉学生们投行是干什么的、"高大上"在哪里。那年9月，高盛、摩根士丹利、瑞银等几乎所有投行陆续造访耶鲁。他们派出的公司代表，从大老板到初级分析师都有，也多是耶鲁校友，与学生们"唠嗑"时毫无距离感。

与我同届的一位高盛实习生来自美国南方一所普通大学，从大一便开始积累银行、证券公司的工作经验。平心而论，他能力出众，踏实肯干，绝不输给任何一位常春藤大学的实习生。可他费了比我多得多的努力才换来实习生机会：没有一家投行到他的大学开宣讲会，他只得数次请假飞到纽约，参加各大投行在华尔街总部的"集体宣讲会"。

作为耶鲁学生，我比他幸运了许多。高盛甚至专门请华尔街著名的金融培训师到耶鲁，给学生们上课，一切免费。首轮面试，一些投行更是将考官团队"运"到耶鲁校园，免了学生们赶火车去纽约的麻烦。而普通学校的同学呢？"抱歉，我们不会在你校组织现场面试。""抱歉，我们没有针对你校学生的实习生培训课。""抱歉，你需要自行预订航班飞到纽约面试。"

老实说，我真有点儿为普通大学的精英们抱不平——他们很努力、很优秀，也许比名校学生更出类拔萃。可因为他们的学校在名气和资源上不够给力，所以没法给予他们一个高平台、一条快车道、一份加速度。我们无法撼动这个现实，但我们可以绕过它——凭努力，考进一所好大学。同样优秀的两个人，那个拥有更好平台的人，往往会有更大的胜算，不是吗？

志愿选专业符合职业期望最重要

高中学习生活提示

尽管我们未来的工作不一定与所学专业完全契合，但对绝大部分考生而言，所学专业基本决定了未来的职业走向。所以，我们在选择专业时，必须抱着慎重的态度进行，既要充分考虑自己的高考成绩，更要充分考虑自己要做什么样的事。

对未来收入的预期

本质上，专业与收入之间没有必然的联系，不能说A专业毕业的一定比B专业毕业的收入高，但由于专业与行业相关，所以，在一定范围和程度上就形成了不同专业的收入差别。所以，在开展收入预期思考时，建议关注以下内容：一是关注相同区域的不同行业、岗位之间的收入差异，以及这些与专业之间的联系度。二是动态辩证地看待不同行业、岗位之间收入的变化趋势。三是关注起始收入与增长幅度之间的关系。总体上个人收入是不断增长的，但不同行业和岗位收入增长的幅度是有差异的。

对职业声誉的追求

影响职业选择的因素除了收入外，还有就是职业的社会声誉，就是所谓职业的社会地位和人们的追逐程度。当然，具体到个体对职业声誉的看法肯定存在不同的观点，建议思考这一问题时，注意以下要点：一是防止"干一行怨一行"的心理，总感觉自己的工作没干头，但其他人却非常羡慕。二是防止"晕轮效应"，就是所谓爱屋及乌的作用，看不到某职业的不足。三是防止"雾里看花"，不明就里，随潮跟风。总之，要客观、辩证、理性地看待。

对工作性质的选择

不同的工作具有基本稳定的工作内容和工作压力，这就勾勒出了工作的基本性质。比如从工作对象看，有设备、人员等不同的区别；从工作环境看，有车间、办公室、本地和外地之分；从工作的节奏看，有稳定无变化、紧张有压力、无趣而枯燥之别。

对行业倾向的喜好

毋庸置疑，每个家长都身处某一行业，丰富的社会经验形成了对某些行业的特殊偏好，只要这种偏好有足够充分而合理的理由，孩子也能乐于接受，选择与该行业相关的专业应该是合适的。如果家长没有明确的行业倾向，建议可以研究目标就业区域的产业发展规划，寻求未来有发展前景的朝阳行业。

对工作区域的选择

每个人都工作在某个区域或城市，由于区域经济发展的原因，其产业结构和人才需求是不同的，这就需要我们在选择专业时加以注意。比如经济学、统计学、金融学等适合于总部经济的专业，就需考虑事业发展的平台空间和区域的问题。

兼顾未来的职业迁移

职业的稳定性是大家都很期盼的，但事实上，根据当前社会的发展趋势看，职业变迁（即跳槽和重新择业）并不罕见。因此，如有可能，在选择专业时，尽量考虑覆盖行业宽的专业，避免选择行业局限性较大的专业。

一个艺考生的冬天

□ 几 娟

到北京的第一天，我给这座城市带来了初雪。一大早起来傻笑了一会儿后，我才开始"武装"自己。不管表演系女生的军大衣下面穿的是不是比基尼，我只知道，作为一个南方人，如果不穿两条秋裤，一定会在考场上冻成狗。

生气的是你居然考上了

我总共报考了北电的两个专业——戏文和导演。父亲是极度反感我报考导演专业的，总觉得"水太深"。但初试放榜的那天，他还是揪着我起了个大早，带着我去现场看榜，说这样才心诚，心诚的小孩儿才会过。

戏文专业的榜上并没有我的名字，我正失落着，却听见父亲对着另一个榜喃喃自语。

"导演也没有考上吗？"我的心都提到嗓子眼了。旁边一名妇人叹了口气："你孩子也没过啊？没关系，还有很多学校，你下一所准备去……"

父亲看着她，一脸的痛心疾首："我气就气在她居然考上了，我最不愿意她去这个专业了！"

导演专业二试，其实就是五六个考生和考官们面对面唠嗑儿。我有点儿担心自己聊不下去，于是转移话题："老师，我唱首歌给您听吧。"考官来了兴致，坐我身边的内蒙古小帅哥不甘示弱，给我打起了节奏。唱完后，考官来了一句："你们俩挺般配的，要不就让你俩过了吧。"

三试那天，我屁颠儿屁颠儿跑到北电的小金字塔那儿，在塔底的积雪上写了个"逢考必过"，完了起身拍拍手上的雪，一路傻乐。

三试的考题我已经记不清了，大概内容是每人抽一幅画儿，限时编故事。紧跟着闭上眼，听一首纯音乐，根据音乐来描述你眼前所浮现的一切。

一进考场，我就傻了——徐皓峰是我的考官！一瞬间，我心里的烟火炸得噼里啪啦——老师我看过你的《道士下山》。老师，我终于看到活的你了！老师我好想当你的学生啊……

事实证明，这样的紧张和兴奋是会影响发挥的。整场考试，我都不知道自己在说什么。忧郁如我，栽倒在了北电的门槛前。

中戏的考官任性成这样

于是我又想考中央戏剧学院。

中戏的首轮考试就是面试，我报考的三个专业，无一例外都不给你展示笔力的机会。我估摸着是报考的人太多了，考官们懒得筛，琢磨着用面试最好，干净又利索。

编导专业面试时，我的考官正在吃包子，这让我有点儿不愉快。轮到我时，考官问了一个问题："你最喜欢陈凯歌的哪部作品？"我答《霸王别姬》，于是，接下来的这个问题直接把我筛了出去："小豆子挨打的那段你记得吗？他总共挨了多少下？"

当时我的心中有一万只角马嘶鸣而过，直要踏穿心底。我虽然早就知道中戏的考官任性，可任性成这样，让人为难。

考官冷笑了一声："哼，这都不知道，怎么能说得上喜欢？"于是转而问了下一个同学："你知道《霸王别姬》吧？段小楼的扮演者知道是谁吗？"

我心下一惊，这是同一水平线上的问题吗？

最后，整个考场，只有那个回答"张丰毅"的同学过了。

导演专业初试，考的是集体小品。说实话，我很不喜欢这样的考试形式，总会有一些人为了吸引老师的注意力，做出各种各样奇怪的举动。

我们抽到的内容有些难办，说的是两对夫妻回家探望年老的父母，为了争夺财产，手足之间相互"厮杀"，但最后以圆满告终的温情伦理故事。我被设定成那位"年迈但精明"的老太婆，起到统领整个故事的作用。

门铃响，原定应该去开门的我，被"老伴"一把按下。"你又糊涂了。"我一愣，没接上话，只听他说："你已经瘫痪了，开门这种事，还是由我来吧。"

我隐隐有些不安——我怎么就瘫痪了呢，这可不好，行动受限，戏份就少。正想着，接下来不友好的情节再一次击穿了我的防线。

"妈。"是"大女儿"在喊我。我正要开口答应，却被她给打断："爸说您得了阿尔茨海默症，不能说话了？妈，您怎么了！"听到她这么哭喊，我是极其惊恐的，一时间反应不过来——我怎么又得了阿尔茨海默症？这还演什么，不如我即兴演具死尸可好？

出了考场，我才知道，他们是一个机构出来的学生。很自然的，被排挤的我，没有通过考试，心尖尖儿上冷冷的冰雨胡乱地拍。

结果让人意外，却依然美好

我不是一个专一的人，中央戏剧学院失败后，我又去报考了南京艺术学院。考场同样是在北京，专业也同样是那两个：戏文和导演。

我明明专业是戏文，但是又一次倒在了初试上，所以，导演专业初试时，就特别紧张。临进考场，我买了一杯咖啡，坐在一边深呼吸。一位胖胖的大叔走来，笑吟吟地问我："刚买的咖啡啊？"我只"嗯"了一声，低头继续自己的紧张。"还热呢！"说着，大叔就拿走了我的咖啡，自己喝了起来，走进了考场，他居然是主考官。

考试内容依旧是集体小品，有了上次在中戏的教训，我乖了不少，知道怎么先发制人。

表演时，顺着剧情，我哭得惊天地泣鬼神，眼泪哗哗地往外涌，根本停不下来，顷刻竟自觉所有的演技都满满溢出了眼眶，巴巴地淌进考官们的心里。至于考官们是不是这么想，我就不得而知了。

考试结束后，大叔再遇见我，一脸好笑的样子："我不就拿了你半杯咖啡吗，至于哭成那样吗？"

后来，我报考的导演专业初试过了，不知道和那半杯咖啡有没有关系。

离开北京的那天，雪早已化了，我坐在去往机场的出租车上，路况竟异常好。父亲问我："你有没有信心明年4月拿到合格证（每所学校只发放《专业合格证》，通过高考后才能拿到《录取通知书》）？"我说没有，想想不妥，又赶紧接了一句："今天的北京天真蓝啊，好干净。"

次年的结果让人意外，但依然美好——曾经一把鼻涕一把泪，死缠烂打的学校统统不肯要我，但我却收到了来自上海戏剧学院的录取通知书。

9月，在新生开学典礼上，一个新同学问我什么感受，我说我感觉天上掉下一张大饼，砸在了我的天灵盖上。

出国留学值不值，需要认真想清楚

高中学习生活提示

据教育部统计，自改革开放到2015年年底，中国累计归国留学生占出国总人数的一半以上，这是中国打开自费出国留学大门后从未有过的情况。这个趋势的另一面是，留学生的含金量在逐渐降低。所以，对于出国留学，一定要三思而后行。

调查显示：超八成的"海归"认为自己"学非所用"；约50%的硕士生、67%的本科生，以及约78%的专科生薪资在5000元以下；"海归"对工作的满意度水平整体偏低，"满意"及"非常满意"的仅为33.2%。于是，一个有关留学的问题摆在面前——如果最终只能回国，且回国后身价暴跌，现在出国留学究竟还值不值？

留学生在美国找工作需要申请工作签证。由于申请人数众多，移民局用抽签的方式决定，通常每年的中签率在1/3左右。《华尔街日报》曾报道，从美国大学毕业后立刻或一年后（实习期结束）不得不离开美国的留学生比例高达72%。相比印度等国家而言，中国留学生的中签率更低。

美国仍然是中国留学生最主要的目的地。2016年11月，美国国际教育协会发布了一份报告，2015年—2016年留美人数首次突破100万，1/3为中国留学生。这是中国财富增长的一个象征，与改革开放初期的公派留学不同，现在绝大多数留学生是自费。这是一笔不小的支出，但越来越多的中国家庭能够承担。

哥伦比亚大学的刘逍然毕业后，尝试留在美国未果，最终决定回国。她一直想进央视或者新华社，连续投了两次简历。"第一年投，没有任何回音。第二年我也没放弃，又投了一次，结果跟第一年一样。"她这才明白自己是没希望了。"一个哥伦比亚大学的留学生和一个清华的、北大的、中国传媒大学的毕业生一起竞争时，并没有太大优势。"

"但我觉得从另外一个角度讲，它是一种人生经历和体验。"一位和留学打交道的高校教师认为，"如果家庭条件允许，出国仍然是个好的选择，出过国的人，很多想法、理念、看问题的方式，包括处理事情的能力，跟没有出过国的人是不一样的，我觉得从这些方面看，出国还是值得的。"

陈安琪还有一年才毕业，她还不着急在回国和留美之间做出选择。陈安琪的父亲是一个工程师，按月拿工资，母亲没有工作。而她在匹兹堡大学一年的学费就需要3.6万美元，加上生活费用，"这笔开销对我家而言，是一个巨大的负担"。陈安琪说，但她仍然觉得出国很值。"我受到的教育，对我的修养、视野都有好处。

"我爸说，不要把留学想成就为了学习，就为了以后工作，而要看个人是否成长了，不要管你以后能挣多少钱。"

为出国留学找到充足的理由

□ 彭明辉

从大学毕业的那一年起,我就决定以后只为自己的成长而念书,再也不要为了糊口谋生而念别人要我念的书。因为大学时自己有自修的基础,而且在哲学的学习上有一位让自己心服的老师,所以,我根本没有出国念书的打算。但是,当我被迫出国完成学位之后,我却经常鼓励自己的孩子出国。我给了他们3个出国的理由:

看见自己能力的极限

我在台湾新竹中学的3年,记忆最深刻的是第一次跑后山3000米的越野长跑。我一向是个文弱书生,从来都不运动。一下子跑3000米,还要在30分钟内跑完全程,对我来说根本就不可能。我跑到上山的地方就不行了,大腿僵硬到根本提不起来,却因为怕在30分钟内跑不完,只好继续靠意志力艰苦地跑下去。大概又过了5分钟,腿好像麻木了一样,不再酸痛,竟然可以加快脚步继续跑完上坡与下坡的后半程。从此以后我知道了一件事:人的潜力往往远比他所能知道的更大,要事到临头才会被挤压出来。

不过,后来我再也没有过这种经验,直到去剑桥读书。指导教授给我的研究题目纯属理论分析与证明。他的指示很清楚:一年内搞清楚这个问题过去所有的争论,并且提出可以突破既有瓶颈的研究方向,两年内拿出可以发表的研究成果。他跟一位柏克莱电机系教授在这个问题上已经争论十数年而无法解决,却要我在一年内想出解法,压力之大可想而知。

最夸张的一次是累得睡着了,却梦见这个问题的解法,然后在梦中跟自己讲:"赶快醒来!"于是半睡半醒地爬起来,写下脑袋里的方程式,又累得回到床上,却在梦里接下去推导公式,再把自己叫起来。就这样一夜起来七八次,直到第二天过了中午才勉强爬起来去洗脸。我还来不及吃饭就赶快去看昨晚写的东西。虽然一夜半睡半醒写下来的东西有许多小错,但每一行看起来逻辑上都是对的!一个晚上的半睡半醒,竟然把累积了三个月的线索和思绪全部整合起来,勾勒出完整的解题程序!我胡乱吃过东西,又倒头回去睡了一场大觉,睡掉三个月来不眠不休的疲倦。这一场大挑战给了我第一个出国的理由:看见自己的潜力。

毕业前我又自己解决了两个难度相当高的问题。我也曾问自己:在剑桥的研究都是自己完成的,后来连题目都是自己想的,真的还有出国的必要吗?我的回答是:"有!"若非剑桥之行,我没有那个胆识挑战高难度的核心问题。

去看看外国的文化

我鼓励儿女出国,第二个理由是去看看外国的文化,了解自己在台湾看不到的层面。但是,不是去看伦敦的双层巴士或哈罗德百货,那些东西电视上就看得到。出国最好的礼物当然是去看电视上看不到、在台湾学不到、

甚至连自助旅游都体会不到的东西。被迫出国之后，我选择了英国，因为那里最接近德国和法国。我原本只是希望去看原画，看建筑，却没想到最后的收获远远超过了这些。

剑桥有很多学院，我挑的学院专收研究生和访问学者，因此有很多机会接触欧洲来的学者。其中一位来自瑞典的理查，主修哲学和文学。另外一位来自冰岛，读起哲学的专业杂志就像在读《时代》周刊那么轻松。还有一位现在任教剑桥的英国朋友，研究的是拉丁美洲的文学与电影。把三个朋友进行对比，就可以看到欧洲的学术传统跟英国迥然不同。

英国鼓励大学生专注于一个领域去深入研究，较少鼓励学生旁通。但是理查的学习过程完全不同。瑞典的文科学术传统承袭德国，他们除了重视专业的领域，也重视相关学科的旁通。而且，他们的年轻人远比我们幸福：他们的美术史与建筑史是在欧洲各国看原作，音乐史是在各国的户外音乐会上聆听，而文学史则是边读书边看着城市和人们的身影、表情。26岁以下的年轻人只要买一张廉价的欧洲青年卡，就可以不限次数地在欧洲搭乘飞机之外的一切交通工具。因此，理查的暑假通常是邀约七八个同好一起旅行。他习惯于跟不同科系背景的朋友一起旅行，在前往下一个城市的火车上或夜里，音乐系的朋友讲授和下一个城市有关的音乐史，美术系的朋友讲美术史，每一个人都以自己专长的知识贡献给这个小小旅行团。

这让我想起出国前读的海森堡回忆录《物理及其外部：挑战与对话》。物理学家海森堡在高中时，经常躺在谷仓上读柏拉图的作品，而且弹得一手好钢琴。有一次去访问一位音乐系的朋友，被朋友的妈妈发现他的音乐造诣甚至高于自己的儿子，因而问他："你为何舍弃音乐的天分而去学物理？"他回答："因为那里正在进行一场思想的革命。"爱因斯坦在1905年发表"相对论"之前，跟朋友组织了一个"奥林匹亚科学院"，每晚聚在一起研究斯宾诺莎、康德等人的哲学著作，希望借此重新认识当时物理学界一系列无法解释的现象。对物理黄金年代的那些人而言，不仅人文科系间没有门墙与藩篱，理工与人文之间也没有国界。

见识真正认真思考的人

一个年轻人问我："真有必要出国吗？"我给了他第三个出国的理由：在台湾靠书本了解欧洲文化，总是欠缺那么一点儿真实的人味。等到出国，见到那些真正认真在思考文化的人，了解他们的学术问题如何连接到他们的生活与情感，这才会真正地感受到欧洲文化原来是有血有肉的，而不再是只有单薄的骨架。

出国前我就已经对西方文化有许多了解，熟读许多名家的小说，一些经典的哲学著作，也从台湾清大图书馆的画册里熟悉他们的美术史，从录音带里熟悉他们的古典音乐。但到了英国才发现：他们写出来的只是冰山一角，和较熟的朋友互动时，有另一套学术著作里看不到的东西。这才知道文化不只是著作，而是从著作到生活一气呵成的。

出国前就知道英国人的保守与拘谨，反映在哲学上是我讨厌的实证风格。到了英国，才慢慢发现他们可取的一面。第一次的文化冲击来自一张火车票，上面写着："我们不为超出我们能力范围的事负责。"我想了很久，真的！谁能为超出自己能力之外的事负责？

在台湾，"欧美"并称，顺口得很。到了英国，才发现英国人跟美国人之间有很多心结，而且很多英国人不以为自己是欧洲人，而法国人跟德国人更是南辕北辙。这才真的了解到欧洲是个多元文化的地区，所谓的"西方文化"到了欧洲，就变得太模糊而没有意义。这些点点滴滴，多半是要在当地当学生，跟当地人变成朋友，才有机会深入地交谈，从而了解。有了这些了解，以前在书上读过的会变得更加鲜活。

申请美国大学，这么操作更高效

在中国，申请大学一般都是在高三的最后冲刺阶段，而在美国，时间却要长得多。一般而言，如果想在美国申请比较好的大学，下面的这些环节都是不可缺少的。

第一，标准化学习能力综合测试。最有名的是SAT，这是世界各国高中生申请美国大学入学资格及奖学金的重要参考。和中国的高考不同，SAT并不是唯一的、垄断性的考试，还有ACT（美国大学入学考试），学生可以自由选择。这两个考试时间灵活，每年有4~6个时间可选。你可以只考一次，也可以多考，为了得到更好的成绩，考三到四次的学生不在少数。在中国，高考分数直接决定了你可选大学的优劣，但在美国，有机构估算，你考了满分，被哈佛录取的概率也只有10%。所以，成绩并不是上大学的必要条件。

第二，标准化分科考试。美国大学委员会设立了两种分科考试，一种侧重考查某一科目的能力，一种相当于大学水平的分科考试。一般而言，好的大学都会期待学生有比较多和比较好的分科考试成绩。

第三，平时成绩。和中国的一考定终身不同，美国大学很重视平时成绩。因为高中不同，判分标准也不同，所以美国大学招生专家会更注重你的高中如何以及你在高中的排名。

第四，推荐信。标准的做法是有三封推荐信。一封是学校的专职升学辅导员代表学校提交的官方推荐信，一封是英语或其他文科老师的，一封是数学或其他科学老师的。有时，学生也会请校外人员写推荐信。

第五，填写申请材料（包括入学作文）。申请材料包括你的简历、课外活动、特殊才能等详细信息，一些大学还接受照片、证书、录像等。此外，还包括入学作文，一篇或三篇不等。作文题目可能很泛，也可能很特别。作文不只是看学生驾驭英文的能力，更是看创造力、想象力、心态和个性。很多中国区的学生选择让中介替写，但大多都不能过关，因为有经验的招生官会看出你的文章是否出自他人之手。

第六，填写家庭经济情况（申请助学金）。美国超一流大学中没有一所会给本科生提供奖学金，但美国所有大学都会给本科生提供助学金。申请助学金需要提供你家庭的所有经济信息，虽然很严苛，但信息必须真实，否则会很麻烦。

第七，面试。一些好大学会面试每个学生，面试结果对于录取极为重要。一般面试官是由本地区的校友担任，会问你许多问题，甚至故意激怒你，来测试学生的表达能力、应变能力、态度以及个性等。时间至少一个小时，之后面试官会写详细的报告。

> **高中学习生活提示**
>
> 申请留学绝对不是一场旅行、一番享受，而是面临着无法想象的未知和挑战，可远方的魅力往往也就在于那些不可预测的未知。只要我们足够优秀，就更不要因为自卑而缩手缩脚放弃自己的梦想了。在人生的道路上，决心有时和方法一样重要。

国外招生官不会告诉你的录取"潜规则"

□远方

国外很多国家没有统一的"高考",各大学都有自己的招生标准,由教授组成的招生委员会从各个方面评估学生,人们往往希望从他们口中知道"录取秘籍",但一些录取"潜规则",可能是这些早已拥有各种官方答案的招生官们不会告诉你的。

1."在我们眼里,成绩单上的A因学校而异,有着不同的分量"。在美国2800多所四年制大学的招生官眼中,在一所高中得到的"A",换到另一所高中可能只值"B",声誉好、排名高的学校其学生也会更受青睐。

2."我们不信任你的论文。"许多大学依靠学生的申请论文对申请人进行全面了解。但为了分辨申请论文的真实性,许多大学现在需要美国学生提交一份已经被老师打过分数的写作作业,以确保你的申请论文反映的是真实的你。

3."我们开始重新评价SAT。"几十年来,SAT和与之类似的ACT成绩一直在美国的大学录取中被看作是证明学生学习能力和水平的重要标准。但现在,已有近千所美国大学计划把SAT和ACT成绩作为申请大学材料中的自选项。当然,对于申请排名靠前的大学的学生,这两项成绩依然是证明自己水准的重要一部分。

4.AP成绩越发重要。如今,更多美国大学对于AP成绩更加青睐。AP是大学预修课程的英文缩写,全球已有57个国家近5000所大学承认AP学分,并作为录取的重要依据。

5."与老师建立良好关系很有帮助"。一些招生人员更看重高中老师和辅导员对申请人的推荐。所以,申请人在高中期间要与老师建立良好关系,使作为你的推荐人的老师真正了解你的闪光点。

6."我们只是听起来很挑剔,希望更多学生申请我们的大学"。尽管很多名牌私立大学录取标准苛刻,门槛很高,可在每年大学申请季开始之前,他们总是放下身段,到各地甚至其他国家去开推介会,面对面地鼓动学生报名申请。

7."我们更愿意录取那些付全额学费的学生"。美国大学理事会的资料显示,国际学生在美国大学的占比逐年上升。美国大学如此青睐外国学生的主要原因是,他们的家庭富有,足以支付昂贵的学费和生活费。

8."与申请人需要大学相比,大学更需要申请人。"美国高中毕业生的数量在2014年就停止增长,权威机构预计要到2020年以后才会再度上升。这就意味着大学的申请者不再增多。事实上,很多大学都在争先恐后地寻找申请人来填满他们的一年级课堂。

9.招生官有可能看你的社交网络。近年来,大学招生官开始仔细审查他们所录取的学生在网上的表现。曾有高中生因在脸书上辱骂他的高中老师,而被已经发给他录取通知的大学取消录取资格。所以,网络时代"谨言慎行"很重要。

第七章

迈入大学要知道：
大学很美好，光阴勿虚度

　　高中生在某种程度上就是未来的大学生，而大学阶段的学习和生活与很多高中生想象的，其实并不相同。正因如此，大学应该怎样学习和生活，也是每个高中生应该提前思考的。只有我们能站在一定的高度，更好地规划未来的大学生活，我们才能真正实现由学生身份向社会身份的转换，为未来的事业打下坚实基础。

人与人的差距，是从大学拉大的

> 什么是大学？科学主义的回答是学习科学知识的地方；实用主义的回答是学习生活经验的地方；人文主义的回答是学习原理、程序和价值判断的地方。对于大学，我们可以有各种认识，但不能不承认，大学确实是一个能够改变我们的地方。

进入大学之前，老师们往往会告诉我们，高中阶段学习困难一些，进入大学就轻松了。这样很多同学以为进了大学就是进了天堂，于是开始放松自己，成了课堂上的"低头族"、课下的"恳谈族"。其实这是对大学的误解。蔡元培先生对大学的理解是"大学者，'囊括大典，网罗众家'之学府也"。说明大学是求真理、做学问的地方，绝非休闲之所、功利之地。我们对大学的理解有偏差，自然会导致行动的偏离。

1768年，英国哲学家边沁在对牛津大学的访问中首次提出了所谓的"功利原则"，即"每个人的行为所遵循的道德规则，应该为每个有关者带来最大的好处或幸福"。之后，"功利原则"衍生出了"功利主义"，用来指那种最大限度地追求个人利益，不择手段只重结果的观念。发展到今天，上大学功利化的倾向已十分明显。这可能是我们对大学最大的误解。

求学功利化其实很容易理解——任何人都要生存，大学生也不例外，面对生活压力，付出了教育成本，自然渴求相应的回报。但也正是这种观念导致很多即将入学的准大学生们，尚未踏入校园就已开始思考未来工作和生活的事，以致大学期间的所有学习动机都转变成了"为工作而努力"。这固然可以理解，但确实存在一定的问题。

比如一种观点认为，大学阶段应该将更多的精力放在考取各种证书上，理由是用人单位往往需要你提供一些证明你能力的证书。不能否认，一些证书确实有用，可实际上考取证书越多，只能说明你考试很行，却不能与实际能力画等号。进入工作岗位，最重要的还是你的知识储备和持续学习能力。这也就是很多同学证书很多，但发展潜力不足的原因所在。

其实大学阶段是读书、治学、积累知识的最好时光，用黄金期来形容一点儿也不为过。因为一旦走上工作岗位，工作上的杂事、家庭的琐事、经济上的压力，都会让你筋疲力尽，无法专心读书，这样我们的视野、境界和对问题的把握程度都将无法提升。而且，经典的书籍之所以称为经典，是因为它有独特的地方，是前人多年来对专业、对人生、对生活的感悟。如果你读懂了它，就是在与智者对话、在与本领域的大师对话。

如果你吸收了前人的精华，自然能达到普通人所难达到的境界。那么可想而知，大学毕业后你有充分的理由自信，而且一定会在各领域出类拔萃。

美国一位成功的企业经理经常骄傲地告诉他的朋友，他上大学时所学的东西和他的事业一点儿直接关系也没有，但他的大学经验却奠定了他一生生活质量的基础。因为他很清楚，上大学是为自己打造未来的人生框架，而不仅仅是职业框架。

我们上大学绝不能舍本逐末，为了求一纸证书、一点儿人脉而在人生的道路上迷失。我们应该保持心灵的自由，广泛涉猎各种知识，做到由大而博，由博而精，全面发展。

如何把一所普通大学读成名校

□ 朱东

无论大学怎样扩招，通向名校的路，永远都是一座拥挤的独木桥。

无论社会如何多元化，在现实中，名校毕业生的成功率，永远高过普通学校。

这是不争的事实，但并不意味着所有上了普通高校的学生就没有机会，问题的关键在于，如何把一所普通大学读成名校。

要回答这个问题，我们首先要弄明白，名校和普通学校之间到底有什么不同。

在许多人的直观感受中，所谓的名校，都是历史悠久的，名师荟萃的，资源丰富的，甚至连校园都是美丽的。但这些都不是造成名校与普通高校差异的本质。那么这个本质是什么呢？

两个字——氛围，由上述因素以及你的同学共同构成的氛围，其中又以同学最为重要。

因为这些人会在你的人生观、价值观逐渐形成之际，与你朝夕相处四年，甚至更长。之所以要用"氛围"这个词，就在于这种相处，这种影响是像空气一样，无所不在的。他们的言论，他们的行为，他们的思维方式，都会包围着你，影响着你。逐渐将你在不经意间，化为同类。

在名校之中，你是在和一群同龄人中的精英生活在一起，你的眼界自然就会更加宽广，你的志向自然就会更加高远。

如何把普通大学读成名校，简而言之，就是一句话——吸收其知识，摆脱其氛围。具体而言，应当由以下几个方面入手：

首先是绝不放弃自己，始终不降低自我定位。把周围的同学，当作自己的底线，当作一个反向的参照物，始终向上看，向前走。

其次，通常情况下，一座城市中，不会只有一所大学，而且其中必然有所谓不同层次的名校。而在大学当中，许多课程，至少许多讲座都是开放的。因此，就给在校的学生，事实上，可以共享名校资源的机会。

应当尽可能多地，去听各种"名师"的讲座——不在于通过一场讲座，学习多少知识。而是通过讲座，去感受"名师"对人生、对学术的态度，用个流行的词就是，去感受人家的气场。通过这种感受，来提升自己。

最后，就是去思考，去实践。做一些好像超出自己能力的事情，往往是提升自己的最佳捷径——这种提升，不仅是能力上的，更是内心上的。

相对来说，现代的大学经过了千年的发展之后，对于任何一个身处其中的人，至少在四年之内，它都具有取之不尽的资源。

关键在于你是不是真正地去充分利用了这些资源，而不是资源本身的多少。

综上所述，任何一个人，只要能够做到这三个步骤——适度保持距离，不让自己陷入庸俗；寻师访课，让自己看得高远；勇于实践，不断自我提升。始终坚持一个原则——学知识，不学同学。那么就都能把一所普通大学读成名校。

所谓读大学，究竟应该读什么

高中学习生活提示：大学是知识的殿堂，也是一个人从学生到社会的过渡。大学可以让你功成名就，也可以让你自甘堕落。因此，"读大学，究竟读什么"这个问题我们在进入大学前就应该认真思考。只有思考清楚这个问题，我们的大学才有明确目标，才不会虚度。

1. 读大学，读老师。身为大学老师，他们往往是老师中的佼佼者，有着渊博的知识和丰富的阅历。有时一堂课下来，我们坚持多年的观点会被瞬间击溃，或者长久百思不得其解的问题会迎刃而解。所以，读大学，首先要学会读老师。我们要认真学好每门课，揣摩老师思考问题的方法。再者，要充分利用在校时间，多与老师打交道，与师为友，进行学术上与思想上的探讨和碰撞。人生得一好导师，将会影响我们一生。

2. 读大学，读同学。大学这个地方，同学们来自五湖四海，他们身上有着特异的民族与地域文化，因此我们要在大学里广交好友，学会欣赏每一位同学。与不同的同学打交道，我们会学到不同的处世方式和思维逻辑，在这种气氛的熏陶下，我们的社交能力会增强，思维方式也会跟着变灵活。最重要的一点是，大学里不同专业的同学学习的知识不同，即使是同一专业的同学，喜好不同、研究方向不同，识见也不同，认识他们往往会给我们带来不一样的思考。

3. 读大学，读图书馆。图书馆是一所大学的"心脏"。大学的图书馆是学校学习资源最丰富的地方，加上安静舒适的环境，我们可以尽情地畅游在知识的海洋里。需要强调的是，大学期间我们不仅要学习本专业知识，还应多方面拓展其他专业知识，进行独立自主的学习，不能学校开什么课就仅学什么课，更不能考什么就只看什么。因为这个社会，没有其他领域的本领，很容易就会被淘汰。

4. 读大学，读人生选择。人生有很多条路要我们去选择，选择对了，就可能会少走一些弯路，多一点儿成功的基础。在大学临近毕业的时候，每个同学都要面对考研、就业、创业这三个棘手的问题。这时，我们就要利用自己在大学几年里学到的所有东西去权衡每一条路的利弊，最终做出正确选择，这是我们读大学必须要学会的一项本领。

5. 读大学，读做人。进入大学，我们的视野会变得开阔，对许多事物会有新的认识和新的看法，我们的人生观、价值观将会重新洗牌，并基本定型。因此，我们这时期的心态和处世风格，将长远地影响到我们今后的生活。这就意味着，在大学这几年中，对我们而言最重要的，不仅是学习各种专业知识，还包括学习做人，学习融入社会。而大学期间锻炼做人最好的方式，是加入各种社团。无论是作为社长还是社员，我们都会在工作中遇到各种各样的困难，在解决困难的时候，我们的能力就会得到增长，为我们步入社会打下了一定的基础。

大学的时光是有限的，有的人认为读大学就该一心扑在学习上，毕竟这才是我们上大学的最初目标；而有的人则认为读大学是来读人生的，人生的知识无穷无尽，永远也学不完。无论我们认为自己该学什么，都应珍惜时间，不要荒度大学这段人生中的美好时光。

第七章
迈入大学要知道：大学很美好，光阴勿虚度
学习节奏：所有的成功，不仅是义无反顾

哈佛：睡觉是一种奢望

□ 陈瑞玲

初进哈佛，最缺的是瞌睡

在经历了丝毫不逊于国内高考的拼搏后，大女儿大米终于拿到了哈佛的录取通知书。在她昂首阔步入高等学府之前，我拿她当榜样教育小女儿小米：你要像姐姐一样好好学习，等上了大学就轻松了。然而，我这话没说对，进了哈佛的大米休假回家时，满脸疲惫与困倦，问她想吃什么想玩什么她都只是摇头，说只想先好好睡一觉，她已经好多天没有睡过一个囫囵觉了。我跟先生于是面面相觑。

把学生当绝世奇才

等到大米补足瞌睡后，她跟我们一通诉苦：每学期至少要选修4门课，一年就是8门课，必须在4年内修满32门课并全部通过考试才能毕业。但这只是理论上，实际上，学校都要求本科生在入校的头2年内就完成这所有核心课程的学习——也就是说，2年，32门课都得学完考过。至于后面的2年，是更加可怕的主修专业课程的学习。基本上，能在3年内学完32门课的就可称为天才，至于2年内完成的，只能称作绝世奇才。大米说她撑破天了只能算个普通人才，能在4年内学完32门课就算是蒙天所幸，更别指望能提前完成任务了。

偏偏哈佛的老师都把学生当绝世奇才，在课堂上，每个教授都讲得飞快，也不管下边的学生听不听得懂，到点便潇洒走人，留下一大堆阅读材料，而这些材料，不读完的话根本就没办法完成作业。

大米说跟哈佛的日子一比，高考前的复习备考简直如同天堂。她说她在哈佛一个星期的阅读量远超过高考前一个月的阅读量，而且哈佛的作业量也比模考的难度系数高出了好几个等级。

一个可以吃东西的图书馆

除了做作业外，在哈佛还不得不被强制花很多时间看书和预习。国内那种轻描淡写翻翻书就算是预习的做法在哈佛是行不通的，必须得在教授上课前自己先把要上的课完全吃透，吃不透怎么办？自己查资料做准备。因为在哈佛上课随时会被要求与老师和学生进行交流。

如果没有预习的话会有什么结果呢？一句"对不起"是远远不够的。大米说最可怕的不是老师的批评，而是哈佛严苛的淘汰机制。哈佛平均每年有20%的学生因为考试不及格或修不满学分而休学或退学。更让人紧张的是，淘汰的20%学生的考评并不是学期末才完成，而是每堂课都要记录发言成绩，发言成绩占到总成绩的50%。也就是说，每当你说一句"对不起"，就距离不及格近了一步，基本上3次"对不起"之后，就可以准备卷铺盖回家了。

真有大米说的这么夸张？哈佛这样的名校在她的描述中犹如一个严酷的集中营，我有点儿不信。不久后恰逢大降温，大米说她感冒了。我于是借着给大米送衣服并探病的机会，决定去哈佛亲眼见识一番。

到的时候正值饭点，大米把我带进了学生餐厅。与国内热闹喧哗的高校学生餐厅很是不同，哈佛的学生餐厅里竟然很难听到有人说话的声音。每个学生端着一份餐点坐下后，一手抓着汉堡或比萨啃，另一只手往往在不停地翻书以及做笔记。放眼望去，我就没见到有一个学生是光吃不看书的，至于边吃边玩手机的景象，更是压根不存在。

我顿时产生了一个错觉，在哈佛，餐厅只不过是一个可以吃东西的图书馆而已。

可以治病的图书馆

这样的另类图书馆不止一处。午饭后大米得去校医院打点滴，我陪着她去了，然后发现哈佛的校医院里竟然也充满学习氛围。无论是候诊的还是在接受治疗的学生，无一不是人手一本书。手上插着针头还在奋笔疾书的也大有人在。医院，也变成了一个可以治病的图书馆。

打完针后大米就把我撇下了，说要去图书馆，让我自个儿回家。我见时间还充裕，便决定在哈佛逛一会儿。我发现像我这样在哈佛校园里闲庭信步的人几乎绝无仅有，我就基本上没看到有甩着手散步的人，要么是背着书包埋着头急匆匆往图书馆赶的，要么就是走着路手里还捧着一本书苦思冥想的。好不容易看见路边的座椅上有个人坐着，溜

达过去一打量，人家左手拿着一本书膝盖上还搁着个笔记本正在奋笔疾书。

忍不住好奇心去路过的几个图书馆瞄了几眼，发现每个图书馆里都人满为患，人虽多却近乎鸦雀无声，除了翻动书页的哗哗声和笔落在纸上的沙沙声外，几乎再没有别的声音入耳。

后来大米告诉我，哈佛校园里正宗的100个图书馆，每天都是这幅景象——没办法，谁都不想成为那被淘汰的20%。

最可怕的地方是宿舍

不过，也有没读书的人。反正根据我的观察，我就看到了好几个在睡觉的人。食堂里看见了几个，图书馆也看见了几个。跟身边埋头苦读的同学比起来显得很是不协调。可后来一问大米才知道，那些睡着的人不是不刻苦，而是太刻苦。他们是累得实在撑不住了，才身不由己倒头入睡的。能在食堂吃着饭都睡着的人，往往都是学霸级的人物。

虽然有100个图书馆，但也不是那么容易就能找到空位置。找不到地方怎么办呢？路边的椅子上，球场的草坪上，到处都是站着坐着看书的学生。我忍不住问大米，你们宿舍不是也有书桌吗？为什么不在宿舍学习呢？大米瞪着我说：谁敢回宿舍啊？那么多作业没做完，要预习的资料没查完，而且还困得要命，看见

床了就想往上躺。战胜了自己固然没啥收获，万一战败了就满盘皆输，等着课堂讨论时说"对不起"吧！

大米说，但凡是哈佛的学生，最怕的一个地方就是宿舍，能不回去绝不回去，因为一旦进了宿舍，就有可能落入那不幸的20%之列。

一个不夜的校园

白天可以不回宿舍，那晚上呢？一样可以不回。哈佛是个不夜校园，图书馆24小时开放。大米说她在图书馆学习到凌晨2点是常有的事儿，最晚的一次她学习到了凌晨4点，可放眼望去图书馆里依旧是座无虚席。

每次大米回家，都无一例外地说她最缺的就是睡眠，她老是抱怨睡眠时间少，哈佛简直就是个炼狱。但她从未服过输，硬是在3年内完成了32门课的学分，跻身进了天才级的队伍。

而在选修专业课程时，教授更是直白地告诉她：你学我这门课，你就1天只能睡2小时。大米最后选了4门课，然后跟我开玩笑说她已经进入了倒贴睡眠时间的阶段了。

而今，大米已经准备读研了，她依旧选择留在哈佛。她说这4年来支撑着她的是她第一次进图书馆时在图书馆里边看到的一条训言——此刻打盹，你将做梦；而此刻学习，你将圆梦。

"学术讲座"也可以简单地称为"讲座",有人说,读大学就是听一场接一场的学术讲座,这个定义无疑深得大学精义。如果你读了大学却没有赶集般地追听过大学的讲座,那简直是求学生涯的一大遗憾!在国外,学生们对学术讲座的追捧甚至要远远超过课堂本身。比如在牛津,几乎每天都有若干场讲座在不同的院所或中心举行,而且除了重量

不听讲座的大学生活是不完整的

高中学习生活提示

大学从来都是思想活跃的地方,而学术讲座无疑代表了一所高校思想碰撞的水平。作为准大学生,我们要知道,在大学学习期间,听讲座能最大限度地启发我们的头脑。在大学听讲座,就是与真正的思想者不期而遇。

级专家之外,只要你有自己的思想,一样可以登上讲坛。

有了学术讲座这种教育方式,我们就可以和各领域的名师自由地进行学术上的探索和思维上的碰撞,这对提升自我显然是最难得的机会。它不仅能让我们领略名家风采,完善自己的道德修养,还可以让我们对社会各领域的动态和规范有所了解,建立自己的职业倾向,可谓百利而无一弊。

徐小平是新东方的创始人之一,曾是中央音乐学院的学生,主修音乐学。但最终,他并没有从事与音乐有关的工作,而成了教育专家。他自认能有今天的身份,与他大学时代听讲座的经历不无关系。最初,他发现音乐学是一种人文研究,而不是艺术创作,除了要懂音乐,更需要文史哲方面的训练。所以,他除了大量阅读文史哲方面的著作,还经常跑去北大听讲座。那时他每周去两次,坚持了一年有余,听比如钱理群教授讲的鲁迅、严家炎教授讲的现代文学,以及谢冕教授讲的现代诗歌……他认为,正是这些讲座奠定了他人文知识的功底和思维的基础,并最终摆脱了专业的束缚。

爱因斯坦曾经说过:"提出一个问题往往比解决一个问题更重要。"我们与名师接触,听他们的讲座,自然要对他们表示尊重,但也不能只是被动地接受,还应该主动地思考,善于提出自己的问题。主动培养自己提出问题的能力,不但可以使你养成好问、多问、深问的习惯,还可以培养你思维的深刻性、灵活性、独创性及批判性。这些能力与你将来的发展都有着非常密切的联系。因此,我们在听讲座的过程中,要学着培养自己这方面的能力,不仅仅是听一下而已。

此外,在对学生进行的讲座内容的调查中,大多数同学更愿意参加与文史哲相关的讲座。尽管外语、经济、心理类的讲座参与度也不算低,但当前本科生在讲座内容的选择面方面仍显得较窄,尤其是数理化等理工科类的讲座,更是只有少数本专业的学生比较青睐。实际上,理工科有它独有的思维方式,这种思维方式是绝大多数社会行当不可或缺的,而拥有这种思维方式的人往往可以在学习、生活中更加得心应手。所以,我们对此类讲座也不应忽视。如果我们总是被哪个学科更"多金"、更"有前途"所左右,而不注意填补自己的思维漏洞,可能就会留下很大的遗憾。

在北大上课听讲是一种乐趣

□ 娜迪娅

走进北京大学这个百年学府，每时每刻，你的生活都和选择有关：网上有上百门课等着你选，光体育课就有数十门；各种社团在每学期初都会上演"百团大战"；关于未来，你可以出国、保研、考研、工作……

四年前，我跟大多数刚进入北大的新生一样兴奋而迷茫，几乎一天一个主意，同学们也差不多。开学初，班里有一半的人都报了经济双学位，学期过半，大部分人退了课，到大四时，坚持到底的还不到十人。

刚上大二，大家人手一本GRE（美国研究生入学考试）红宝书，好像人人都抱着非出国不可的决心，可真正把那本书背到最后一页的人不到一半……

当大家成为大四学生时，我们才发现，跟着别人走不是北大人的风格。我们中最优秀的，往往是那些从一开始就认定目标，然后义无反顾走下去的人。

这是一段让人举棋不定的日子，但也是一段幸福的日子。当你在校园中散步时，骑着一辆"二八"自行车与你擦身而过的，很可能就是一位鸿儒。

当然，要感受北大老师的风采，最好去上他们的课。

我所在的国际关系学院，就是一个藏龙卧虎的地方。在这里学习的四年，"上课听讲"不是一项规定，而是一个乐趣。我记得给我们上中国政治概论课的老师，有一天，在课堂上突发感慨："我认为中国新一代领导人很不错，他们总是和我想到一块儿去。"他的眼睛在厚厚的镜片后闪闪发光，看着我们，然后哈哈大笑，我们也会心地笑了。

我还记得一位讲《近代史》的老师，讲课讲到兴致高涨时甚至跳上了讲桌。让我印象最深的，是给我们上《政治学原理》的老师说："最强的人不是那些已经掌握了很多知识的人，而是那些永远都有一颗开放的心，随时都准备接受知识的人。"从此我明白，不停地向上，比已经高高在上，更有价值。在北大，老师们并不满足于只将知识传授给学生，他们更愿意看到自己的学生首先做好一个人。

一位师姐在我进校时告诉我，与舍友的关系是大学里一个重要课题，一旦跟她们处不好，会过得很不开心。妈妈也曾担心北大孩子都太有个性，不好处。但事实正相反，我们宿舍一直相处得非常好。在这个人生地不熟的城市，我们渐渐变得像亲人一样，我们管宿舍叫作"家"。我也在宿舍里收获了大学时代最好的朋友，我想，这对于每一个人都是一笔财富。

北大有各种各样的学生，他们可能为了留学梦在实验室里度过一个又一个枯燥的日子，他们不是外界认为的全然功利化的一代，记得在百年讲堂里举办的"影响世界的华人"颁奖典礼上，成龙、巩俐等大明星悉数登场，作为观众的北大学生，将最热烈、最持久的掌声给了用杂交水稻养活了上亿人的袁隆平。

在毕业典礼那天，当林毅夫教授说："只要民族没有复兴，我们的责任就没有完成，只要天下还有贫穷的人，就是我们自己在贫穷中，只要天下还有苦难的人，就是我们自己在苦难中，这是我们北大人的胸怀，也是我们北大人的庄严承诺。"全场爆发出了雷鸣般的掌声。我分明感受到自己已经热血沸腾。

大学里别不拿自己当精英

> **高中学习生活提示**
> 做一个杰出的人，只有一个合乎逻辑的头脑是不够的，还要有一种强烈的气质。韵味，可以表明一个人的内涵；谈吐，可以显示一个人的修养；格调，可以说明一个人的情操。修养可以让一个人拥有独特的气质，进而获得更多的青睐。

《世说新语》中有这样一则故事，说曹操将要接见来自匈奴的使者，但自认相貌丑陋，便派下臣崔季珪代替自己，自己则拿刀侍立在旁。等到接见完毕，曹操派密使询问匈奴使者："你觉得魏王这人怎么样？"匈奴使者回答说："魏王的儒雅确实非同寻常，不过站他旁边拿刀那个人，才是真英雄！"这则故事想表达的是非常之人必有非常之相，而所谓非常之相，就是一个人独特的气质。有意识地培养自己的内在气质也是大学的重要必修课之一。

一个有气质的人出现在我们面前，如果一定要说什么最先引起我们的关注，可能就是他的仪容仪表。因此，如果我们要凸显自己的内在气质，显然需要在仪容仪表上下点儿功夫。当然，仪容仪表只是一个人内在气质的烘托，没有优雅的言行做依托，不过是一副皮囊而已。

优雅是培养出来的，这需要我们多给自己锻炼的机会，同时进行尽可能多的人文修养，丰富自己的人生经验和情感体验。比如，我们应该给自己更多机会在公开场合表达自己。只有这样，我们才有机会锻炼自己的仪态，知道怎样显得落落大方，亲切而又不失威严。至于人文修养，这可以说是一项非常浩大的工程，但凡与自我修养有关的领域，我们不妨都有所涉猎，比如音乐、哲学、电影、绘画，等等。

作为一名大学生，我们想要培养卓越的气质，所要面对的头号大敌一定是心灵的浮躁。一想到求而不得的工作、毫无保障的生活、岌岌可危的爱情，以及一事无成的未来，绝大部分同学便开始心灵沉重、焦虑不安，甚至愤世嫉俗、急功近利。在这样的浮躁心理下，我们无疑很难静下来提升自我，更不要说卓越气质的养成了。对此，我们应该学会让自己的心安静下来，变得沉稳而成熟。

首先，不要一有机会就唠叨你的不满，不要逢人就说你的困难和遭遇。也许事实确实如此，可连绵不断的抱怨除了浪费我们的时间和精力，却于事无补。因此，优秀者共同的成功秘诀就是不抱怨。生活需要阳光，进取需要智慧，不满于现状的最好办法，是深入探求自己不幸的原因，然后奋发努力，避免再次陷入同样的处境。

其次，凡事要深思熟虑，不要条件不成熟就盲目行动，显得毛毛躁躁。我们在做任何事时都伴随着风险。因此，我们做事时绝不能随随便便，跟着感觉走，必须要有合理的工作规划和完备的应急预案。虽然这并不代表接下来的一切会一帆风顺，但在迎接挑战时，你一定会更加从容。

最后，当然也是最重要的一点。如果我们想要变得沉稳，就应该有充足的知识做储备。如果只是浮光掠影地学习，必然只见树木，不见森林。相反，如果我们掌握了充足的知识，并且确实能运用它们解决实际问题，那我们就容易赢得人们的尊重。"知识改变命运"，当然也包括改变我们的精神和气质。

真正的学霸过得都不会太差

□ 婉兮

1

在大多数人还懵懵懂懂的十二岁,"老张"就已领悟了奋斗的意义。那年他总是穿着一双解放鞋,背着旧布包,一件不太合身的外套松松垮垮地罩着他瘦弱的身躯。

他常常趴在座位上研究一本小学奥数,书是从图书室借来的。身边不时跑过嬉闹的同学,却丝毫影响不了他的思考。

在我老家的小学,即使到了现在,离奥数都还很远,更不要说将近二十年前了。那时"老张"排名已是班级第一,可他还在课余时间独自探索那个深奥而神秘的数学世界。

你可能会觉得,是家庭氛围熏陶了"老张",但事实并非如此,"老张"的母亲早逝,兄弟俩跟着小学都没毕业的父亲在农村过活。

一分钱掰作两半花的贫苦日子,教会老张的就是穷发奋、苦读书,用知识来改变命运。因此,小小年纪,他就成了一枚大写的学霸。

20世纪末,出身农村的我们都笃信上大学是唯一出路,但能真正做到"头悬梁,锥刺股"的并不多。因此,在一轮又一轮的升学淘汰中,能够时时处于前十的人,渐渐地就只剩了那么一两个。而"老张",就是其中之一。

这样的"老张"即使高考发挥失常,也考上了令许多人可望而不可即的北航,四年后,被保送进入清华大学硕博连读。得知这个喜讯时,我想起了小时候他说过,他的理想是进入清华园。十几年后,他做到了。

从乡野孩童到准高端人才,"老张"的生活已经发生了翻天覆地的变化。童年时的窘迫贫寒自然一去不复返,生活水平上了一个大台阶。更重要的是,"老张"的社会层次、综合实力都得到了很大程度的提升。

努力到了极致,怎么可能没有丰厚的回报?

那些轻视学霸,认为文凭和学历无用的人,还是一边歇着去吧!

2

在我的高中同学里,Vivi是唯一一个考上北大的女孩子。

毕业后Vivi留在北京,嫁给了海归博士黄先生。黄先生也是学霸一枚,目前任教于北京某高校,两人志趣相投,遂买房安家,人生目标实现了一大半。

婚礼上,一对新人讲起恋爱经过,三句话不离口的竟然是学习。两人因学习交流而相识,在日复一日的相处中互生情愫,又在携手共进的路上窥见对方的更多美好……

在场的宾客都会心一笑,学霸嫁给了学霸,说起来真是一段佳话。

Vivi是一个典型的乖乖女学霸,从小到大,几乎每次考试都是状元。难得的是,即使进入了国内最高等学府,她也依旧谦逊好学,修了第二专业,兢兢业业地经营着自己的学业和人生。

在黄先生动心的那一刻,除了娟秀外表,必然还看见了她那颗积极向上的心。

和"老张"不一样,Vivi是富养大的女孩。她出身于一个高级教师家庭,奋斗对她来说,不含半点儿功利。

所以命运回赠她的,除了物质与学识,还有最甜蜜的爱情与婚姻。

努力的女孩过得都不会太差,更何况一个高智商的学霸姑娘?

3

去年,珊珊从人大研究生毕业,进了一家赫赫有名的媒体做记者。这在我的意料之内,也在情理之中。

我对她最深的记忆,是大学第一次班会,她在黑板上写下了一个大大的"拼"字。当时她在竞选学习委员,站在讲台上侃侃而谈,认为学习靠的就是拼搏。

我们在一所理工大学读新闻,无论师资力量还是学术氛围,它都与一流大学相隔十万八千里。所以进校第一天,室友珊珊便立下了考研的目标。

四年同居一室,我亲眼看到了一位学霸是怎样炼成的。

珊珊是我们寝室里唯一作息规律的姑娘,十点睡六点起是她雷打不动的习惯。早餐后背单词、看专业书,课堂上认真听讲积极提问,晚自习天天泡在图书馆,业余时间参加社团活动,也不耽误交友恋爱。

珊珊的大学生活,简单概括一下,就是高中生活的丰富和延续。

也许有人要笑她死脑筋,但四年来,稳居专业榜首的始终是她。一到考试月,她的笔记就被整个专业的同学复印下来传阅。如此扎实的专业功底,为她的考研道路做好了铺垫。本科毕业后,珊珊便如愿考进了中国人大——国内新闻专业最高学府。

小镇姑娘珊珊,现在是干练优雅的高知女性,朋友圈里偶尔晒出的生活无不精致美丽,终究活出了一个女孩子最精彩的模样。

你若向她请教经验,她多半还是那两个字:拼呀!

4

其实,我觉得"学霸"只是表象,它的实质应该是勤奋、坚持、自律等美好品格。

珊珊数十年如一日地早睡早起看书学习,这样的女孩,即使身处低谷,也会竭尽所能地管理好自己,因为"自律"二字已深深刻进了她的骨子里。

我也曾见过Vivi随身带着的复习小册子,"老张"就更不用说了,冬练三九夏练三伏,从未懈怠过自己的学业。

事实上,我们身边的许多学霸,都并非天生的智商超群者。他们中的许多人,也是靠日复一日的不断练习才得到高分回馈。

成就人生精彩的并非是高分,而是获取高分过程中养成的学习、生活习惯,它们会让人受益终生。

所以,考上顶级高校,在更优质的平台上接触更广阔天地的学霸们,早就赢在了奔跑途中。

作为努力与奋斗的化身,他们怎么可能过不好这一生?

高中阶段要培养的四种**深度思考**习惯

1.系统学习的习惯:系统学习有助于化零为整,掌握知识发生拓展的内在规律;2.追根溯源的习惯:特别是理科学习,不论学习什么内容,都要习惯性地追根溯源;3.常识思维的习惯:很多"不靠谱"的答案,只要你具备这种思考习惯就可以轻松排除掉;4.深度阅读的习惯:要改变过去被动接受信息式的阅读方式,改成"带着问题去经典中找答案"的阅读方式。

社团这个圈儿，大学里面很好玩儿

J.K.罗琳的《哈利·波特》系列小说风靡全球的时候，她所创造的魔法世界中一个学校社团的名字也跟着响亮起来，那就是"凤凰社"。J.K.罗琳所虚构的这个学校社团充满了神秘感，这倒与世界知名大学中的学生社团一样令人感到不可思议，比如耶鲁大学的骷髅会，许多美国政界、商界、文化圈的重要人物都曾在其中活跃过。

尽管学生社团在很多大学生的成长过程中扮演着重要角色，但它们并不像传说中那么神秘。大学里的学生社团其实是大学生们以共同爱好为基础，自愿申请参加，按照一定的形式组织起来的学生团体。

在我们国家，现代意义上的学生社团几乎与现代大学同时诞生。发展至今，它已然成了大学生们改变自我、发展自我、适应社会的重要途径。

无论什么样的大学，往往都有着种类繁多的学生社团，足以让我们从中学到尽可能多的知识。首先，我们可以在不同的社团中自觉发展自己的兴趣爱好，而良好的兴趣爱好往往蕴含着广博的知识和文化，可以激发我们对生活的热情，拓展我们的视野；其次，一个社团的成员总是来自许多不同的专业和年级，有着不同的思维方式和知识背景，其他人如何看待某一问题，又如何解决某一问题，对我们一定有着潜移默化的影响。在这样的背景之下，相信我们的组织管理能力、创新能力、语言表达能力都会得到相应的锻炼。

此外，我们身处"象牙之塔"中，人生经历简单，对社会缺乏全面深入的了解，也鲜有机会在复杂的人际关系中为人处世。因此，如何与他人、与群体建立融洽的关系，便成了一门艰难的必修课。而学生社团恰在这方面发挥着独特的作用：社团成员构成广泛，我们既要自觉遵守社团的运行规则，又要与学校的相关部门沟通交流。在这样的过程中，我们与他人、与群体和谐共处的品质自然会得到提升。

我们每个人都要适应这个社会，都要去扮演一定的社会角色。而这个角色不是我们自己认定的，而是社会赋予的。这就要求我们必须具备充分的适应能力，否则便会与这个社会格格不入。而要从学生完成这一"社会化"的过程，只能依靠我们自己的努力，任何人都无法替代。不过，因为有了"社团"这样的组织，这一过程变得不再那么艰难。

在社团当中，只要我们勇于开放自我、展示自我、改变自我，一定可以在学习中慢慢成长，交到人生中重要的朋友，获得人生中重要的启示，并保留一份重要的成长记忆。

> **高中学习生活提示**
>
> 社团文化是大学当中的一道亮丽风景。在一个充满激情的团队中间，共同的追求会引领你成为那个你想成为的人，它也会让你度过快乐的大学时光，为你积累丰富的人生经验。高中阶段你的兴趣爱好或许还不是最宝贵的资源，但到了大学一定是。

我们为什么要读大学

□ 刘同

《人民日报》曾刊登过一则新闻，说是一个父亲不想让自己的女儿读大学，因为他认为读大学要用4年时间，一共要花掉8万元的学费。读完之后找的工作可能一个月的工资也就两三千块钱，他认为好不划算。那个父亲说："我让我的女儿高考之后直接去打工就好了，4年怎么着都可以赚个十几万吧。然后用这十几万可以创业、买房子、做投资，多好。"

新闻登出来后，一片哗然，大家开始疯狂讨论。

说句实话，如果那个时候我还在读高一或高二，我肯定会特别兴奋地拿着这张报纸给我爸妈看。我会说："你们看，学学人家的爸爸，都不要他女儿读大学的，多棒。"

现在想起来，为什么高一、高二的我会这么认为呢？很大程度上是因为我根本不知道一个人为什么非要成绩好。成绩好不就是为了让老师开心、让爸妈有面子、让七大姑八大姨羡慕地说"瞧人家的孩子多棒"吗？但是，这些跟我有什么关系啊？

那时我特别羡慕一些同学，他们好像天生就特别会学习，小学前十名、初中前十名、高中前十名。他们应付考试不费吹灰之力。人家是一做题就全对，我是一看题都不会。我绞尽脑汁也做不出来的那些题，他们微微一笑就知道答案了，完全用智商碾压了我。久而久之，我在心里认为，学习好、成绩好这件事情对我来说就是白日梦，而我的存在就是个笑话，就是为了衬托那些学习好的人。

从踏进校门开始，我就从来不知道成绩好到底是一种什么感受。我认为自己完全不具备学习的能力，那我为什么还要强迫自己去考大学、让自己输得那么彻底呢？

直到高三的时候，我有同学要去长沙的湖南师范大学考中国传媒大学的播音主持系，就问我："你要不要去考？"说实话，我哪学过什么普通话啊，我的普通话真的是很糟的。但是我想反正上高三了，闲着也是闲着，如果我跟着去考了，万一中国传媒大学的招生老师要我了呢？万一把我录取了还是挺好的。然后我就跟我妈说我想考播音系。我妈平时很抠门的，可这次二话没说就答应了，问我需要多少钱，我说500元，我妈立刻就给我了。

我之前从来没有出过远门，更没有去过哪所大学。但我就这么大着胆子去了。

事实证明，中国传媒大学的招生老师不要我，我在初试就被淘汰了。我的那些同学都通过了复试。

既然如此，我就干脆死心了，但来都来了，那就在校园里随便转转呗。于是，在我的同学去参加复试的时候，我就绕着整个大学城（由湖南大学、中南大学和湖南师范大学组成）一点点地逛。我看到那些风华正茂、意气风发的大学生，结伴成群，一起弹吉他，一起唱歌，一起表演话剧，一起去看电影，在英语角用英文随意聊天……在我的眼里，大学就好像幸福自在的天堂一样。

在大学里，一个人可以参加很多社团，可以拥有很多朋友，拥有无限多的选择，拥有最大限度的自由。那几天，我看得眼花缭乱。这和我在初中、高中单调压抑的校园生活完全不一样。我完全不能理解这是一种什么环境，难道大学都是这样的吗？

回去之后，我就一直想这件事情。我的家乡在湖南郴州，那是一个不起眼的小城市，生活圈子极其狭窄，我稍微有点儿事，立刻传得尽人皆知。人人都知道我的短板，都知道我的学习成绩不好，所有人看见我必说的一句话就是："刘同你很难考上大学，你真的不是读书的料。"

久而久之，我对这种环境生出极度的厌恶，周围所有人都看不起我，每个人都认定："你，就这样了，这辈子都没什么出息了。"

那时我有些破罐子破摔的心理，我抵触所有事，抗拒所有人。我不是不想考大学，我只是太讨厌那些在我耳边叨叨着让我一定要好好学习的人。他们好像情感的绑架者，以所谓的"良苦用心"，打着"为你好"的旗号，给我施加压力，不断灌输给我可怕的理念："考不上大学，一辈子就全完了。"

从湖南师大回家之后，我突然开窍了，眼前似乎打开了一扇门，通往一条从未见过的道路。我不再消极对抗，不再懈怠和沉沦，我开始强烈地想尝试一种新的生活，我想认识更多有趣的人，而不是十几年来随时随地都会讽刺我的那些熟面孔。我也想去参加那些社团，接触全新的世界、全新的人群。我想摆脱父母的安排，不再由别人告诉我该如何去做。

那一刻，我幡然醒悟，仿佛被打通了任督二脉，整个人都亮堂了。我必须靠自己的努力，走出去，看看外面的世界。如果我不考大学，留在这个小城，找份看得到尽头的工作，那我这辈子就真的全完了，我肯定会被自己堵死。

我一直以为读书是为了父母、为了亲戚、为了老师、为了面子。但那一刻，我清楚地知道，考上大学，不为任何人，只是为了自己。为自己能够展翅高飞，离开一成不变的环境，飞到更高更远的地方，去认识更多更好、更有趣、更优秀的人。

我太晚才明白这个道理。但是，世上从来没有来不及做的事。

从那天开始我拼命学习，我真的是从早上5点钟就起床，把高一、高二落下的功课全部从头看一遍，任何一个小问题都不放过，直到弄明白为止。每天晚上我都是两三点钟才睡觉，每天就睡几个小时，本来已经对我不抱任何希望的爸妈看到我这个样子，都认为我从长沙回来之后疯掉了。

去考中国传媒大学播音系之前，我的成绩在班里是倒数十名之列。最后高考的成绩出来，我让所有人大为吃惊，比一模成绩高出一百多分，超水平发挥，考上了湖南师范大学的中文系。

进入大学之后，我每一天都练习写作，也开始认识更多的朋友。他们性格迥异、新鲜风趣，我跟他们分享读书的感受，尽情讨论对各种事物的看法。我整个人的状态一下子就变了，从高中时的颓废、自卑、压抑，变得阳光、乐观、热情。

有很多人非常幸运，很早就知道自己喜欢什么。而我没有那么走运，我是通过短暂的努力进入大学之后，才给了自己一个机会重新塑造自己。

所以高考重要吗？当然重要，而且极其重要。

高考的可贵，就在于它的纯粹，所以一定要把握这个时机，在最纯粹的竞争中，漂亮地尽力拼搏一次。

第七章
迈入大学要知道：大学很美好，光阴勿虚度

未来出路：多多历练，走出自己的天空

每年毕业季，都会有很多毕业生面临考研还是就业的问题，如果说它们其中一个是红玫瑰，那另一个一定是白玫瑰。它们各具风华、各有所利，令人不知如何取舍。在日益激烈的社会竞争中，我们往往既想追求高学历，又想积累工作经验，不可兼得时，难免左右摇摆。我们在做出自己的决定时，一定要根据自身的实际情况，及早规划。

很多大学毕业生处于二十几岁的青春年华，饱含生活的激情，渴望在学业上有所成就。对他们来说，选择读研就是为了继续自己的学术生涯，在优秀的导师身边提高科研能力。这样的选择显然值得肯定，也令人钦佩。

不过，怀揣学术理想而选择读研的同学毕竟是少数，如今形成大学生"考研热"的主要原因恐怕还在于对竞争的畏惧。因为所有的同学最后都不得不面对就业这个令人头痛的现实问题。可随着普通高校大范围扩招，本科学历和文凭开始不断贬值，而用人单位在选择员工时有很大的主动权，唯高学历不用。许多同学只能寄希望于考研来求得预期的"好工作"。

确实，研究生学历曾一度是职场的香饽饽，但近几年研究生招生的规模也在急剧加大。如今，研究生同样要面对就业难题。有统计数字甚至表明，研究生的就业率还不及本科生。于

> **高中学习生活提示**
> 一个人的青年时期，如果可以多走几个地方，多与各种学术机构、学者接触，开阔自己的眼界，无疑是很好的选择。但大学毕业，究竟考研还是就业，却不该盲目决定。只有先认识自己，了解社会，我们才能找到相对恰当的定位。

是否读研，不能盲目跟随他人脚步

是，我们上面提到的红玫瑰与白玫瑰的问题便瞬间成了问题：如果读研依然找不到理想的工作，又何必浪费这几年光阴？另外，很多本科生考研动机不纯，仅为"文凭"而来，这自然导致他们在读研期间缺乏自我修养的动力，要么旷课逃课，敷衍了事，要么亦步亦趋，不思进取，以致几年时光就像一张白纸。这样的研究生，又读来何用？

不管我们出于什么样的目的考研，增加求职的竞争力也罢，渴望在某个领域有所成就也罢，这都是可以理解的。但有一点我们必须清醒地认识到，那就是我们应该结合自己的现状做出相对科学的人生规划，而不能盲目从众。有些同学仅仅因为没有明确的目标，看到周围同学都在考研，于是盲目地选择考研。这样努力的结果究竟是好是坏，恐怕没人可以回答，但如果出于理性选择的话，相信我们更有希望得到我们所期望得到的。

如果我们从理性出发，根据自身情况确定了考研的目标，大学期间就要及早准备，并思考什么样的专业、什么样的学校。及早做最充分的准备，切勿让自己的努力白白付出。

自己就是答案

□凌小汐

1

你18岁了，仰着一张朝气蓬勃的脸，到省城上大学。你学习底子好，课程能轻松应对。课余时，你参加了几个社团，还进了学生会。在一次活动中，你出色的表现，让很多同学认识了你，你好像凭空就多出了很多朋友，还经常受到盛情的邀请，生活也

丰富多彩了起来。放假回家时，你说想要一台电脑，学一些设计方面的课程，父母一口就答应了，你很高兴，对自己的未来充满信心。

19岁很快到来。开学的时候，你听到有舍友退学了，在校外卖烧烤，轻而易举赚到了人生的第一桶金。你有些触动，于是利用课余时间，和同学一起到校外的咖啡馆打工。

20岁那年，你如愿邂逅了一位优秀的男生。当他站在你的宿舍楼下喊你名字时，你飞快地跑下楼去，像一只小鹿，你变得越来越忙碌，约会、兼职、社团、活动、考级……学习时间不够，课程也成了应付。男朋友生日的时候，你把攒了好几个月的钱拿出来给他买礼物，他抱着你在月亮下指天为证，你觉得一切都值得。

21岁，你第一次尝到了失恋的滋味。你不明白，为何人心说变就变了。你变得沮丧，很多天都闷在宿舍打游戏。有心仪的企业来校园招聘，你发挥失常，被校友轻松比下去。临近毕业，你为了准备论文，挑灯熬夜，去上班时，站在公交车上也能睡着。

22岁的时候，你进入某家公司。公司开发了新品牌，你成为运营团队的成员。品牌之路远比想象的更加坎坷艰难，你们很努力地奋斗，业绩却总是不尽如人意。你不知道是哪里出了问题，只是渐渐感到疲惫，心里也失去了最初的斗志。

23岁时，你被公司解雇。原因很简单，品牌有了新股东，将带来新的团队。最终，原来的团队只有一人留下。无妨，你对自己说，正好想去北京闯一闯。很快进入了一家广告公司。行业竞争激烈，业绩是戴在每个人头上的金箍。不久后，你因疏忽，搞砸了公司的一个大单，被老板骂得狗血淋头，当场崩溃。下班时，你站在天桥上，看着车来车往，心里迷茫而委屈。

24岁，你的本命年。网上有人晒出了最具情怀的辞职信："世界那么大，我想去看看。"某个周末，你还在公司加班。你心绪很乱，迟迟不出效率，老板就差拿着鞭子催促了。你心一横，决定给自己一场说走就走的旅行。第二天，你递交了辞呈，头也不回地走出了大门。那天，你的同学在出租房等你，苦口婆心地劝你不要轻易放弃，不要轻易离开。你笑了笑，人活着，就应该任性一点儿。

25岁即将到来的时候，你在回家的长途汽车上醒来。窗外秋色延绵，你打开朋友圈，有人升职加薪，有人结婚晒娃，夹杂着各种各样的幸福。而你被隔离，像个局外人。汽车一阵颠簸后，

进入小镇。你想给家里买点儿东西，身上只剩下一把零钱。你推开家门，桌上摆着一碗咸菜，妈妈坐在旁边，脸上布满与年龄不相称的皱纹。是夜，你躺在床上，想起18岁那年，爸爸带着你去省城交学费，吃饭的时候，你点了一份肯德基，他舍不得吃，全推给了你。那一刻，你在心里暗暗发誓，一定要出人头地。而此时，你仰起脸，泪水已决堤。

"我努力了，为何还是一事无成？"你问。

你曾努力地融入新环境。你参加社团，组织活动，和天南海北的同学打成一片，人缘越来越好，邀约越来越多，可是，你有几个晚上在教室里看书，你有多少时间，真正花在了学习上？那年寒假，家里用血汗钱给你买了电脑，你也报了设计课程，可你又上了几节课？

你曾努力地周旋于学业和兼职之间。在最应该静心学习的时候，你偏偏要到咖啡馆打工。浪费了那么多时间，消耗了那么多精力，却不懂什么是真正的自我升值。

你曾努力地应付学习。你依靠老师总结的重点和同学的笔记，彻夜不眠地临阵突击，为蒙混过关的小聪明而沾沾自喜。你不知道，到了社会，没有人会为你总结重点，没有人会借给你笔记，每个人都是埋头奋进。

你曾努力地讨好爱情。你们在一起，做了很多浪漫的事情。他家境不错，人也优秀，但是为了匹配上这份浪漫，你必须努力掩饰家境，花费各种心思……你真的不累吗？

那次校园招聘，你以为自己是发挥失常，却不知别人在背后付出了多少。

你为自己熬夜准备毕业论文而感到悲壮，却不知这世间的成功，除了努力，没有任何捷径可走，你曾经偷过的懒，总有一天，要用更多的努力去偿还。

然而你还是不够努力，或者说努力的时间，还不够长。工作时，你不能改变现状，又无法承受想象与现实之间的落差。在浮躁的心态下，你消耗着自己的青春，在"世界就是不公平"和"我不屑与此为伍"的借口里苟且偷安，浪费生命。

你不明白为何原来的团队有一个人可以留下，她不过资质平平啊。可你的老板没有告诉你，团队换血的消息在公司传开后，半个月的过渡时间里，只有她在一如既往地做着手头的工作，兢兢业业，恪尽职守，等待着与新来的人员交接。而其他人呢，"反正都要走掉的"，有些得过且过，有些干脆"请假"，却不知道，她能打动老板的，正是坚持到最后的那点儿耐力，还有善始善终的那份品格。很遗憾，你正是其他人中间的一个。

蝴蝶效应这回事，除了气象，同样适应于我们的生活。你感叹世界的残酷时，有没有想过，如果当初可以少逃一节课，可以多学一学英语，就不会因为理解错了一句话，从而搞砸了一个订单。

你觉得，人活着，就应该任性一点儿。世界那么大，你想去看看，只是你没有看到，那么多风光与笑脸的背后，藏有多少艰险与汗水。自己努力赚来的钱，怎么花都踏实轻松，如若不然，说走就走，就是好逸恶劳的借口。是的，每个人都有选择生活方式的自由，但前提是，你是不是具备了承担结果的勇气和能力。如果没有，那就必须为自己的幼稚埋单。

真正努力的人，不会觉得自己很努力，更不会抱怨命运的不公，一再地被自以为是蒙蔽眼睛。他们活得清醒，也活得温润，他们有方向有坚持，有梦想有担当。他们不遗余力地扎根当下，积累自身的养分，他们耐得住寂寞苦寒的岁月，更有宽宏坚韧的内心。

"我努力了，为何还是一事无成？"不如回头一看，自己就是答案。

学会放低姿态，打好人生第一份工

> **高中学习生活提示**
> 优秀的职业规划不一定起点很高，但一定要在正确的方向上，把握最核心的要素，能进行互为基础、非重复性的经验积累。只要我们从第一份工作开始努力，让个人品牌越来越好，一定可以掌握职业生涯的主动权，让好工作不请自来。

如今，随着就业压力越来越大，找一份与自己的专业或学校相契合的工作变得越来越不易。然而，人们的就业观念仍然很传统。

调查显示，大学生的就业意向，仍集中在政府机关、事业单位、垄断性企业、金融保险等一些稀缺岗位上。但要知道，这类岗位的人才需求是十分有限的。所以，作为一名没有任何实践经验的初入社会人员，能找到起点较高的工作固然值得欣慰，如果难于找到契合心意的工作，又何妨从基础岗位做起。从一个比较低的位置起步，反而可能积累更多东西。所以，我们在职业选择上，首先要学会放低姿态。

面对紧张的就业形势，我们应该试着"先就业再择业"，而不要为了实现求职目标，做不到也要拼命去试，以致四处碰壁，抑郁难平。对此，我们可以回顾一下"大学毕业生"爱因斯坦的故事。在大学毕业四处求职接连碰壁之后，爱因斯坦终于进入伯尔尼专利局，成了一名低级审查员，但恰好他还有另外一个爱好——研究物理。

工作期间，这位默默无闻的青年写过一封信给留校读博的同学，吹牛说："我不知道你现在怎么样，我手头上倒有几篇待发的论文，一旦发表的话，没准儿可以改变整个物理学的面貌。"

当然，牛也不是随便吹的。1905年，他一口气发表了5篇划时代的论文，其中就包括创立狭义相对论的作品。可这些论文依然没有帮他跳槽成功，直到1908年他申请到伯尔尼大学的兼职教职。尽管工作不顺，但爱因斯坦依然将自己在伯尔尼的日子称作"一生中最幸福和多产"的岁月。

他的这段经历何妨作为我们毕业求职时在心态、隐忍、奋发等方面的重要参考。

如果你设定了一个职业目标，一毕业能立即实现确实很美好，但大多数毕业生不会如此幸运。如果你意识到自己的职业理想目前实现的可能性不大，就应该立刻思考"做些什么能让自己离它更近一步"。这，我们可以称之为实现职业目标的"曲线救国"。

也正因如此，对于人生的第一份工作，我们可以放低姿态，但在什么样的领域工作、跟随什么样的领导，我们一定要有自己的坚持。

事实上，很多功成名就的"大人物"并不是一开始工作就万众瞩目的，但"大人物"之所以能成为"大人物"，自然有其过人之处，而善于从第一份工作中获取成功经验，并让这些经验在以后的工作中发光发热，却是他们实现职业理想的共同特征。

从第一份工作中领悟的道理、学到的知识往往是可以终生受用的金科玉律。在踏上成功之路前，人生的任何积淀都是一种准备。我们每个人，都应该学会完善自己，等待时机。

我们应该相信任何一种职业都蕴藏着"成功"的因子，并等着我们去发掘。我们只有善于积累经验，努力发掘自己的潜能，才能让自己的求职之路走得更顺畅。

当你开始找第一份工作

□ 易 名

作为毕业生，我相信你愿意听听一个有过一万人次面试经历的人力资源工作者，对你的如下"不满"：

不要递给我花里胡哨的简历，给我一点儿简洁（不是简单）而能突出你自己的表达。

不要对我说太多的自我介绍，我不敢说三五分钟我就准确判断了你，但是三十秒之内我就定格了对你的第一印象；我之所以很快结束你的面试，是因为你的后面排队的人真是太多；你认为我给你的时间太少，而流露出失望（自己是不是没被看中？）眼神的那一刹那，你就丢失了再次获得复试的机会。我永远坚持：你的信心就是我的希望。你的岗位机会不是我给你的，而是你自己争取的。

不要一副"只要你招我我什么都肯做"的姿态，这样给我一种"卖身"的感觉，我请你是因为你会为公司创造价值，所以不是你"求"职，而是我"请"你。这不是叫你抬高姿态，而只是希望你挺起胸膛。

不要对我拒绝收你的简历报以晦气的脸色或失望的情绪。我不接收你的简历，不是你不行，而是不适合我的公司；我不接收你的简历，不是不给你机会，而是不想给你根本不存在的期待（如果我收了，你会等待着我通知你）；我更不希望，当招聘会结束以后，你的简历会在冷清的场地，像其他被丢下的简历一样，雪花般漫天飞舞，任人践踏——我决不加入这样的行列，而宁可以拒收给你打击（你也必须开始懂得直面这样的打击），因为你熬了多少个夜晚做出来的那个简历，代表的就是你，上面写着你的价值和你的尊严。

不要不敢说出和写下你毕业的学校，无论她是如何的差，你是从那里走出来的，因为我绝对不会要这样的人：看到他父母的时候，因为他们的背景不好而不敢认他们；或者有一天离开我的公司，去到一个更大的公司面试的时候，不好意思说他是来自一个不是五百强的公司。对公司来说，你的价值和价值观，决定了一切。英雄莫问出处，如果你是一个狗熊，哪怕你从天堂走出来，也还是狗熊。

不要给我罗列一大堆你的学习成绩和从事的所谓实习（因为很多毕业生也曾经到我这里来兜一圈，参观一下，盖个章名曰"实习"），你只需要挑选一件特别的事情，要点式地说明过程和结果，让我知道你是怎样做事的。

不要在回答"你的薪酬要求"的时候，多了那么多废话。我不想听每个人都重复着"因为我是毕业生，没有社会经验，所以如果公司觉得这个要求太……我也可以……"，我的钱也许也是刚刚从人民银行印出来的，但是它们不会因为还没有被流通转手，而减损它的价值。其实我不在乎你说的是五千，还是一千五，我在乎的是你说出一个数字的那种语气、眼神。我尊重每个人都有自估劳动力价值的权利（但公司自有它的薪酬制度，不会特殊对待你），但我喜欢干脆利落的同事，干脆利落是一种自信，是一种做事风格，也是一种做人态度。

人生短暂，价值无限，告诉别人你是独一无二的，你就是你，你成就你。

公务员也只是一份工作而已

□ 王筒

成为公务员之前，我对我的第一年有过很多想象：每天提前15分钟到单位打扫卫生，办公室里有一个热心多话的阿姨、一杯清茶、几张报纸消磨整个下午，朝九晚五天天优哉地上下班……可是，一切和想象的截然不同。

这一年里，我偶尔打过两三壶水，因为单位的保洁工作已经招标给专业的保洁公司。这样可以节约大量成本。

这一年里，局里没人有空和我八卦家常，我们局二十多个人里有三个博士、十来个硕士，大家关注的是谁比谁文章写得好，专业搞得精。

这一年里，我成了西客站和首都机场的常客，出差时间占全年时间的一半，加班时间占节假日时间的一半，长期睡眠环境的不确定让我有轻微的神经衰弱。

头三个月，我整整看了三个月的旧文件。看得眼冒金星、头痛欲裂。接下来半年，我变成了空中飞人，被单位一再派到外地去工作，别人问我男朋友我的职业，男朋友面无表情地说：空姐！

如果说还有一件让我觉得很开心的事情，那就是我被派出国参加会议了。当得知这个消息时，我兴奋极了，打电话给老爸，他也自得地说："看我帮你做的决定多英明，你们单位福利真不错。"

老爸在老国企待了一辈子，每次出国考察都相当于一次慰劳大家的福利旅行，他认为我的出国也是如此。直到办手续我才知道，原来我参加的这次会议是属于初级人员的一次工作交流，我要一个人去某国，而某国的官方语言不是英语。

我常想，现在这个让我整天出差、任务繁多、工资很低、福利很少的工作除了稳定外，还有什么能说明它是一份让很多人梦寐以求的公务员工作？

如果让我回头再说这一年，有些事情真的不是当时看上去那么无所谓。阅读三个月的旧文件使我对工作的来龙去脉清清楚楚，比处长预想的早了半年就可以承担处里的业务工作。直到现在我忙得脱不开手时，才体会到当初可以有那么长的时间来学习是一件多么幸运的事。

高频度的出差让我迅速和各方面建立了联系，了解到基层一线的实际工作情况，每当我处理事情时，拿起电话就知道电话那端那个人是什么性格，该怎样去协调沟通。

一个人忐忑不安地出国参加会议，最后顺利完成任务，大大增加了我的自信心和经验值。也为我今后学习和借鉴国外经验打下基础。

这就是我的公务员元年，和很多公务员一样，和很多人想象的不太一样。现实中，公务员的工作程序很多、层级很严、一项政策要经过反复推敲，确保出台时不会造成不好的影响。公务员的工作不追求标新立异，更多的是沟通、协调和配合。我们负责的不是宏图伟业，而是整个社会井然有序地良性运转。公务员有职业性的严谨保守，却绝非面目可憎、一口官腔。

我的体会是：它就是一份普普通通的工作而已，你去努力，然后获得报酬，学到本领。如果你预期很高，它会让你失望；如果你预期很糟，它会让你惊喜，无论怎样，它只是一份工作而已。